江苏航道职工培训教材丛书
（第二版）

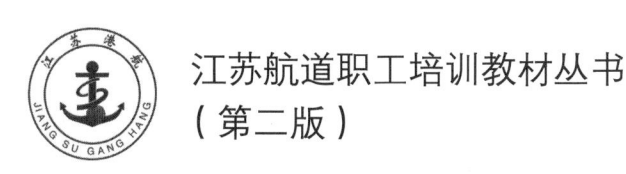

内河航标

江苏省交通运输厅港航事业发展中心　编著

赵苏政　主编

河海大学出版社
·南京·

图书在版编目(CIP)数据

内河航标 / 江苏省交通运输厅港航事业发展中心编著. -- 南京：河海大学出版社，2023.5
(江苏航道职工培训教材丛书：第二版)
ISBN 978-7-5630-7998-8

Ⅰ.①内… Ⅱ.①江… Ⅲ.①内河航道—航标配布—职工培训—教材 Ⅳ.①U644.34

中国国家版本馆 CIP 数据核字(2023)第 019924 号

书　　名	内河航标
书　　号	ISBN 978-7-5630-7998-8
责任编辑	彭志诚
特约编辑	薛艳萍
特约校对	王春兰
封面设计	徐娟娟
出版发行	河海大学出版社
地　　址	南京市西康路1号(邮编:210098)
电　　话	(025)83737852(总编室)　(025)83722833(营销部)
经　　销	江苏省新华发行集团有限公司
排　　版	南京布克文化发展有限公司
印　　刷	南京玉河印刷厂
开　　本	787毫米×1092毫米　1/16
印　　张	18.5
字　　数	370千字
版　　次	2023年5月第1版
印　　次	2023年5月第1次印刷
定　　价	92.00元

《江苏航道职工培训教材丛书》
(第二版)

编写委员会

主任委员 梅正荣
副主任委员 陈胜武　吴丽华
委　　员 杨　栋　杨　本　张爱华　高　莉　邓国权
　　　　　　杨先华　徐业庄　徐向荣　赵苏政

《内河航标》编写组

主　　编 赵苏政
副 主 编 陈　柱
编　　审 李　雷　史　丹　朱　永
　　　　　　叶嘉宁　孟　德　胥维祥

序

习近平总书记指出,"劳动者素质对一个国家、一个民族发展至关重要","技术工人队伍是支撑中国制造、中国创造的重要基础,对推动经济高质量发展具有重要作用"。新时代赋予了交通"中国现代化开路先锋"的重任。江苏省交通运输厅始终把建设高素质交通运输技能队伍作为事关交通运输行业现代化、事关交通强省建设和事关"国之大者"的重要工作牢牢抓稳抓实。2021年12月,江苏省交通运输厅与江苏省人才工作领导小组办公室联合印发了《江苏省"十四五"交通运输人才发展规划》,将"高技能人才强基行动"纳入"十四五"时期交通运输系统人才发展五大行动之一,进一步加强规划设计,强化工作部署。

江苏省交通运输厅港航事业发展中心一直以来都高度重视港航人才培养,多年来一直坚持针对航标工、潜水员、航闸技术工等主要工种开展培训,为港航事业发展输送了大量技术技能型人才。近年来,面对智慧港航、绿色港航发展新需求,面对港航新技术、新工艺的快速发展,航道职工原有的知识技能体系亟需补充提升。而随着工考管理体制改革,也需要对原有培训考试机制和知识教育体系重构。因此,江苏省交通运输厅港航事业发展中心与江苏航运职业技术学院协作,集中力量完成了《江苏航道职工培训教材》的修订工作,形成一套四本职业技能培训教材丛书。

《江苏航道职工培训教材丛书(第二版)》,紧扣江苏航道人才培养需求,围绕航闸技术工、内河航标工、内河潜水员等高素质技术技能型人才培养目标,以实用为要,能够满足一线航道技能职工岗位培训和管理人员知识培训需求。希望全省港航系统各单位用好教材,进一步加强技能人才培训工作,不断提升队伍素质,为推动港航事业现代化、加快交通运输现代化示范区建设、建设"强富美高"新江苏,提供强有力的人才支撑、智力保障。

2022 年 12 月

前 言

"十三五"以来,江苏航道教育培训进一步贯彻落实"科教兴航"和"队伍强航"战略,着眼于港航事业的长远发展,围绕专业型职工队伍建设和复合型管理干部的能力提升,突出岗位培训和后学历教育两大重点,加强培训教材和培训基地两大建设,教育培训工作得到全面加强,职工队伍素质不断提高,为全省航道事业的跨越式发展提供了重要的智力支持和人才保障。

《江苏航道职工培训试用教材》于2006年5月面世试用,在全省航养费征稽人员转岗培训、全省航道系统技术工人技术等级升级考核培训等方面发挥了重要的作用。随着时代的发展,江苏航道系统建设、运行、养护等新技术、新工艺不断出现,在2014年,原江苏省交通运输厅航道局与原南通航运职业技术学院,结合当时迫切需要一套系统规范化培训教材的需要,共同组织专家完成了《江苏航道职工培训教材》编写,并由河海大学出版社公开出版发行。随着江苏航道事业的快速发展,围绕航道建、管、养、修的新技术、新工艺、新材料不断出现,对原出版教材修订整合的需求日益迫切。为此,2020年7月,江苏航运职业技术学院与江苏省交通运输厅港航事业发展中心联合启动《江苏航道职工培训教材》修订工作,将教材整合为《航道基础知识》《航闸技术》《内河航标》《内河潜水》。经过基层调研、资料收集、大纲审定、教材内审等艰苦努力,新版教材于2022年12月定稿交付。

《内河航标》是江苏航道职工培训系列教材之一。本书在2014版江苏航道职工培训教材《内河航标》基础上,对原有的内容进行了修订,删除了部分已经淘汰的技术,增加了与航标选用及维护相关的一些新材料、新工艺、新方法,同时结合江苏航道情况,对2014年以来新规范中出现的关于内河航标的类型、布设、施工、养护、规范化管理等内容进行了更新。全书主要讲述了航标发展史、内河航标的分类及功能、航标灯及航标电源、航标的设置与配布、航标巡检与维护保养、航标遥测和管理、航标的基本法律知识、航标业务管理等基础知识。

全教材共分为十章,内容包括:航标发展简史、内河航标的分类及功能、航标灯、航标电源、航标的设置与配布、航标巡检和维护保养、航标遥测和管理、航标的基本法律知识、基层班组生产管理、航标水手作业。

本教材适用于江苏航道一线初级工、中级工、高级工、技师等各个层面的技术工人培训,也适用于航道站长和船闸所长以及新进人员的岗位培训,也可供港口与航道、水利类专业相关工程技术人员参考。

本教材由赵苏政担任主编,陈柱担任副主编,李雷、史丹、朱永、叶嘉宁、孟德、胥维祥等参与完成了教材的编制与审核工作。

本教材在编写过程中,得到了江苏省港航事业发展中心、省工考办、省交通运输厅政治处、河海大学、东南大学、南京水利科学研究院、华设设计集团股份有限公司、苏交科集团股份有限公司、长江航道局以及全省航道系统专家和领导的大力支持和帮助,在此一并表示感谢。

由于知识经济时代江苏航道各种新知识新技术不断出现,本教材的知识体系和对新知识点涵盖的疏漏和不足在所难免,欢迎各位专家、教师和学员在使用过程中指正,以便今后进一步修订完善。

编者

2022 年 12 月

目 录

第一章 航标发展简史

第一节 航标概述 ………………………………………………………… 002
一、航标由来及作用 ……………………………………………………… 002
二、我国航标概况 ………………………………………………………… 002

第二节 内河航标的发展史 ……………………………………………… 003
一、古代航标 ……………………………………………………………… 003
二、近代航标 ……………………………………………………………… 004
三、现代航标 ……………………………………………………………… 004

第三节 航标分类 ………………………………………………………… 006
一、按航标工作原理分类 ………………………………………………… 006
二、按航标设置水域分类 ………………………………………………… 007

第四节 航标新技术发展 ………………………………………………… 008

第五节 内河航标的发展趋势 …………………………………………… 011
一、概述 …………………………………………………………………… 011
二、浮标结构与工艺的改进 ……………………………………………… 011
三、内河防碰撞层叠式灯桩及柱形航标的研制 ………………………… 014
四、灯塔建设与航标文化 ………………………………………………… 015
五、航标灯器与控制系统的技术发展 …………………………………… 016
六、航标光源的开发应用 ………………………………………………… 018

第六节 内河航标的相关技术标准 ……………………………………… 019

思考题 ……………………………………………………………………… 020

第二章　内河航标的分类及功能

第一节　内河航标的一般规定 …………………………………………………… 022
第二节　航标分类 ………………………………………………………………… 022
第三节　航标功能及技术要求 …………………………………………………… 023
一、航行标志 ……………………………………………………………………… 023
二、信号标志 ……………………………………………………………………… 036
三、专用标志 ……………………………………………………………………… 041
四、警示标志 ……………………………………………………………………… 042
五、航道标牌 ……………………………………………………………………… 043
思考题 ……………………………………………………………………………… 049

第三章　航标灯

第一节　航标灯的种类和结构 …………………………………………………… 052
一、航标灯的分类 ………………………………………………………………… 052
二、航标灯的主要结构 …………………………………………………………… 053
三、航标灯灯质的选用 …………………………………………………………… 061
第二节　航标灯现场检测 ………………………………………………………… 063
一、航标灯现场检测 ……………………………………………………………… 063
二、航标灯一般故障处理基本方法 ……………………………………………… 064
思考题 ……………………………………………………………………………… 065

第四章　航标电源

第一节　航标电源的技术要求及不同种电源的特征 …………………………… 068
第二节　蓄电池 …………………………………………………………………… 070
一、铅酸蓄电池 …………………………………………………………………… 070
二、镉镍蓄电池 …………………………………………………………………… 077
三、锂电池 ………………………………………………………………………… 082
第三节　太阳能供电系统 ………………………………………………………… 085
一、太阳能供电系统概述 ………………………………………………………… 085
二、H—2/4 V型太阳能电源控制器 ……………………………………………… 085
第四节　航标灯太阳能供电系统的设计和使用 ………………………………… 086
一、电源的设计 …………………………………………………………………… 086

二、太阳能电源的安装、使用及维护保养 ……………………………………………… 087

思考题 …………………………………………………………………………………… 088

第五章　航标的设置与配布

第一节　航标结构 …………………………………………………………… 090

一、岸标的结构 ………………………………………………………………………… 090

二、灯桩的结构 ………………………………………………………………………… 092

三、浮标的结构 ………………………………………………………………………… 093

第二节　航标配布 …………………………………………………………… 097

一、内河航标配布类别 ………………………………………………………………… 097

二、内河航标配布的内容 ……………………………………………………………… 097

三、内河航标配布的方法 ……………………………………………………………… 098

四、航标配布的步骤 …………………………………………………………………… 100

第三节　航标设置的一般要求及设标尺度 ……………………………………… 101

一、一般要求 …………………………………………………………………………… 101

二、设标尺度 …………………………………………………………………………… 102

第四节　航标标位的设置 …………………………………………………… 103

一、岸标设置 …………………………………………………………………………… 103

二、浮标设置 …………………………………………………………………………… 103

三、灯桩设置 …………………………………………………………………………… 111

四、航标编号 …………………………………………………………………………… 116

五、航标配布调整 ……………………………………………………………………… 117

第五节　航标配布举例 ……………………………………………………… 118

一、水网地区航道一般特点 …………………………………………………………… 118

二、水网地区的船舶航线 ……………………………………………………………… 118

三、航标配布原则 ……………………………………………………………………… 119

四、航标配布注意事项及举例 ………………………………………………………… 119

第六节　航标工程 …………………………………………………………… 126

一、内河航标工程 ……………………………………………………………………… 126

二、海区航标工程 ……………………………………………………………………… 129

思考题 …………………………………………………………………………………… 138

第六章　航标巡检和维护保养

第一节　航标检查与保养 …………………………………………………… 140

一、我国内河航标养护检查质量考核指标和质量标准 ………………………… 140
二、航标检查 …………………………………………………………………… 140
三、航标保养 …………………………………………………………………… 146
第二节　航标标位判断 ……………………………………………………………… 147
一、仪测法 ……………………………………………………………………… 147
二、定位桩测定法 ……………………………………………………………… 151
三、目测法 ……………………………………………………………………… 152
思考题 …………………………………………………………………………… 153

第七章　航标遥测和管理

第一节　航标遥测及管理系统基本原理 …………………………………………… 156
一、航标遥测及管理系统的技术经济性 ……………………………………… 156
二、航标自动遥测及管理系统的技术先进性 ………………………………… 156
三、航标遥测及管理系统基本工作原理 ……………………………………… 157
四、航标遥测装置的基本构成 ………………………………………………… 158
五、航标遥测及管理系统的功能应用 ………………………………………… 159
第二节　常见航标遥测故障及处理方法 …………………………………………… 159
第三节　航标遥测系统的发展趋势与新技术应用趋势 …………………………… 161
思考题 …………………………………………………………………………… 162

第八章　航标的基本法律知识

第一节　航标保护法律法规体系概述 ……………………………………………… 164
第二节　航标保护法律法规体系构成 ……………………………………………… 165
一、航标保护相关法律 ………………………………………………………… 165
二、航标保护相关法规 ………………………………………………………… 165
三、航标管理主体 ……………………………………………………………… 166
四、航标保护法律内涵 ………………………………………………………… 166
第三节　航标保护主要法律法规简介 ……………………………………………… 166
一、《中华人民共和国航标条例》简介 ……………………………………… 167
二、《内河航标管理办法》简介 ……………………………………………… 169
第四节　江苏省航标法律法规简介 ………………………………………………… 171

第九章　基层班组管理

第一节　基层班组管理主要内容 …………………………………………………… 176

一、航道（标）站的职责……176
二、航标管理的主要内容……176
第二节　航标工作原始记录和统计报表……177
一、航标工作船艇航行日志……177
二、航标工作船艇轮机日志……178
三、航道（标）站记事簿……178
四、通行信号记录……179
五、航标工作统计表……179
第三节　日常工作计划编制……180
一、日常工作计划的作用……180
二、计划编制的基本内容……180
三、计划编制方法……181
第四节　航标材料和设备管理……181
一、请领计划……182
二、材料和设备的使用……182
三、材料和设备保管……183
四、材料和设备的保养……183
五、航标设备（器材）修理计划的编制……183
第五节　航标船艇修理计划编制和检查验收……184
一、修理的目的和要求……184
二、修船类别工程范围和间隔期……185
三、修理单的编制……185
四、船员自修范围……186
五、修理前的准备及注意事项……186
六、船舶的验收与试验……186
第六节　航标作业安全……189
一、水上作业安全……189
二、高空作业安全……190
三、起重作业安全……191
四、油漆施工安全注意事项……191
五、用电安全……192
思考题……194

第十章　航标水手作业

第一节　缆索具……196

一、缆索具的一般知识 …………………………………………………… 196
二、绳结 …………………………………………………………………… 199
三、索具 …………………………………………………………………… 200
四、帆布 …………………………………………………………………… 205
第二节 测水深 ……………………………………………………………… 205
第三节 系泊 ………………………………………………………………… 209
一、系泊设备 ……………………………………………………………… 209
二、系泊方法 ……………………………………………………………… 217
第四节 消防、救生、堵漏 …………………………………………………… 220
一、船舶消防 ……………………………………………………………… 220
二、船舶救生 ……………………………………………………………… 224
三、船舶堵漏 ……………………………………………………………… 226
第五节 起重设备 …………………………………………………………… 230
一、滑车 …………………………………………………………………… 230
二、滑车组(绞辘) ………………………………………………………… 231
三、吊架 …………………………………………………………………… 233
四、扒杆 …………………………………………………………………… 234
思考题 ……………………………………………………………………… 234

附录 A 耗电量的计算 ……………………………………………………… 235
附录 B 灯光射程表 ………………………………………………………… 236
附录 C 航标工作船艇航行日志 …………………………………………… 238
附录 D 航标工种船艇轮机日志 …………………………………………… 239
附录 E 中华人民共和国航标管理条例 …………………………………… 240
附录 F 内河航标管理办法 ………………………………………………… 243
附录 G 江苏省内河航标管理实施细则 …………………………………… 249
附录 H 航标的主要外形尺寸 ……………………………………………… 259
附录 I 航标维护考核表 …………………………………………………… 270
参考文献 …………………………………………………………………… 272

第一章 航标发展简史

第一节　航标概述

一、航标由来及作用

航标是导航助航标志的简称。根据国家规定,航标由航标管理机构依法设置,标示航道的方向、界限,及岛屿、港口、碍航物等特定标示物的位置,向过往船舶揭示与航道有关的安全航行信息,引导过往船舶准确定位、辨明方向,标明安全、经济、快捷的航线。它为水运、渔业、海洋开发和国防建设,以及建立海上和内河安全经济通道,提供了可靠的航行安全保障条件。

二、我国航标概况

为便于航标管理,我国制定了《中华人民共和国航标条例》《沿海航标管理办法》《海区航标设置管理办法》《内河航标管理办法》《内河航标技术规范》及其他有关规定和标准。按照航标管理属性将航标划分为内河航标、海区航标、军用航标和渔业航标;按照航标作用形式分为视觉航标(分为航行标志、信号标志、专用标志、警示标志等四类23种)、无线电航标、虚拟航标;按照设标位置分为岸标和水标;按航标结构形式分为灯塔、灯桩、灯船、浮鼓、杆形标、立标、AIS(Automatic Identification System)航标和AIS虚拟航标、雷达应答器、雾钟、雾号、AIS岸台、RBN-DGPS(Radio Beacon-Differential Global Position System)台站等大型无线电航标系统。航标的分类形式虽多,但并不改变其属性、功能和设标目的。

我国陆地总面积约960万 km^2,大陆海岸线长度约1.8万 km,岛屿7 600多个,大小湖泊24 800多个,以长江、黄河、珠江、黑龙江为代表的河流水系贯穿联系着祖国的内陆与沿海,大小河流约5万条,通航里程超12万 km。其中,沿海、长三角地区及京杭大运河、淮河、长江中下游、珠江、黑龙江部分流域航道长年水流平缓、水量充足、水土保持良好,通航条件优良,港口、桥梁、闸坝、船闸等临河、过河、跨河建筑设施众多,航道地位十分重要,水运发达,航标文化历史悠久。据2021年统计,全国内河航道共设航标3万多座,海区航标1.6万多座。

航标管理技术状况的变化直接影响船舶的航行安全。中华人民共和国成立以来，政府高度重视航标管理与航标的科技发展，航标从最初的原始落后、混乱无章的状态，迅速与国际接轨，走向了法制化、规范化的轨道，众多航标技术达到了国际先进水平。

第二节　内河航标的发展史

航标的产生和发展是与航运事业紧密联系的，也随着航运事业的发展而逐步发展和完善。

一、古代航标

在有水运的初期，船夫、渔民仅以天然目标和最简易的标志、标记来辅助航行，例如易于辨认的山峰、岛屿、土丘、石堆、岸形、孤树及宝塔等，或者在水中插牵引、设竹竿，或者在沿岸和礁石上画标记，或者在个别重要口门张挂旗幡、燃点篝火或在旗杆上悬挂灯笼。

据记载，在四千多年前，伴随着水上交通活动的兴起，便出现了自然航标的雏形。《尚书·禹贡》就有夏朝利用自然"碣石"作为航标的记载："岛夷皮服，夹右碣石入于河。"据说秦皇岛港最早就被称为"碣石港"，行船的人看到这块碣石，就知道拐弯便可以进入秦皇岛港。古时广州珠江中的一块巨型白垩纪礁石——海珠石，随潮汐变化浮在海面，是船行进入广州的最为显著的标志，成为广州珠江水面上最早的自然航标。

广州怀圣寺的光塔是我国第一座古代灯塔，始建于唐贞观元年（627），原名"邦克塔"，也称呼礼塔，加之塔身光洁而且塔顶夜间设有导航明灯，所以又称之为"光塔"。该塔用青砖砌成，外壁涂抹白灰，呈圆柱形，高 36.3 m，造型浑厚质朴，具有波斯建筑风格。古时候帆船出海，要凭借季风，相传在光塔顶上原有一只金鸡，能随风旋转，可以观测风向。南宋方信儒有诗曰："半天缥缈认飞翚，一柱轮囷几十围。绝顶五更铃共语，金鸡风转片帆归。"明代，这只金鸡被台风吹落江中。每年五六月，商船进港，该塔为导航标志。怀圣寺光塔的奇特造型和所处的地理位置，对于研究古代海上贸易和广州地理沿革，具有重要的参考价值。

明朝万历年间建设的广州赤岗塔、琶洲塔和莲花塔,原均耸立在珠江河道岸边,为平面八角,外观九级。这三座塔在当年修建时是当作"锁二江""束海口",聚"扶舆之气"的风水塔。明代后期珠江三塔被用作导航,曾经是海上丝绸之路重要的助航标志。

当年,外国的船舶缓缓驶入广州水域,首先看见的是莲花塔,再往里走,就会看见琶洲塔,接着就是雄伟高耸的赤岗塔,然后进入白鹅潭,最后进入西关。这三座塔具备灯塔的助航功能,是人们祈求保佑船只平安的地方,是引船进出海口的标志,也被称为"广州的三支桅杆"。后来,随着海岸线外延这三座塔的导航功能已经不再,如今都成为省级保护文物,成为广州海上丝路历史的见证。

据考证,由政府出面在长江上设置的专用航标始于元代的1311年,当时元朝海道府接受常熟船户苏显的建议,在刘家港(今太仓市浏河口)西暗沙嘴设置了标船二艘,船桅上竖立几面色彩鲜艳的旗帜,用以指引粮船进出河口,1314年又根据船户袁源的建议,在长江江阴一带浅滩暗礁处设置了九处航标。

二、近代航标

19世纪中叶,帝国主义列强相继入侵我国,各国海军在我国沿海、长江、黑龙江及珠江等水道横行霸道,强行从事航道测量,并在清咸丰元年(1851)派洋人一名为港务长管理洋船事务;咸丰五年(1855)在长江口铜沙设置灯船一艘指示铜沙嘴之用。1855年底,被英国人控制的上海海关从外国购置"柯普登爵士号"灯船一艘,其作用主要是引导海船进入长江。灯船上装有远程灯器及雾警设备,船身为红色,标有"钢砂灯箱"英文字样,有专人看守。看守人若发现船舶误入险道,立马放一炮并升旗告之。若遭遇大雾天气,则每10秒钟吹螺号一次,告诫过往船舶注意迷雾以策安全。1868年英帝国主义在其控制的中国海关总税务司内成立了海务部门,便直接派员在我国沿海和内河开始设置和管理航标工作。

据清光绪三十四年(1908)邮传部统计,当时我国内河航标总数仅81座。

三、现代航标

在我国航标届,有着这样一首谚语:"40年代不见灯,50年代煤油灯,60年代电器灯,70年代电子灯,80年代太阳能灯。"它说明了小小航标灯经历了"四级跳",即:煤油航标灯、乙炔气航标灯、电动闪光仪航标灯、半导体航标灯。光源上也由当初的煤油、乙炔气,改造为电能、太阳能。

中华人民共和国成立后,在吸取了苏联内河航标经验的基础上,中华人民共和国交通部于1953年颁布了《内河航标规范(草案)》;1953年—1955年对长江及各省、市、自治区的航标分批进行改革;1955年4月5日交通部正式颁布《内河航标规范》;1960年3月交通部参照苏联经验颁布了《湖泊、水库、运河、船闸航标规范（草案）》，确定了内河航标的基本原则和技术要求，使内河航标朝着正规和统一的方向发展。

1954年在素以汹滩恶水闻名的川江航道上进行了锁链式航标配布，使千里川江分段开放夜航。设标前，从宜昌至重庆客轮往返一般需10天，设标后，最快的航班往返缩短到5天左右，明显加快了船舶的周转。

1958年春，毛主席视察长江作出重要指示，为长江指明了航标电气化的方向。1958年3月30日，毛主席乘坐"江峡"号轮视察川江。当他向陪同的长航局负责人了解航标的维护和管理情况后，对设在岩石边的标艇和航标灯非常感兴趣，从关心的角度询问道："航标灯为什么不能用电呢？"长航局负责人回答道："过去试过，干电池容易受潮，亮度没有保证。"毛主席接着说："哦，那还要很好改进。"

长江航道工作人员响应毛主席的号召，仅用一年左右的时间，在2 400多km的航道上共配布4 000余盏航标灯，实现了航标电气化。与此同时，黑龙江、松花江、乌苏里江和嫩江四条大江航道总长4 000多km，其中2 800多km的航段上也实现了航标电气化。从此基本上改变了我国内河航标长期沿用煤油灯的落后面貌。1965年，成功研制半导体闪光。这样，从1958年毛主席提出航标要电气化，到1972年整个长江航道实现航标电气化，整整用了14年时间，实现了毛主席的愿望。1975年，南通狼山附近的龙爪岩又安装了长江第一座太阳能航标灯。1987年，全国航标进行制式改革，统一航标制式，要求做到标志明显、易辨好记。目前，长江下游（芜湖—上海）已实行大小轮分道行驶，三峡蓄水库区从2003年10月1日开始分三阶段水深（135 m、156 m、175 m）实行船舶靠右行驶的航路改革，全线采用LED航标灯、航标遥测及全球定位系统（GPS）和雷达定位助航，均是目前先进的技术。

目前，我国航标全面实现太阳能电源和自动化、智能化灯器；发展无线电航标和音响航标，形成综合导航体系；通过管理实践，形成了交通、海军、渔业三部门监管的格局，并在调整完善中得到全面的发展，支撑了中国航标技术的不断进步。

第三节　航标分类

一、按航标工作原理分类

由于航标作用于人的感觉、传播方法和介质各异,可将其分为视觉航标、音响航标、无线电助航设施和虚拟航标。

(1) 视觉航标

视觉航标,又称目视航标,是固定的或浮动的直观助航标志。它具有易辨认的形状与颜色,可安装灯器及其他附加设备。视觉航标一般具有设备简单、维护方便、投资少及使用直观等特点,广泛设置于沿海及内河上,是一种最重要、最基本的助航标志。国际航标协会(IALA,The International Association of Marine Aids to Navigation and Lighthouse Authorities)亦称其为传统航标。

视觉航标是人们用肉眼直接观察的助航标志,因此,常用标身的形状、颜色或顶标来区分或表示不同的航标功能,供驾驶人员在白天观察使用,而在夜间则以灯光颜色、灯质、周期来区分识别。

(2) 音响航标

音响航标是指能发出声音传送信息以引起驾驶人员注意其概略方位的助航标志,一般与视觉航标共同设置,多用于沿海地区。

音响航标在能见度不良的天气里,发出具有一定识别特征的音响信号,使驾驶人员知道船舶概略方位,起警告船舶、避免发生危险的作用。

音响航标根据传播介质可分为空中音响航标和水中音响航标两种。

空中音响航标以空气作为传播介质,是使用最早、最普遍的音响航标。空中音响航标又称雾号。雾号有多种,最初使用的是雾钟、雾锣,安装在灯塔、灯船或浮标上,以人工敲打或借助波浪自行撞击发出声音。目前在沿海重要的视觉航标上常设置气雾号或电雾号。

水中音响航标又称水质音响航标,能借声波或超声波在水中的传播来传递船舶通行信号。最初是用机械动力敲打发声,近代利用电力振荡器发声,船舶可以利用声呐测定声音发出的方位及距离。

空中音响航标及水质音响航标发出的音响都是用特殊规定的长短声、电码信号传递音响设备进行传递的。

(3) 无线电助航设施

无线电助航设施是以无线电波传送信息,供船舶接收以测定船位的助航标志。

用无线电方法测定船位的基本原理是建立在电磁波在理想均匀媒质中传播速度恒定、直线传播和在两种媒质的边界面上必然产生反射这三个重要特性的基础上。

无线电助航设施能在大雾或恶劣的气候条件下远距离地保证船舶准确测定船位和航行安全。

无线电助航设施包括:无线电指向标、无线电测向仪、雷达应答器、雷达反射器、雷达信标、雷达指向标、罗兰、台卡、奥米加和卫星导航等。

(4) 虚拟航标

根据国际航标协会(IALA)定义,虚拟航标(Virtual Aidto Navigation)是指物理上不存在,由经授权的助航服务提供部门发布能在导航系统中显示的数字信息物标。虚拟航标综合应用了计算机、电子海图、AIS(Automatic Identification System,船舶自动识别系统)和 GPS(Global Postitioning System,全球定位系统)等先进的现代高科技技术。

根据虚拟航标信息传输方式不同可以将其分为 AIS 虚拟航标和电子航道图虚拟航标。

AIS 虚拟航标:该航标通过 AIS 基站播发航标类型、名称、位置等信息,航行在 AIS 基站覆盖范围内安装有 AIS 设备的船舶均可接收并显示虚拟电子航标符号。AIS 虚拟航标目前主要用于我国沿海航道和江河入海口等交通行政执法部门管辖的水域。

电子航道图虚拟航标:指在电子航道图中用规定符号标示的、通过电子航道图数据更新向特定用户(安装了该电子航道图应用终端的用户)发布的物理上不存在的航标。电子航道图虚拟航标以电子航道图为基础,相比 AIS 虚拟航标设置更简单。随着电子航道图的不断升级,电子航道图虚拟航标也在逐步投入应用,目前内河航道使用较多且最有可能推广应用的是电子航道图虚拟航标。

二、按航标设置水域分类

根据航标设置在不同的水域,又可将其分类为内河航标(包括湖泊、水库)和海区航标,当航标设在不同地点如岸上或水中时,也可简单地划分为岸标与浮标。

(1) 内河航标

内河航标按功能分为航行标志、信号标志和专用标志。航行标志包括过河标、沿岸标、导标、过渡导标、首尾导标、侧面标、左右通航标、示位标、泛滥标、桥涵标;信号标志包括通行信号标、鸣笛标、界限标、水深信号标、横流标、节制闸标;专用标志包括管线标和专用标、航道标牌等。

(2)海区航标

海区航标有灯塔、灯桩、灯船、大型助航浮标、灯浮标、立标、导标等。

海区航标的浮标部分包括侧面标志、方位标志、孤立危险物标志、安全水域标志、专用标志。其中侧面标志包括左侧标、右侧标、推荐航道左侧标及推荐航道右侧标;方位标志又包括北方位标、东方位标、南方位标及西方位标。

第四节　航标新技术发展

国际航标协会的组织机构包括国际航标协会理事会、国际航标协会会员大会、委员会、政策顾问组等,它在船舶导航、航标设置等方面都给出了详细的建议,对船舶交通服务(VTS)、无线电导航系统(如航海无线电指向标、岸基雷达、雷达信标、罗兰/柴卡)、通用自动识别系统(AIS)、卫星无线电导航系统、电子海图显示和信息系统(ECDIS)等现代新技术应用也都提出了明确的规定。随着2020年7月31日,北斗三号全球卫星导航系统正式开通,我国卫星导航达到全球组网,船舶导航、电子航道图等新技术正在不断向前发展。目前海事部门已经要求船舶上要安装船载北斗智能终端,该设备可以实时显示船舶位置、速度、航向等动态信息,规划船舶航线,监测船舶是否偏航(偏离一定角度后会发出提醒)。目前,船载北斗智能终端一般与电子海图信息相叠合显示,清楚直观,便于工作人员查看。船上人员还可以根据电子海图显示的船舶位置、速度,计算船舶到达目的地的时间,实现安全、高效航行。基于北斗卫星导航技术的船舶航线监管系统能够实现船舶的实时定位、测速、精密授时,还具有船舶之间及船舶与监控中心短报文双向通信、防碰撞预警、航迹偏差告警等一系列功能。

可以预见,在接下来的导航定位、航标保障等方面,北斗卫星导航系统将得到更大规模的应用。

目前全球组网的主要卫星导航系统有:

(1) BDS:中国北斗卫星导航系统,是中国自行研制的全球卫星导航系统,也是继GPS、GLONASS之后的第三个成熟的能够向全球进行卫星导航的系统。北斗卫星导航系统和美国 GPS、俄罗斯 GLONASS、欧盟 GALILEO，是联合国全球卫星导航系统国际委员会已认定的供应商。

北斗卫星导航系统由空间段、地面段和用户段三部分组成，可在全球范围内全天候、全天时为各类用户提供高精度、高可靠定位、导航、授时服务，并且具备短报文通信能力，定位精度为 dm、cm 级，测速精度 0.2 m/s，授时精度 10 ns。

全球范围内已经有 137 个国家与北斗卫星导航系统签下了合作协议。随着全球组网的成功，北斗卫星导航系统未来的国际应用空间将会不断扩展。

北斗卫星导航系统已经大量应用到我国水上搜救，特别是海上搜救。我国海上救援工作主要由遇险者通过拨打海上通信无线电话、海岸电台、应急无线电示位标等方式报警，海上搜救机构对遇险信息进行核实和分析，继而展开救援工作。但是这样存在遇险信息不确定、救援指挥工作难以协调等缺点。现阶段有两种救援方案：一种是在救生衣中携带 AIS 定位系统，北斗卫星通过信号搜索找到遇险人员，向附近船舶发布救援信息；另一种是将北斗卫星导航系统、海上智能检测系统、地面控制中心、海图定位系统四者相结合，待遇险信息确认后，传送急救信息，定位遇险人员，并开展岸上救援指挥工作，从而实现高效救援的目的。

（2）GPS：全球卫星定位系统，主要的作用是定位，并能授时，测算船舶航迹向、航速、风流压差。整个系统由 24 颗卫星、船站、岸站组成，它在 1995 年完全投入使用。系统由美国空军代表美国政府来管理。对具有适当接收机的所有用户是免费的，服务提供 15～20 m(95% 概率)的水平位置准确度，能满足一般航行的需要。

（3）GLONASS：格洛纳斯全球卫星导航系统，可以连续提供高精度三维定位、三维速度和时间信息，它由俄罗斯联邦航天局代表俄罗斯联邦管理。GLONASS 与 GPS 有相似的潜在用户。对具有适当接收机的所有用户免费，用全部 24 颗卫星，服务满足一般航行的需要和 45 m(95% 概率)的水平位置准确度。

AIS 和全球卫星导航系统是当今船舶使用的最重要的导航仪器之一，没有卫星定位系统，也就不会有 AIS 中的船位、船速、航迹向等（如图 1-1 所示）。

AIS 由岸基（基站）设施和船载设备共同组成，是一种新型的集网络技术、现代通信技术、计算机技术、电子信息显示技术为一体的数字助航系统和设备。SOLAS 公约规定在 2003 年后必须在 300 总吨及以上的远洋货轮和所有客轮配备 AIS。AIS 具有识别目标船的航向、航速、呼号、船长、船宽、吃水、船位、目的港等作用，当然，其前提条件是来船也必须有一台 AIS。它能够更方便地为船舶之间避让提供信息，便于更好的管理。它没有盲区，不易丢失目标。它的航速、船位、航迹向由 GPS 提供，船首向由电罗经提供。目前在国内由中国海事局负责船载电子海图系统和 AIS 的统一管理等。

AIS 诞生于 20 世纪 90 年代，是一种新型的助航系统。它在结合 GPS 导航定位技术

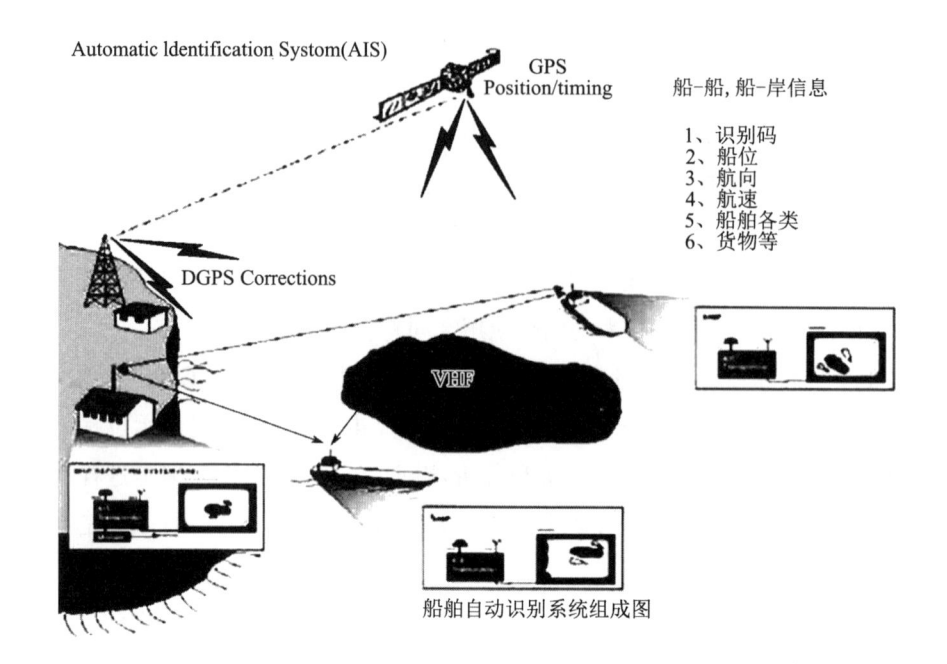

图 1-1 船舶自动定位识别系统组成

的基础上,采用 GMSK(Gaussian Filtered Minimum Shift Keying,高斯最小移频键控)调制,以 SOTDMA(Self-Organized Time Division Multiple Access,自组织时分多址)方式,在海上 VHF 频段自动连续发送静态数据(如船名、船籍、IMO 编号、船长、船宽等)、动态数据(如船位、船速、航向等)、航行相关的信息(如船舶吃水、危险货物类型等)和安全信息 VTS(Vessel Traffic Service,船舶交通服务)对应的交通信息、天气报告、实时水道测量数据等,同时也自动接收周围船舶发出的这些信息,并与海岸基站进行信息交换。

根据播发方式的不同,AIS 航标可分为三类:

① AIS 实体航标是在原有的实体航标上加装 AIS 设备的航标;

② AIS 仿真航标具有航标实体,没有装 AIS 设备,其在电子海图上显示的信号是通过附近的 AIS 站台发出的航标;

③ AIS 虚拟航标则没有航标实体,只是在显示器上规定的位置显示 AIS 航标信息的航标。

AIS 虚拟航标是基于 AIS 技术而产生的新型航标技术,是 AIS 与电子海图显示和信息系统(ECDIS,Electronic Chart Display and Information Systems)有机结合的产物,是网络技术、计算机技术、卫星导航定位技术等高新技术在航标中的应用。可以通过 AIS 基站及时将 AIS 基站覆盖范围内的航标信息返送给用户,并在信息系统(ECDIS)上显示出来。用户在使用虚拟航标技术时,可以通过信息系统(ECDIS)反馈的信息,了解航标符号的特定位置,进而达到保证船舶航行安全的目的。

第五节　内河航标的发展趋势

一、概述

随着我国水运建设与科学技术的快速发展,我国航标工业应运而生,航标技术不断发展。中华人民共和国成立后,南京航标厂、上海航标厂等国有航标专业生产企业在国家的大力扶持下,引进和消化国外技术,生产出各类航标器材和设备,为中华人民共和国成立后航标科技进步作出了重大贡献。

改革开放之后,国家政策放开,国企相继改制,沿海和内地民办航标企业出现,航标市场竞争局面打开,众多科研院所、大专院校与航标管理机构参与其中,自主创新的航标产品不断出现。其中,江苏、广东、湖北、湖南、安徽、黑龙江等省相继出现十多个航标民营企业,系列化航标产品很快占领了国内市场,成为我国航标生产企业的后起之秀,至今仍保持着旺盛的发展势头。

为推进航标技术健康发展,确保产品质量,国家对航标灯器等相关航标设备生产、制作安装技术通用条件颁布了国家标准和交通部标准,加强航标产品检测与技术的监督管理,从而使航标器材的生产进入了标准化、系列化的时代。

中华人民共和国成立以来,我国航标结构和材料技术也同步发展,新材料、新技术的应用促使航标技术发生质变,新产品不断出现,航标功能和质量更加优良。航标技术的发展做到了减轻航标养护量,增大航标显形视距,适应了水运业发展需要。

航标无论是水标还是岸标,从结构上可分为杆形、柱形、框架形标体及浮标、灯桩、灯塔等;从材料上可分为钢质、玻璃钢、不锈钢、铝合金等。水标主要是浮标和灯桩,岸标主要为杆形标、柱形标和灯塔。从目前国内航标现状来看,标体大多使用钢质和玻璃钢,内河航标大多外贴反光膜,岸标基础绝大多数为钢筋混凝土结构。这样的结构形式将在今后相当长时间内保持使用(如图 1-2 和图 1-3 所示)。

二、浮标结构与工艺的改进

浮标可在浅海、港湾、港内及内河设置,水深一般不超过 40 m。20 世纪 50 年代初,

图 1-2　现代新型航标

图 1-3　新型钢质岸标

上海航标厂已能生产浮标，但使用的工艺是人工敲打、人工气焊切割、人工电焊焊接等。这种工艺费时费工，劳动强度很大，一般一天仅能敲打一个，曾持续了许多年。1975 年，上海航标厂自行设计并制造了一台 1 200 t 水压机，同时加工了一批模具，使浮标封头能一次成型,生产效率大幅提高,质量也显著提高,结束了人工敲打封头的历史。

20世纪60年代以后,长江航道部门首先设计制造了6.7 m钢质标志船、3 m和4 m双船浮。70年代后,长江上游和中游逐步用钢质标志船取代原来的竹三角浮和木质标志船。到80年代,除南京以下仍用直径2.4 m钢质柱形浮标外,长江全线2 900多座浮标都已更新为钢质船形浮标。进入"九五"期后,长江航道的建设力度逐渐加大,特别"十五"以来,长江航道助航设施的建设取得了长足的发展,航标大型化发展逐步加快。目前,长江干线除了使用6.7 m标志船外,大部分采用10 m、15 m标志船和直径2 400 mm、3 050 mm、6 000 mm的浮鼓。

图1-4 新型钢质浮标

(一)玻璃钢浮标和塑料浮标的研制

玻璃钢浮标质量轻,仅为同型钢质浮标的30%～50%,耐海水腐蚀,浮标体本身染色,不需要油漆,水生生物附着量少,且易消除,自身耐腐蚀及抗风浪稳性好,在8级风、3节流速的情况下倾斜角小于20°,且可用作波力发电灯浮标。中国玻璃钢浮标的研制始于20世纪70年代中期,最初由湖南省航道部门仿南京航标厂的防撞浮标研制小型玻璃钢浮标,浮体直径1.0 m,使用效果很好。

(二)灯船及大型助航浮标的研制

中华人民共和国成立前后,在我国沿海港口设置的灯船,装有类似灯塔的强光灯器,有的还装有雾钟,并派人看守。因在开阔水域碇泊,终年受风浪颠簸,看守人员生活条件十分艰苦。20世纪80年代中期,中国开始研制大型助航浮标。1986年,由天津航道局委托天津大学设计、天津航道局船厂制造型号TJ-1的浮标(图1-5),直径10.4 m,主灯焦面高10 m,抛设在曹妃甸东约10 nmile(1 nmile=1 852 m)处,目标明显、灯光明亮、易于寻找。

图1-5 TJ-1型浮标

图1-6 船形浮标

在 20 世纪 60 年代中期,长江航道部门首先设计制造了 6.7 m 钢质标志船、3 m 和 4 m 双船浮。70 年代后,长江上游和中游逐步用钢质标志船取代原来的竹三角浮和木质标志船。到 80 年代,除南京以下仍用直径 2.4 m 钢质柱形浮标外,长江全线浮标都已更新为钢质船形浮标(图 1-6),形成了长江内河浮标的特色模式。

20 世纪 90 年代以后,长江、运河航道内船舶航行密度大,浮标被撞频率高,损失较重。南京航标厂通过精心研究,在标志船、灯船的船体内设计三道隔板,形成水密隔舱结构,当一个舱被碰受损,航标仍能保证足够的浮力,船体不易沉没且便于维护。浮体按交通部标准《钢质船形浮标》(JT/T 282—1995)的要求,用船用钢板制成,10 m 标志船用 4 mm 钢板,15 m 灯船用 5 mm 钢板。浮体外涂环保防锈漆和反光涂料。该标准通过实践证明是科学合理的,也是未来发展的趋势。

三、内河防碰撞层叠式灯桩及柱形航标的研制

1999—2001 年,针对内河船舶向大型化发展的趋势及航标经常被碰撞损坏的情况,原江苏省交通厅苏北航务处利用陀螺运动消能原理,研制出可抗击 2 000 t 级船舶正常航行碰撞的大型防碰撞层叠式灯桩(图 1-7),成功地解决了京杭大运河航标防碰撞的问题,并在全国推广应用。

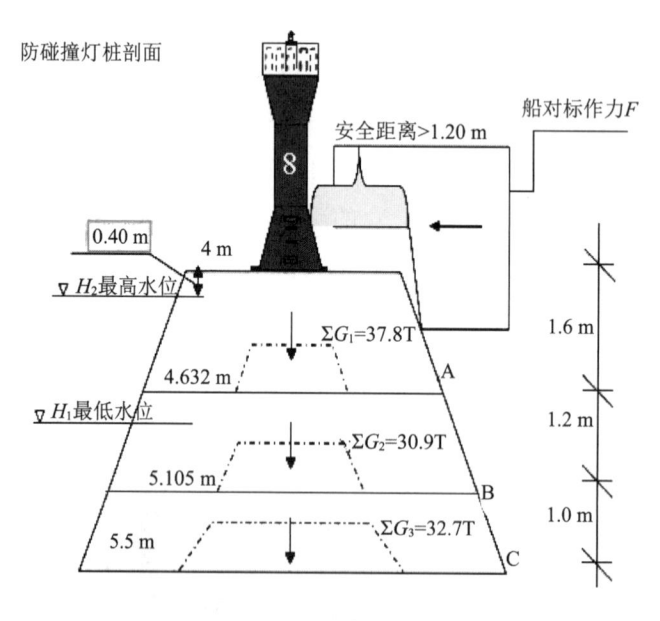

图 1-7 防碰撞灯桩构造

柱形航标的研制始于 20 世纪 80 年代,在 90 年代得到快速发展。柱形航标由原江苏省交通厅航道局根据内河助航标志外形尺寸的标准,结合内河航标视距理论研制而成(图 1-8)。其标体有 4 m、6 m、8 m、10 m、12 m 等五种型号,分别交于江苏省航标专业厂家

定型生产,并在江苏航道上推广应用。该种航标一般选用厚度大于5 mm的CCS船级钢板为主材,热镀锌防腐处理后外贴工程级反光膜,无需维护养护,其寿命就可达到10年以上。

图 1-8 柱形航标

四、灯塔建设与航标文化

中国沿海岛屿棋布,内河河口众多,在岛礁岬、小滩头海边、江河河口等处屹立着很多灯塔,长久以来它们为过往国内外船舶航行提供安全保障。我国的灯塔建设与灯塔技术文化历史悠久,航标灯塔技术与新埋念也在不断发展与进步。

中国海区灯塔大多数为近代所建。中华人民共和国成立后为了加强海上安全管理,新建了上千座灯桩和导标,并对灯塔进行了全面的技术改造。20世纪90年代后新建了大孤山、台子山等10多座灯塔,形成了现代灯塔链。已建灯塔虽多,但结构形式却比较单一,没有创意,塔身大多为砖混结构或钢筋混凝土结构,顶部放置成品灯笼。灯塔形状体大头小,白天航标目标不明显,需要借助无线雷达应答器提前锁定标位方可起到助航作用。而内河灯塔历史较短,形式多样,体积不大,结构材料变化较快。20世纪70年代以后长江岸标向大型化发展,统称为塔标,多为不同材质的柱形结构,但大型灯塔较少,目前最有代表性的当属江苏省的六圩灯塔。

2006年,原江苏省交通厅航道局经过精心研究,在大运河长江六圩口投资兴建了一座高66.9 m,充满现代文化气息的钢结构灯塔,解决了多年来困扰船舶进出长江与运河交汇处的安全航行问题。该灯塔设计使用 7.5 m 直径的倒圆台式灯笼及 6 m 直径的弧形 LED 航标灯,其灯塔新理念及文化内涵,得到了中国航海学会航标专业委员会及众多专家的高度评价,其集塔高定位研究、内河航标视距理论研究、点光源向面光源技术突破的科研成果及 CCTV 监控技术、远程遥测遥控等多功能现代技术于一体,成为我国内河灯塔的一个创新,获得了中国航海学会科技进步三等奖,江苏省交通科技进步一等奖,六圩灯塔免维护弧形面光源 LED 航标灯还获得湖北省科技进步三等奖。六圩灯塔于 2020 年完成灯器升级改造,解决了光污染问题,增加了光强自适应功能,被中国航标专业委员会誉为"中国内河航标第一塔"(图 1-9)。

图 1-9　钢结构航标灯塔

五、航标灯器与控制系统的技术发展

航标灯主要由能源和灯器(光源、透镜、闪光仪、结构、灯器控制系统、遥测终端装置、无线接收与发射装置)两部分组成。航标灯技术的发展贯穿航标发展史的全过程,是航标技术的重要组成部分。

中华人民共和国成立后,航标灯器先后由油灯、电石灯、电动闪光灯、半导体闪光灯、集成电路闪光灯及单片机控制的多种灯质的多功能、低能耗、寿命长的 LED 航标灯,发展到今天的锂电池免维护一体化、智能化航标灯及航标管理系统。航标形式逐步统一规范,标识清晰醒目,航标灯基本上 5 年之内不需要任何养护,大多数航标也可以实现少维护或免维护,维护效益提高,成本不断降低。

(一) 早期的航标与能源

中国古老的"航标"都以燃烧柴草为能源，近代使用煤油灯一直到中华人民共和国成立初期。煤油灯发光设备简单，但必须有人看管、点燃，且发光强度差。1957年，上海浦东的浮标修理厂（上海航标厂前身）研制成功全套乙炔充气设备和黄粉过滤装置，并生产用于航标灯的乙炔气。乙炔气能源航标灯技术实现了航标灯无人值守，这是中华人民共和国成立后航标灯能源技术发展的一次质的飞跃。作为中国航标的主要能源——煤油、乙炔气，经过半个多世纪的使用，于20世纪60年代电气化航标技术普及后完成了它们的历史使命。我国早期航标灯如图1-10所示。

(二) 电气化时代航标灯与能源

电气化航标灯一般以岸电、柴油机发电、专用锰粉组合干电池、铅酸蓄电池、镉电池等作为能源。航标能源的技术发展使得航标工作性能更加稳定，工作更有保障，同时也推动了航标灯电路控制技术的进步。

(1) 干电池和蓄电池

20世纪60年代，我国黑龙江航道局工程技术人员与哈尔滨电池厂联合试制成功航标专用锰粉组合干电池，研制出航标灯铝铁片温差自动闭合开关器和100 mm单面导标灯，生产出我国第一代锰粉干电池航标灯，标志着我国航标开始向电气化方向发展。

20世纪70年代，上海航标厂研制出硅太阳能电池在西沙群岛、东海岛屿和内河航标上普遍使用。之后国内出现宁波太阳能电池厂，很快成为国内最大的航标灯太阳能方阵生产专业企业，产品技术水平达到了国际先进水平。

(2) 风力和波力发电的研制应用

1982年5月由上海航标厂研制成功12 V/50 W－L2型自动限速风力发电机（图1-11），被交通部推广使用。该风力发电机在上海、广东、广西、江苏、江西、浙江、安徽及山东等地区的航道、港务、航运等部门使用较多。

图1-10　早期航标灯　　　　　　　**图1-11　风力发电航标灯**

1988年中国科学院广州能源研究所和广州海监局合作研制的20 W小波后弯管波力发电装置,获中国科学院科技进步二等奖。

六、航标光源的开发应用

航标光源技术由煤油燃烧光源过渡到电光源,经历了白炽灯、霓虹灯、LED冷光源灯的技术发展过程,进入20世纪90年中期以后,LED冷光源航标灯普遍开始推广应用。

（一）白炽灯

20世纪80年代后,上海航标厂与上海灯泡三厂协作,生产出航标灯专用白炽灯泡及单、双丝灯泡,并在白炽灯泡外涂上红、绿、黄三种透明且耐高温的油漆,生产出了有色灯泡,之后又研制出密封光束灯泡,其光强可达到几万烛光,技术上也已达到国际先进水平。但由于白炽灯(图1-12)存在光效色度差、灯丝易熔断、质量不稳定、生命周期短、经常要换灯泡等问题,也给航标维护带来困难。

图1-12 白炽灯

（二）卤钨、金属卤化物、航标灯

20世纪80年代初期,上海航标厂在复旦大学电光源研究所的协作下,研制出不同规格的卤钨灯光源(图1-13)。该种光源采用耐高温的石英玻璃泡壳,玻壳比较小,充入少量氩气和卤素,可使灯丝蒸发钨循环还原,当色温提高到3 000 K时仍能维持额定的工作寿命,其光效能提高到20～30 lm/W,将溴钨灯泡组成阵列,后面加装涂有金属膜的抛物面反射镜使光形成光束,光强会成百倍的增加,其定光光强可达百万烛光,能满足海区灯光远射程的需要。

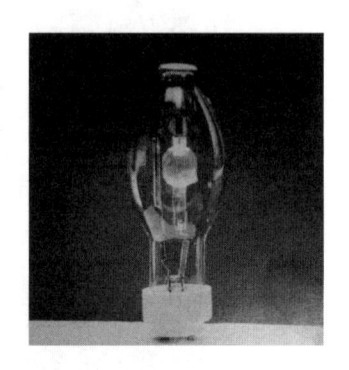

图1-13 卤钨灯

(三) 霓虹灯光源航标灯

霓虹灯光源于 20 世纪 60 年代末开始在江苏内河及长江航道中使用较多。霓虹灯采用直流供电,经电子电路逆变成高压交流供灯管发光。因灯管不易与透镜匹配,故光强较低,灯光射程近,大多用在内河小型灯浮标和灯桩上。充有氖的霓虹灯发出红光,效果尚好,但充有汞气的绿光和白光霓虹灯管,因低温时电离困难,闪光时光强明显下降。南京航标厂在 70 年代初曾批量生产霓虹航标灯,并在内河中推广使用,至 2006 年我国内河航标还可见到霓虹航标灯。

(四) LED 光源航标灯

LED 光源航标灯(图 1-14)最早于 1996 年投入使用。1998 年长江航道局与原荆州市蓝宇航标器材有限公司联合开发成功的 LED 光源航标灯,使航标灯光视距分别满足了 3 km、5 km 的要求。2006 年至 2008 年江苏省交通运输厅苏北航务处研制出的 LED 免维护智能化航标灯在全国得到推广应用。

图 1-14　各类 LED 光源航标灯

LED 光源航标灯的显著优点:① LED 光源的颜色取决于波长,其颜色鲜艳不会产生褪色现象;② 其使用寿命长,理论上可达 10 万小时;③ LED 光源属冷光源,其能耗低,与白炽灯相比,同样的视距功耗可降低二分之一;④ LED 光源由多粒管组成,各粒管不会同时熄灭,不会产生熄灯现象;⑤防震防水性能好。

第六节　内河航标的相关技术标准

与内河航标有关的技术规范经过多年的发展,先后颁布了:《浮标》(JT 7004—

1979)、《浮标安全卸扣》(GB 11588—1989)、《85 mm、155 mm 塑料透镜航标灯》(JT 7011—1993)、《交通行业工人技术等级标准 航标航测 内河航标工》(JT/T 32.3—93)、《钢质船形浮标》(JT 282—1995)、《航标用铅酸蓄电池》(JB/T 1866—1999)、《航标术语》(GB/T 17765—1999)、《浮标锚链》(JT/T 100—2005)、《浮标通用技术条件》(JT/T 760—2009)、《航标遥测遥控系统技术规范》(JT/T 788—2010)、《内河电子航道图技术规范》(JTS 195—3—2019)、《内河航标技术规范》(JTS/T 181—1—2020)、《长江干线通航标准》(JTS 180—4—2020)、《航道养护技术规范》(JTS/T 320—2021)、《内河航道绿色建设技术指南》(JTS/T 225—2021)等国家和行业标准。

思考题

1. 航标的作用有哪些？
2. 现代航标的特点有哪些？
3. 航标在航海方面与内河方面有什么差别？
4. 内河航标的新技术有哪些？
5. 航标的技术标准主要有哪些？

第二章 内河航标的分类及功能

第一节　内河航标的一般规定

内河航标是船舶在内河安全航行的重要助航设施。内河航标的主要功能是标示内河航道的方向、界限与碍航物,揭示有关航道信息,为船舶航行指出安全、经济的航道。

对于内河河流,设标时要考虑航标的左右岸。决定河流左右岸的原则为:按水流方向确定河流的上下游,面向河流下游,左手一侧为左岸,右手一侧为右岸。

对水流流向不明显或各河段流向不同的河流,按如下原则确定上下游:

(1) 通往海口的一端为下游;

(2) 通往主要河流的一端为下游;

(3) 河流偏南或偏东的一端为下游;

(4) 以航线两端主要港埠间的主要水流方向确定上下游。

必须区分左右岸的内河航标,其颜色是:左岸为白色(黑色),右岸为红色;光色是:左岸为绿光(白光),右岸为红光。不必区分左右岸的内河航标按背景的明暗确定,其颜色是:背景明亮处为红色(黑色),背景深暗处为白色。

第二节　航标分类

《内河航标技术规范》共分 7 章和 6 个附录,其中视觉航标分为航行标志、信号标志、专用标志和警示标志四类共 23 种。

航行标志的作用是标示航道方向、航线、航道边缘界限、礁石、沙滩或其他碍航物所在地及通航桥孔等,使船舶按照航行标志所标示出来的航道安全航行。航行标志包括过河标、沿岸标、导标、过渡导标、首尾导标、间接导标、侧面标、左右通航标、示位标、泛滥标及桥涵标11种。

信号标志的作用是为航行船舶揭示有关航道信息，采用信号控制船舶单线航行、标示控制界限、揭示航道水位及航道中存在的横流等。信号标志包括通行信号标、鸣笛标、界限标、水深信号标、横流标、节制闸标、航道信息标、航道整治建筑物提示标等8种。

专用标志为标示临、沿、跨、过航道的各种建筑物，或为标示特定水域所设置的标志。设置在专用航道内的航标都称之为专用标志，其标体和灯光颜色为黄色。专用标志包括管线标志及专用标志两种。其中，管线标志设置的主要目的是保护建筑物和船舶自身的安全，要求过往船舶采取必要的安全措施。

江苏省内河主要航行标志为：侧面标、左右通航标、示位标、泛滥标及桥涵标；信号标志为：鸣笛标、通航信号标、界限标、横流标及节制闸标等；专用标志包括管线标及专用标两种。标牌主要有指向牌、地点距离牌、地名牌、信息牌、宣传牌等。目前部分标志，为满足实时动态数据显示的需要，正不断向电子化方向发展，如桥涵标、水深信号标等。这一趋势不仅满足了夜间通航需要，更是与电子航道图技术实现了同步发展。

第三节　航标功能及技术要求

一、航行标志

航行标志包括过河标、沿岸标、导标、过渡导标、首尾导标、间接导标、侧面标、左右通航标、示位标、泛滥标及桥涵标11种。

（一）过河标

1. 功能

设置在过河航道的起点或终点的岸边，指示由对岸使来的船舶在接近标志时可沿着本岸航行，或指示沿本岸使来的船舶在标志附近转向对岸。如遇双向过河，则可将标志设在上下方过河航道在本岸的交点处，指示对岸使来的船舶在接近标志时再返驶向对岸。

2. 形状

标杆上端装正方形标顶两块,分别面向上、下方航道。如过河航道距离过远以致不够明显时,可在标杆前加装梯形牌,以增加视距,梯形牌面向所标示的航道方向。过河标也可以安装在具有浮力的底座上作为浮标设置。

3. 颜色

左岸,顶标和梯形牌为白色或黑色,标杆或塔身为黑白色相间横纹;右岸,顶标和梯形牌为红色,标杆或塔身为红白相间横纹(如图 2-1 所示,详见彩插)。梯形牌的颜色也可按背景的明暗来确定,背景明亮处的左岸为黑色,背景深暗处的右岸为白色。

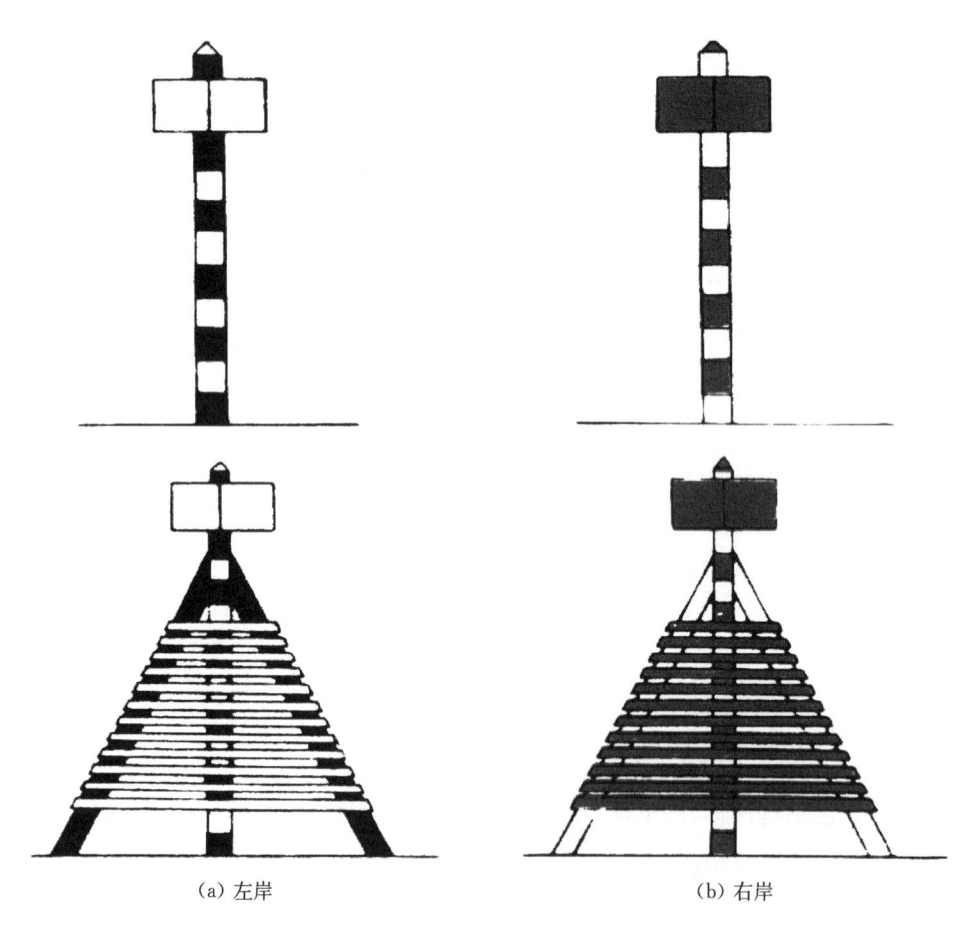

(a) 左岸　　　　　　　　　　(b) 右岸

图 2-1　过河标

4. 灯质

左岸为白光,莫尔斯信号"A"闪光(· —)或"M"闪光(— —)。右岸为白光,莫尔斯信号"N"闪光(— ·)或"D"闪光(— · ·)。

（二）沿岸标

1. 功能

用于标示深槽航段沿岸航道的方向，指示船舶继续沿设标一岸航行。

2. 形状

标杆上端装球形顶标一个。

3. 颜色

左岸一侧顶标为黑色或白色，标杆或塔身为黑白相间横纹；右岸一侧顶标为红色，标杆或塔身为红白相间横纹（如图 2-2 所示，详见彩插）。

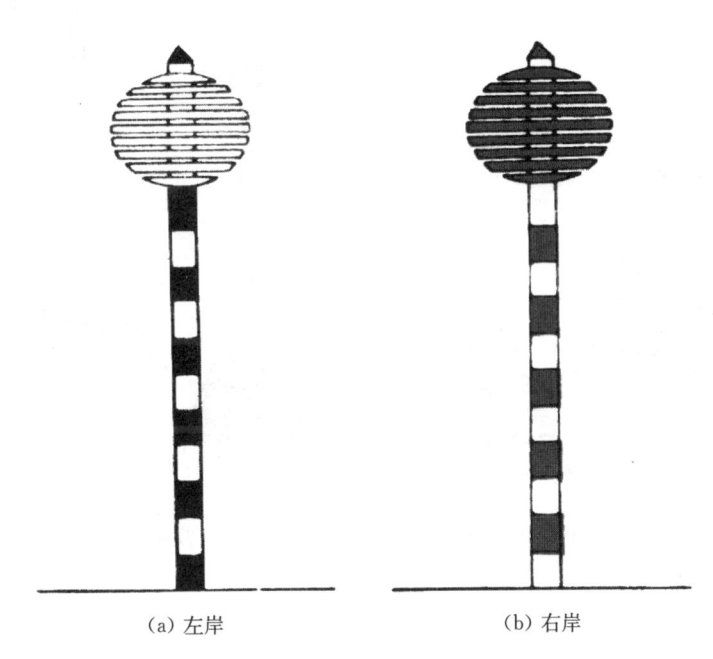

(a) 左岸　　　　　　(b) 右岸

图 2-2　沿岸标

4. 灯质

左岸为绿色或白色，单闪光；右岸为红色，单闪光。

（三）导标

1. 功能

由前后两座标志所构成的导线来标示狭窄航道的中心线方向，指示船舶沿该导线标示的航道航行。

2. 形状

前后两座标志的标杆上端各装正方形顶标一块，顶标均面向航道方向，如导线航道过长以致标志不够明显时，可以在标杆前加装梯形牌，梯形牌面向所标示的航道方向。在导标的导线有效范围内应使船舶白天看到前标比后标略低，夜间保持后标灯光不被前标遮蔽。前后两标的高差及间距应与导线长度相适应,以保持导标的灵敏度。如设标地点坡度较陡,前后两座标志高差过大时,可在两标之间的连线上加设一座形状相同的标志。

3. 颜色

按背景的明暗确定,顶标和标杆的颜色相同,背景深暗处为白色,背景明亮处为红色,白色梯形牌中央一道竖条为黑色,红色梯形牌中央一道竖条为白色(如图2-3所示,详见彩插)。

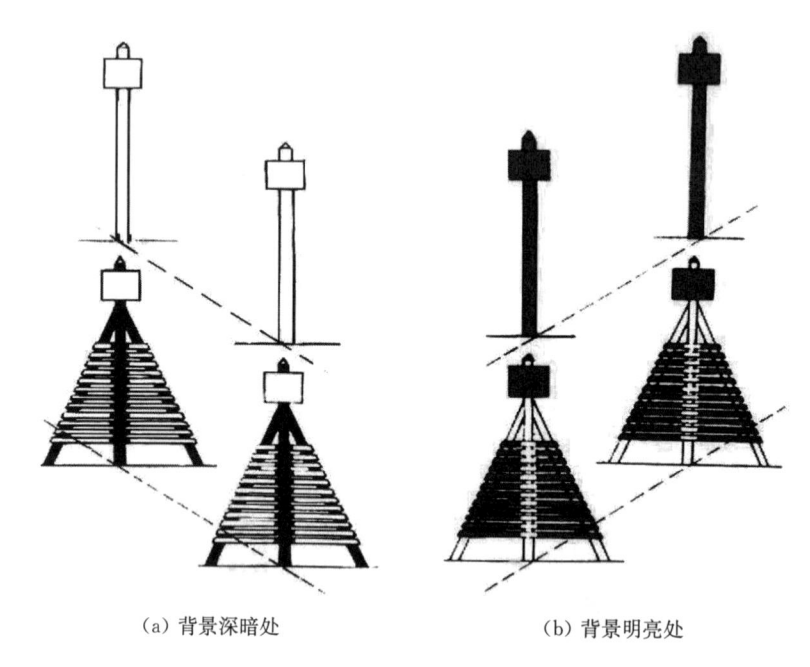

(a) 背景深暗处　　　　　(b) 背景明亮处

图 2-3　导标

4. 灯质

前后标均为白色单面定光,如背景灯光复杂用白光容易混淆时,可用红色单面定光。

(四)过渡导标

1. 功能

由前后两座标志组成,两标连线标示导线的一方为狭窄航道的中心线,而另一方则为宽阔的沿岸或过河航道,指示沿导线标示的航道驶来的船舶在接近标志时驶入较宽阔的沿岸或过河航道;同样其也指示由较宽阔的沿岸航道或过河航道驶来的船舶在接近标志时驶入导线标示的航道。

2. 形状

前标与过河标相同,后标与导标相同。前标的一块顶标与后标的顶标组成导线,前标的另一块顶标面向较宽阔的航道方向。如导线过长以致标志不够明显时,可以在标杆前加装梯形牌,梯形牌面向所标示的航道方向。

3. 颜色

前标的标杆和梯形牌的颜色与过河标相同,顶标的颜色与导标相同,后标的颜色与导标相同(如图 2-4 所示,详见彩插)。

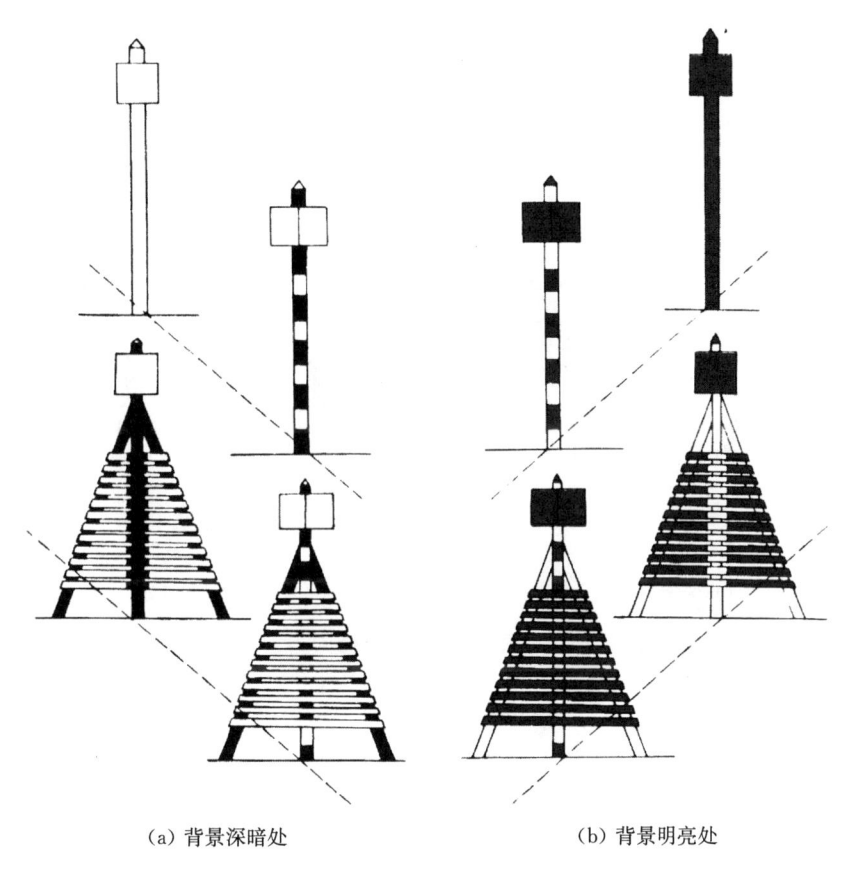

(a) 背景深暗处　　　　　(b) 背景明亮处

图 2-4　过渡导标

4. 灯质

前标与过河标相同,后标与导标相同,前后标的光色须一致。特殊要求时,前标也可用定光。

(五) 首尾导标

1. 功能

由前后鼎立的三座标志组成两条导线分别标示上、下方狭窄航道中心线的方向,故首尾导标的位置设在两条导线航道的转折处,即一条导线的首端和另一条导线的尾端。

2. 形状

三座标志中,一座前标与过河标相同,两座后标与导标相同。两座后标的顶标分别与前标的两块顶标组成两条导线,面向所标示的上、下航道方向。如果导线航道过长以致标志不够明显时,可以在标杆前加装梯形牌,梯形牌面向所标示的航道方向。

3. 颜色

前标的标杆和梯形牌颜色与过河标相同,顶标颜色与导标相同,两座后标的颜色与导标相同(如图 2-5 所示,详见彩插)。

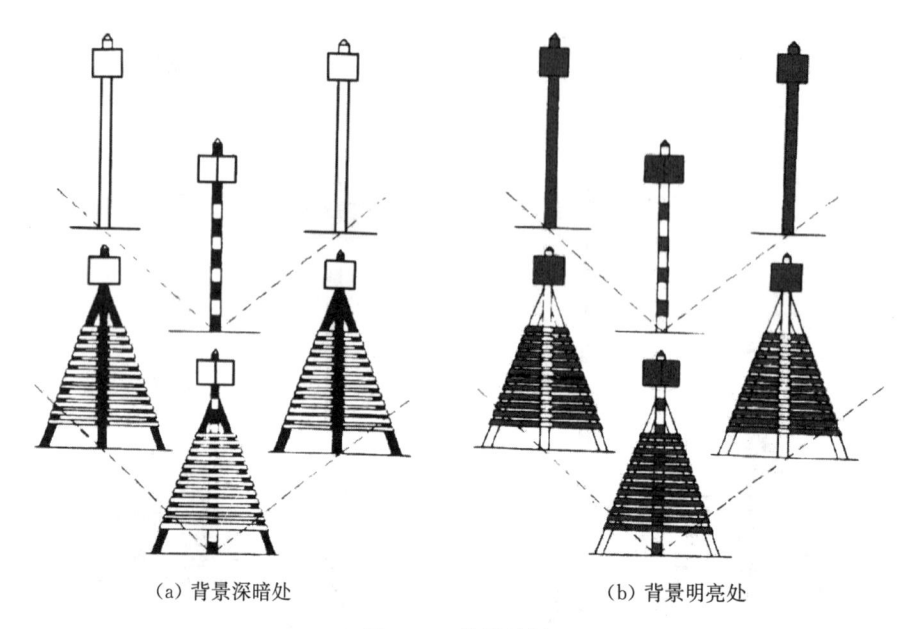

(a) 背景深暗处　　　　　　(b) 背景明亮处

图 2-5　首尾导标

4. 灯质

分别按过河标和导标的规定,但各标的灯光须一致。特殊需要时,各标都可用定光。

(六) 间接导标

1. 功能

由前后两座标志组成,所标示的航线与相邻标志标示的航线不是相连续的,而是间接连续的,设置在较为复杂的重点浅滩航道。

2. 形状

前后两座标志的标杆上端各装长方形顶标一块,顶标均面向航道方向;导线标示的航道过长,标志不够明显时,可在标杆前加装梯形牌,梯形牌面向所标示的航道方向。

3. 颜色

按背景的明暗确定顶标、标杆和梯形牌的颜色,背景明亮处均为红色或黑色,背景深暗处均为白色,红色或黑色梯形牌中间一道竖条为白色,白色梯形牌中央一道竖条为黑色或红色(如图 2-6 所示,详见彩插)。

4. 灯质

前标为红色或绿色,单面定光;后标为红色或绿色,单面快闪。

(a) 背景深暗处　　　　(b) 背景明亮处

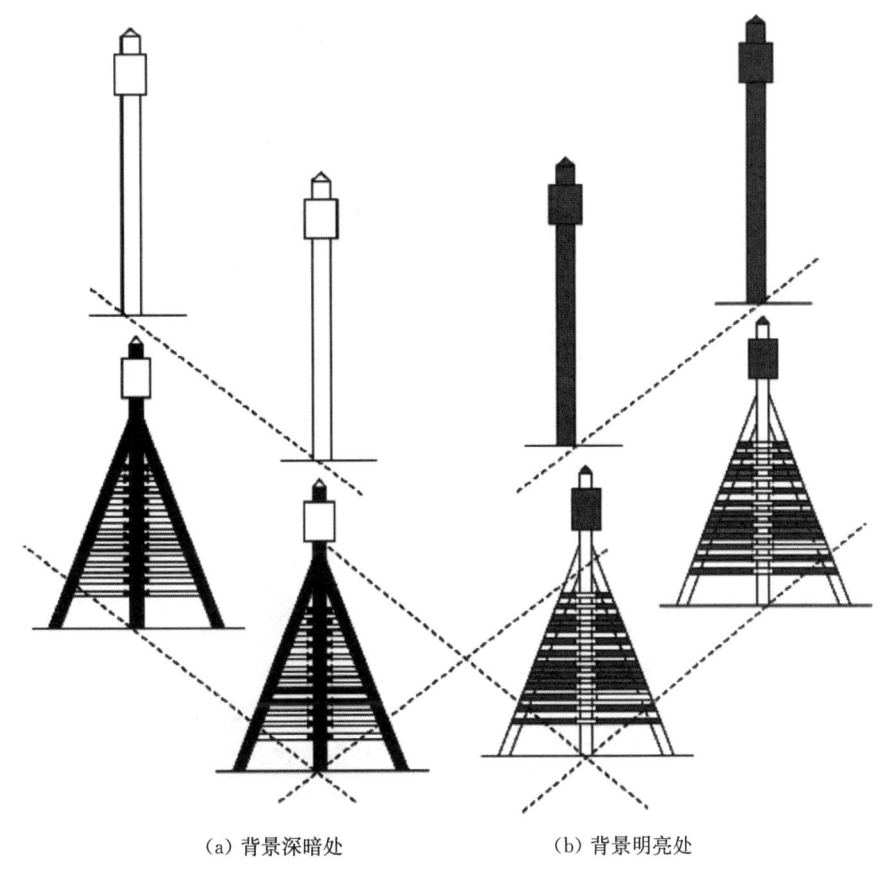

图 2-6　间接导标

（七）侧面标

1. 功能

设在浅滩、礁石、沉船或其他碍航物靠近航道一侧，标示航道的侧面界线，故称侧面标。侧面标设在水网地区优良航道两岸时，可标示侧面岸形、突嘴或不通航的汊港，指示船舶在航道内安全航行。

2. 形状

浮标可采用柱形、锥形、罐形、杆形或灯船等形式（如图 2-7 所示，详见彩插）。需要同时以标志特征区分左右岸时，左岸一侧浮标为锥形或加装锥形顶标，右岸一侧为罐形或加装罐形顶标（如图 2-8 所示，详见彩插），也可只在左岸一侧的柱形浮标上加装球形顶标。灯桩可采用框架形或杆形（如图 2-9 所示，详见彩插），也可以固定设置。杆形灯桩需要增加视距时，左岸一侧可加装锥形顶标，右岸一侧可加装罐形顶标。内河除长江以外，其他限制性航道的柱形航标一般都不安装顶标。

左岸一侧　　　　　　右岸一侧
(a) 柱形

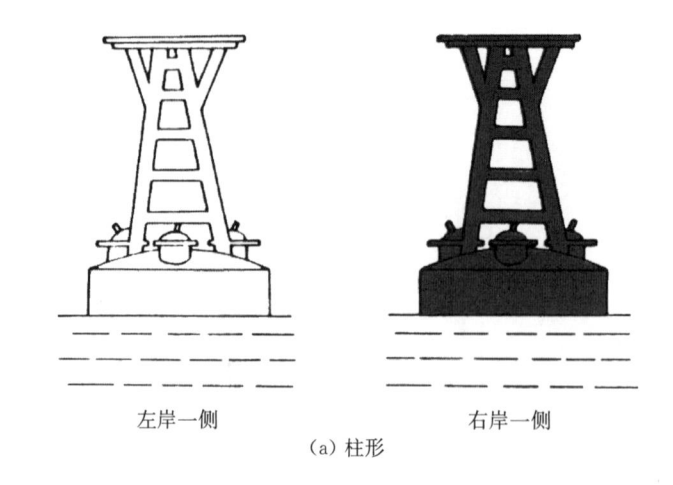

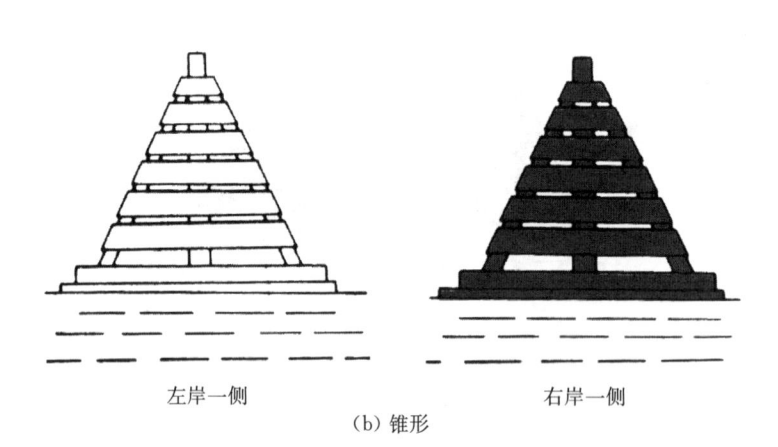

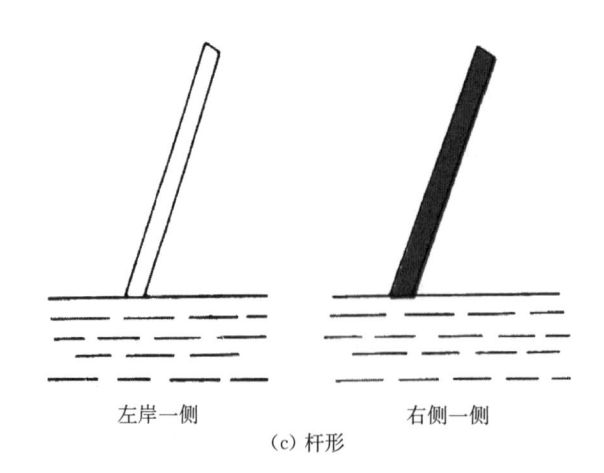

左岸一侧　　　　　　右岸一侧
(b) 锥形

左岸一侧　　　　　　右侧一侧
(c) 杆形

左岸一侧　　　　　　　　　右岸一侧
(d) 灯船

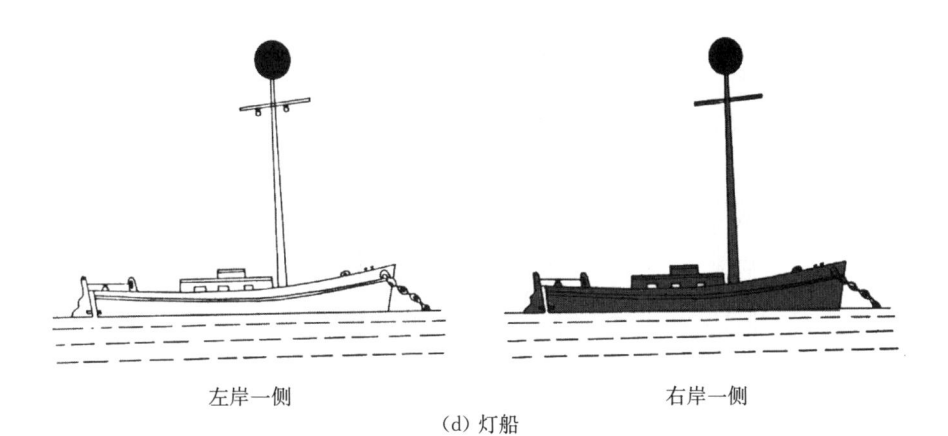

图 2-7　侧面标(浮标)形式

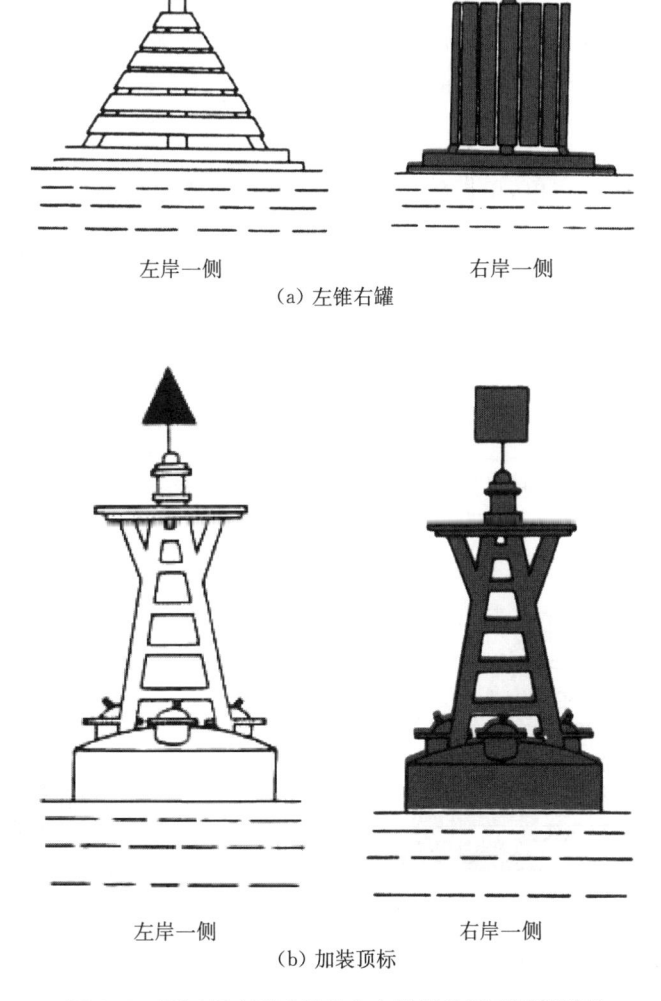

左岸一侧　　　　　　　　　右岸一侧
(a) 左锥右罐

左岸一侧　　　　　　　　　右岸一侧
(b) 加装顶标

图 2-8　需以标志形式区分左右岸时的侧面标(浮标)

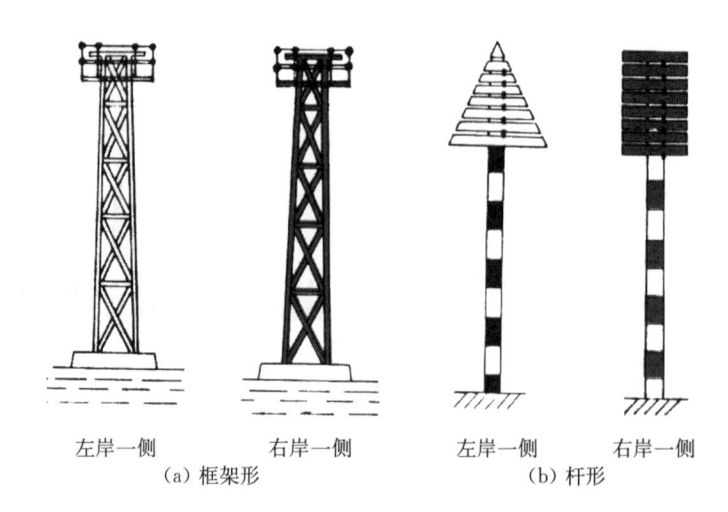

左岸一侧　　右岸一侧　　左岸一侧　　右岸一侧
（a）框架形　　　　　　（b）杆形

图 2-9　侧面标（岸标或灯桩）

3. 颜色

左岸一侧为白色或黑色，杆形灯桩的标杆为黑白相间横纹；右岸一侧为红色，杆形灯桩的标杆为红白相间横纹。灯船的球型顶标均为黑色。

4. 灯质

左岸一侧为绿色或白色，单、双闪光或定光；右岸一侧为红色，单、双闪光或定光。

（八）左右通航标

1. 功能

设在航道中个别河心碍航物或航道分汊处，标示该标两侧（左及右）都是通航的航道。

2. 形状

浮标可采用柱形、锥形或灯船（如图 2-10 所示，详见彩插）。灯桩和岸标可采用塔形航标。

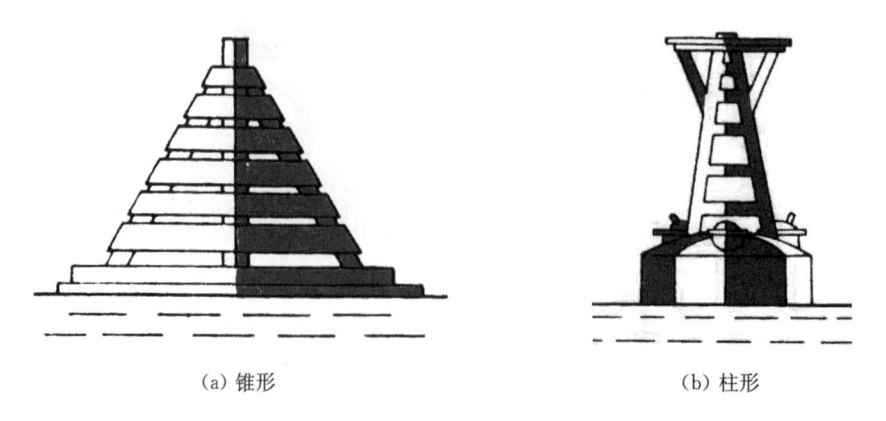

（a）锥形　　　　　　（b）柱形

图 2-10　左右通航标

3. 颜色

标体每面的中线两侧分别为红色和白色。

4. 灯质

绿色或白色,三闪光。

(九) 示位标

1. 功能

设在湖泊、水库、水网地区或其他宽阔水域,用来标示河口、岛屿、浅滩区、礁石等的位置,供船员根据航道图上标明(或在航道公报上说明)的标位来确定自己的船位与航向,指示船舶在标志附近进入河口或警告船舶避离危险区。

2. 形状

可采用各种形状的塔形体(如图 2-11 所示)。

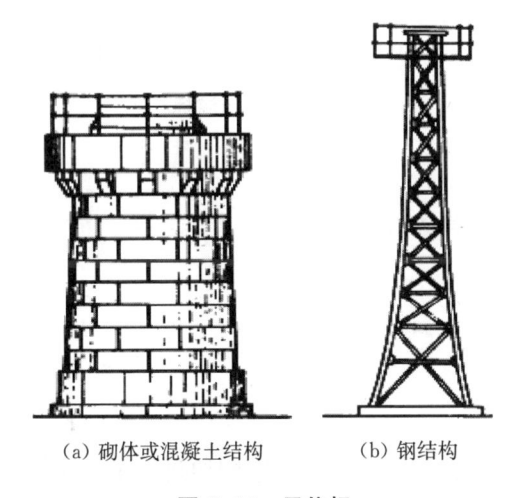

(a) 砌体或混凝土结构　　(b) 钢结构

图 2-11　示位标

3. 颜色

可根据背景涂白、黑、红色或条纹。

4. 灯质

白光、绿光或红光莫尔斯信号闪光,但不能同其他标志的灯质相混淆。

(十) 泛滥标

1. 功能

设在将被或已被洪水淹没的河岸或岛屿靠近航道的一侧,以标示被洪水泛滥而淹没的岸线或岛屿的轮廓。

2. 形状

标杆上端装载截锥体顶标一个,也可装在具有浮力的底座上作为浮标设置(如图

2-12 所示，详见彩插）。

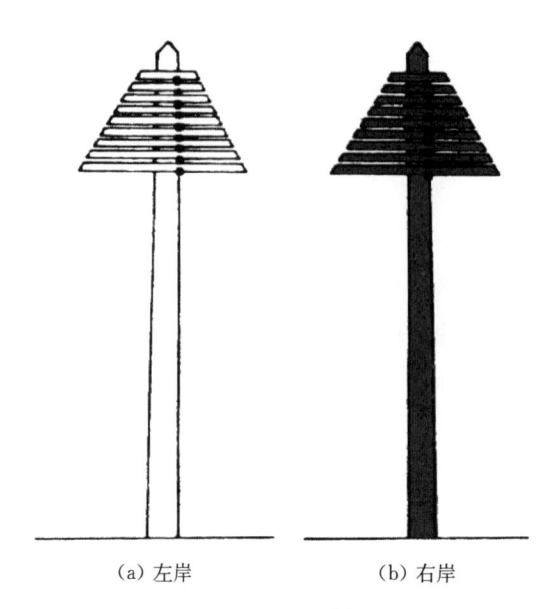

(a) 左岸　　　　(b) 右岸

图 2-12　泛滥标

3. 颜色

左岸为白色或黑色；右岸为红色。

4. 灯质

左岸为绿色或白色定光；右岸为红色定光。

（十一）桥涵标

1. 功能

由桥涵标牌和通航净高标牌组成，指引船舶通过桥梁。桥涵标牌设在单向通航桥孔迎船面的桥桁的中央，或设在双向通航桥孔的上、下行航路迎船面上方桥桁的适当位置，标示桥梁的通航孔位置；通航净高标牌设在桥梁通航孔迎船面桥桁两侧，标示桥梁通航孔满足设计通航净高的范围。

2. 形状

可采用正方形标牌和圆形标牌。正方形标牌表示通航的桥孔不区分大小轮通航时，为通航桥孔，区分大小轮通航时，为大轮通航孔[如图 2-13(a)所示]；圆形标牌表示小轮（包括非机动船、人工流放排筏）通航的桥孔[如图 2-13(b)所示]，大小轮的具体划分由各地区决定。通航净高牌为菱形标牌，以垂直对角线为界分成左右两个共底等腰直角三角形[如图 2-13(c)所示]，垂直对角线与水面垂直设置，并与通航桥孔内满足设计通航净高的边线重合。

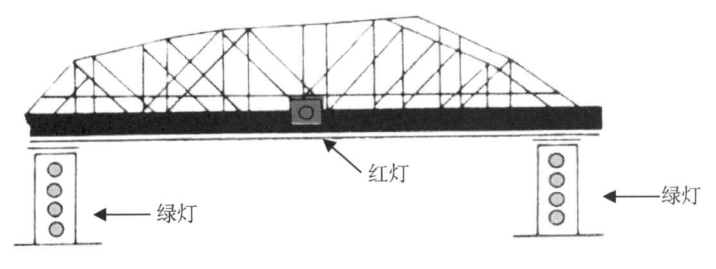

（a）通航桥孔

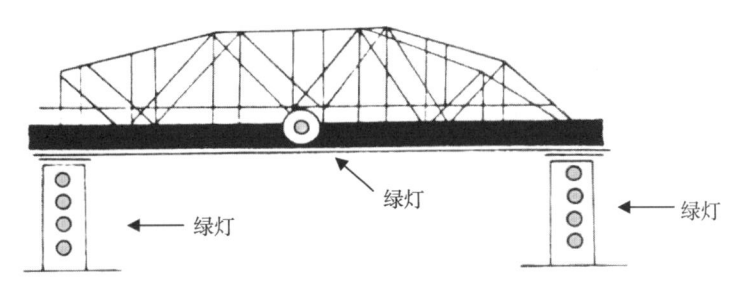

（b）小轮通航桥孔

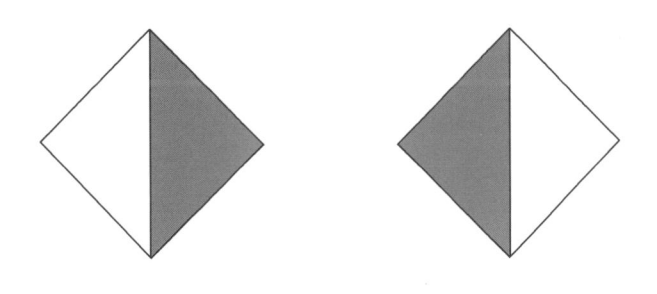

（c）通航净高标牌

图 2-13　桥涵标（详见彩插）

3. 颜色

正方形标牌为红色；圆形标牌为白色；菱形标牌左右两个直角三角形用红白两色区分，红色三角形的直角顶点指向航道一侧；桥梁背景颜色与标牌颜色相近时，在标牌四周加装隔离色带。

4. 灯质

通航桥孔（或大轮通航桥孔）为红色单面定光；小轮通航桥孔为绿色单面定光；通航净高标牌灯为黄色单面定光。不同水位期，水中设有桥墩的桥梁，在通航桥孔迎船面两侧桥柱上，各垂直设置绿色单面定光桥柱灯 2~4 盏（按桥柱高度定），以标示通航孔桥柱位置。

二、信号标志

信号标志包括通行信号标、鸣笛标、界限标、水深信号标、横流标、节制闸标、航道信息标、航道整治建筑物提示标等 8 种。信号标志的功能、形状、颜色、灯质应符合下列规定。

(一)通行信号标

1. 功能

设在上下行船舶相互不能通视,同向并驶或对驶有危险的狭窄、急弯航段或单孔通航的桥梁、通航建筑物,以及水上、水下施工等需通航控制的河段,利用信号控制上行或下行船舶单向顺序通航或禁止通航。

2. 形状

由带横桁的标杆和号型组成,横桁与岸线垂直,号型悬挂于横桁一端;号型一为箭形,箭头朝下表示允许下行船通航,箭头朝上表示允许上行船通航[如图 2-14(a)和(b)所示];号型二为两个锥尖朝上的三角锥体垂直排列,表示禁止通航[如图 2-14(c)所示]。

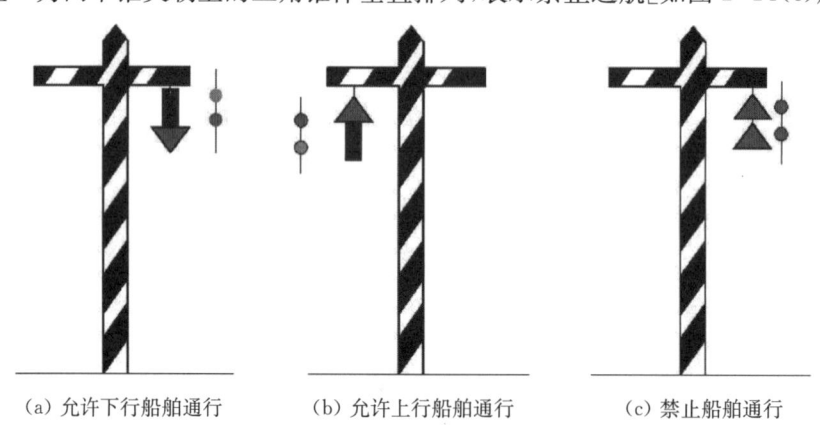

(a) 允许下行船舶通行　　(b) 允许上行船舶通行　　(c) 禁止船舶通行

图 2-14　通信信号标(详见彩插)

3. 颜色

标杆与横桁为白、黑色相间斜纹,箭头和三角锥体为红色,箭杆为黑色或白色。

4. 灯质

由垂直悬挂于横桁一端的红色、绿色定光灯组成信号,绿灯在上,红灯在下,表示允许下行船通航;红灯在上,绿灯在下,表示允许上行船通航;上、下两盏红灯,表示禁止船舶通航;对控制船舶进、出通航建筑物的通行信号标,根据需要在通航建筑物上下两端各设置红、绿单面定光灯一组,灯光面向来船方向,红灯表示禁止船舶通航,绿灯表示允许船舶通航;白天根据情况用红、绿旗代替红、绿灯;在确保信号清晰可辨的前提下,号型也可使用光电设施显示。

（二）鸣笛标

1. 功能

设在通航控制河段或上下行船舶不能相互通视的急弯航道的上下游两端河岸上，指示船舶鸣笛。

2. 形状

标杆上端装圆形标牌一块，标牌正中写"鸣"字，标牌面向来船方向（如图 2-15 所示）。

图 2-15　鸣笛标

3. 颜色

标杆为白、黑色相间斜纹，标牌为白色、黑边、黑字。

4. 灯质

绿色，快闪光。

（三）界限标

1. 功能

设在通航控制河段、桥区水域或其他需要标示范围的河段上下游，标示特定的河段范围界限；设在船闸闸室有效长度的两端，标示闸室内允许船舶安全停靠的界限。

2. 形状

标杆上端装菱形标牌一块，标牌面向来船方向（如图 2-16 所示）；安装在具有浮力的底座上时作为浮标设置；船闸界限标镶绘在闸墙上。

图 2-16　界限标

3. 颜色

标杆为白、黑色相间斜纹,标牌为白底、黑边,中间有黑色横条一道,或黑色单箭头,设在下游侧时箭头朝上游,设在上游侧时箭头朝下游。

4. 灯质

红色,快闪光。

(四)水深信号标

1. 功能

设在浅滩上下游靠近航道一侧的河岸上,揭示浅滩航道的最小水深。

2. 形状

由带横桁的标杆和号型组成(如图 2-17 所示),横桁与岸线平行,基本号型为矩形图"■"代表数字"1"、X 形体"✕"代表数字"4"、⊥形体"⊥"代表数字"6",其他号型由基本号型组合而成;将上述号型悬挂在横桁的两边,从船上看,左边所挂号型标示水深的"米"数,右边所挂号型表示水深的"分米"数。

3. 颜色

标杆与横桁为红、白色相间斜纹,号型为黑色或白色。

4. 灯质

每盏白色定光号灯代表数字"1";每盏红色定光号灯代表数字"4";每盏绿色定光号灯代表数字"6";或者用水深数字牌、水深数字灯显示。

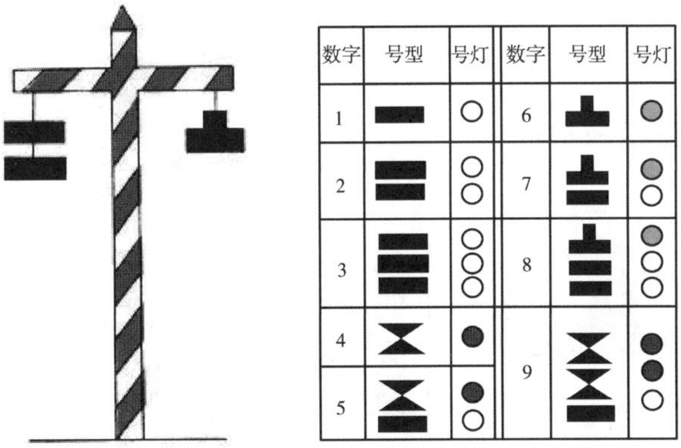

图 2-17 水深信号标(详见彩插)

（五）横流标

1. 功能

设在有横流的航道附近,标示航道内有横流,警告船舶注意采取安全措施。

2. 形状

菱形体安装在具有浮力的底座上,或者在标杆上端安装菱形顶标设在岸上。

3. 颜色

左岸一侧菱形体为白色或黑色,标杆为白、黑色相间斜纹；右岸一侧菱形体为红色,标杆为红、白色相间斜纹(如图 2-18 所示)。

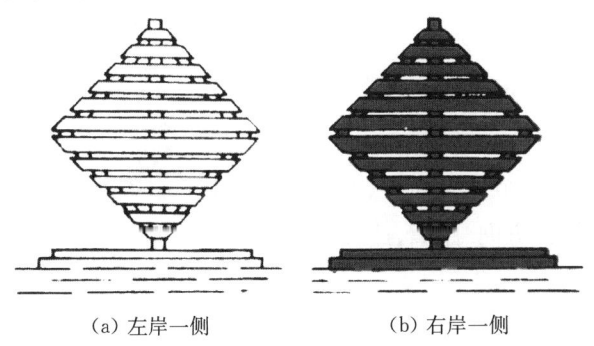

（a）左岸一侧　　　　　（b）右岸一侧

图 2-18 横流标(详见彩插)

4. 灯质

左岸一侧为绿色,顿光；右岸一侧为红色,顿光。

（六）节制闸标

1. 功能

设在靠近节制闸上游或上下游一侧的岸上,或者将灯悬挂于节制闸的上游或上下游水面上空架空线上,标示前方是节制闸,防止船舶误入发生危险。

2. 形状

标杆上端装圆形标牌一块,标牌面向上游或上下游来船方向,标牌上绘有船形图案及禁令标志(如图 2-19 所示)。

图 2-19 节制闸标(详见彩插)

3. 颜色

标杆为红、白色相间斜纹,标牌为白底、红边、黑色船形图案加红色斜杠。

4. 灯质

并列红色定光灯两盏。

(七)航道信息标

1. 功能

主要用于揭示航道前方交叉河口、城市、港口、水上服务区、锚地、水利枢纽、船闸、航道管辖分界点等的名称、方向、距离,或标志所在地点的航道里程等信息。

2. 形状

长方形牌,辅之以箭形、文字、图案、数字、字母。

3. 颜色

牌面为绿底或蓝底;箭头、箭杆和文字、图案、数字、字母均为白色;立柱为黑、白色相间斜纹或者蓝、白色相间斜纹。

4. 灯质

不设灯光,利用光电设施等显示信息内容。

(八)航道整治建筑物提示标

1. 功能

设在潜坝、丁坝、护底带等航道整治建筑物附近河岸或水面,标示航道整治建筑物所在位置及范围。

2. 形状

正方形标牌左右两侧或一侧带三角形牌(顺河岸方向),三角形牌标上的数字(单位为米)为侧向航道整治建筑物的范围;正方形标牌上绘有坝头和水纹图案,或以文字标明整治建筑物名称,如图 2-20 所示。

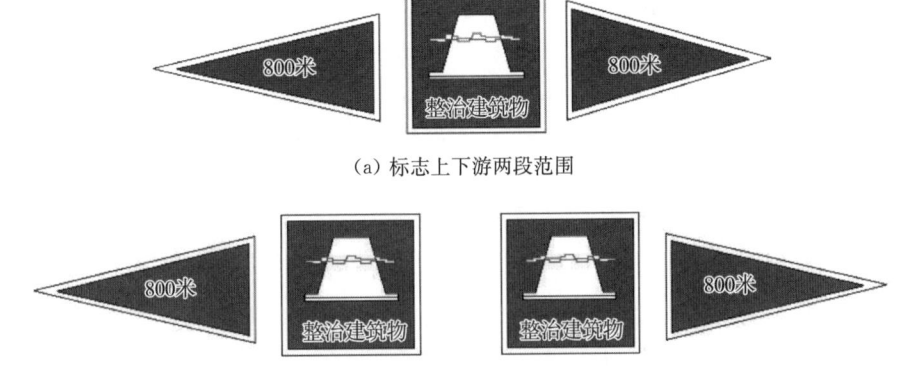

(a) 标志上下游两段范围

(b) 标志下游或下游一侧范围

图 2-20　航道整治建筑物提示标(详见彩插)

3. 颜色

标牌为蓝底,图案、文字、数字为白色;立柱为黑白相间斜纹或蓝白相间斜纹。

4. 灯质

岸标不设灯光;安装在具有浮力的底座上时设灯光,灯质为黄色单闪或双闪;或利用光电设施显示信息内容。

三、专用标志

专用标志包括管线标及专用标两种。

(一) 管线标

设在需要标示过河管线(即水上或架空跨越航道的管道、电缆、电线等)的两端河岸上(如图 2-21 所示)。警告船舶禁止在水下管线区域抛锚、拖锚航行或垂放重物,警告船舶在驶近架空管线区域时注意采用下桅等必要措施。

(二) 专用标

设置在港区、锚地、禁渔区、娱乐区、游泳场、水文测量、水下钻探及疏浚作业区等边缘,标示上述特定水域,或者标示取排水口、泵房以及其他航道界限外的水工建筑物。因为此类标志是专为上述区域防止船舶误碰、误入造成双方损坏的设施,为区别于其他助航标志,故命名为专用标。

(a) 水底管线　　(b) 架空管线

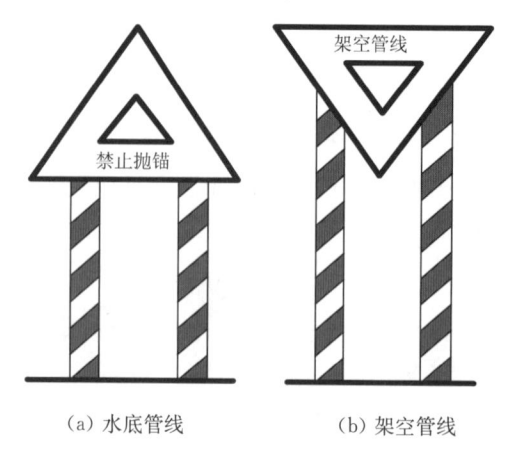

图 2-21　管线标(详见彩插)

四、警示标志

警示标志包括禁止抛锚标、危险水域标 2 种。

（一）禁止抛锚标

1. 功能

设在水下或河岸附近有航道整治建筑物或其他水工设施的河岸上或水上，警示船舶不能抛锚、拖锚航行或垂放重物。

2. 形状

带立柱长方形牌面上绘铁锚图形，上压斜杠(如图 2-22 所示)。

图 2-22　禁止抛锚标(详见彩插)

3. 颜色

标牌牌面为白底、红边框、红斜杠、黑色锚形。

4. 灯质

黄色，快闪。

(二)危险水域标

1. 功能

设在有沉船、水下碍航物、水工建筑物等船舶驶入存在特别危险的水域,警示船舶不能穿越该水域。

2. 形状

专用标标体的顶部加装"X"体顶标(如图 2-23 所示)。

图 2-23　危险水域标(详见彩插)

3. 颜色

"X"体为黄色。

4. 灯质

黄色快闪,或黄色"X"形显形定光。

五、航道标牌

(一)航道标牌的基本概念

航道标牌是用文字、图形和符号形式揭示航道信息、宣传航道法规的内河助航标志,由航道管理机构根据实际需要进行设置和养护。

(二)航道标牌的种类

航道标牌主要有 10 种。分别为:指向牌、地点距离指示牌、地名牌、分界牌、桥梁信息提示牌及桥梁通航标尺、航道信息提示牌、港口(服务区、锚地)预告牌、宣传(告示)牌、里程牌、可变信息标志。

1. 指向牌

(1) 功能

标示航道前方交叉、河口的方向、地名(主要城市、主要航线、集镇、港口、船闸等)及距离。

(2) 设置地点

一般设在标示航道与其他等级航道的交叉口弯道起点的 50~150 m 外的航道右侧，并以 100 m 为宜。当交叉河口为分水岛型汊口时，指向牌应设置在凸出岸形的顶点处。

(3) 设置方向

面对来船方向设在航道右侧，与航道中心线方向成 60°~90°夹角（如图 2-24 所示）。

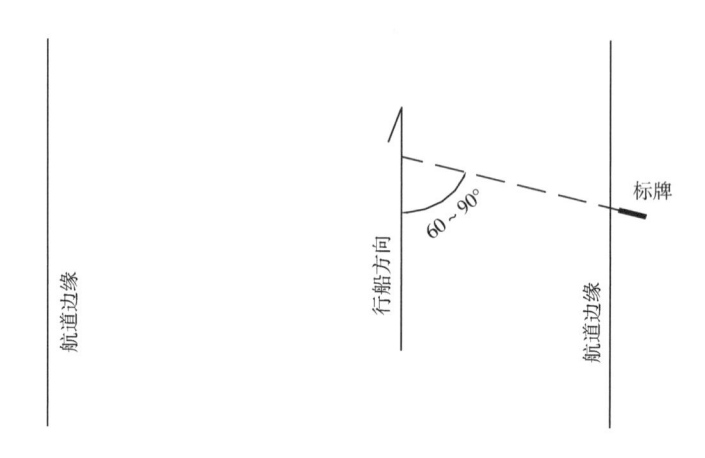

图 2-24　航道标牌布置示意图

(4) 设置数量

分汊航道的每个汊河口设置 1 块。每个"十"形四汊河口共设 4 块，每个"├"、"┤"和"T"（或"Y"）形三汊河口共设 3 块。

(5) 地名要求

地名应以航道沿线的主要特征点如省名、市名、县名或主要乡镇名为主，也可为沿线重要的港口、大型船闸或停泊锚泊、服务区等。

2. 地点距离指示牌

(1) 功能

对从主要的交汊河口进入本航道后即将到达的沿线主要特征地名（省、市、县或船闸、港口或锚泊地等）的名称和里程长度加以标识，起到对过往船舶航行的提示作用。地名应由近而远、从上而下地排列。

(2) 设置地点

一般可设在主要航道的交汊河口进入本航道后的一定距离范围（顺直河段）。如交汊河口少且航道里程长，也可在进入地级市后的一定范围内设置 1 处地点距离指示牌。

(3) 设置方向

面对来船方向设在航道右侧，与航道中心线方向成 60°~90°夹角。

(4) 设置数量

每1处的地点距离指示牌中可标识2~3处地名和距离。

3. 地名牌

(1) 功能

对本航道即将到达的沿线主要特征地名(省、市、县名或船闸、港口或锚泊地等,并可延伸至航道沿线的主要城镇)的名称加以标识,起到对过往船舶航行的提示作用。

(2) 设置地点

可在航道沿线进入某地区辖地后的一定距离内。

(3) 设置方向

面对来船方向设在航道右侧,与航道中心线方向成60°~90°夹角。

(4) 设置数量

航道沿线经过的每处重要地点设1处地名牌。

4. 分界牌

(1) 功能

对航道沿线经过的县级或县级以上的航道管理区域进行标识,在船舶航行过程中可以起到一个较好的提示作用。

(2) 设置地点

分界牌可设置在航道沿线上的2个相邻的县级或县级以上航道管理区域的交界处。

(3) 设置方向

面对航道与航道平行。

(4) 设置数量

每1处的分界牌可标识2个地名,航道沿线经过的每处县级或县级以上行政区划交界处可设1处分界牌。

5. 桥梁信息提示牌及桥梁通航标尺

(1) 功能

桥梁信息提示牌标示前方进入桥梁通航水域,对航道跨线桥梁的通航净空高度进行标识,为过往桥梁的航行船舶起到一个较好的提示作用。

桥梁通航标尺标示跨河桥梁处的即时通航净高,对超高船舶起到警示作用,保证桥梁及船舶的通行安全。

(2) 设置地点

桥梁信息提示牌可设置在航道沿线到达桥梁前的大于该处河口宽处的右侧。桥梁通航标尺设在上下行靠右的主桥墩上,设置原则如下:

① 桥梁通航标尺的设置位置应不影响桥柱灯的设置;

② 不是一跨过河的桥梁,桥墩位于水域内;

③ 两座或者两座以上的桥梁距离在 100 m 以内时,按照一座桥梁来设置,标尺设置在右侧航道的第一座桥墩上;

④ 同一区域、同一水位梯级范围内有多座相同的桥梁时,选择一座有代表性的桥梁来设置。

(3) 设置方向

面对来船方向,与航道中心线方向成 60°～90°夹角。

(4) 设置数量

每座桥梁的上下游侧 100 m 外应各设 1 块。

6. 航道信息提示牌

(1) 功能

标示航道的起点和终点的名称和航道里程长度,对一些主要航道的名称、航道等级等基本航道信息加以标识,告知过往航行船舶,起到宣传和普及航道基础知识等的作用。

(2) 设置地点

除航道起讫点指示牌一般设在各航道的起点和终点附近外,在航道沿线的重要的交汊河口附近也应设置信息提示牌。

(3) 设置方向

面向航道与航道平行。

(4) 设置数量

每条等级航道上设置 2 块航道起讫点指示牌,主要航道与其他重要航道的交汊河口附近设 1 块航道信息提示牌。

7. 港口(服务区、锚地)预告牌

(1) 功能

对航道沿线的重要港口、水上服务区和航道停泊锚地的位置进行提前预告,以方便船民及时了解服务信息和便于停靠使用需求。

(2) 设置地点

在航道沿线的重要港口、水上服务区和航道停泊锚地到达前的 1 000～2 000 m 左右处。

(3) 设置方向

面对来船方向设在航道右侧,与航道中心线方向成 60°～90°夹角。

(4) 设置数量

各港口或锚地的上下游侧各设 1 块。

8. 宣传(告示)牌

(1) 功能

揭示与航道管理相关信息为主的标牌(包括与船舶航行、航道法规相关的宣传,航道条件保护的重要条款等)。航道上的"文明航道牌"也可作为宣传(告示)牌的一种,用于标示本航道为文明航道。

(2) 设置地点

可在航道沿线的主要城镇、重要港口(码头)、水上服务区等附近。

(3) 设置方向

面向航道与航道平行。

(4) 设置数量

可根据各条航道的实际状况因地制宜地确定宣传(告示)牌的设置数量。

9. 里程牌

(1) 功能

在航道沿线按一定的方向(以上游起点为 0 km)和一定的间隔距离(一般以 1 km 计)设置里程牌,标示该航道的名称和当前的累计千米数。

(2) 设置地点

在航道沿线上距离起点的整千米数处,遇到特殊地形难以设置里程牌的,可跳开不设。有直立式驳岸的里程牌可结合驳岸结构采用附着式;斜坡式护岸的里程牌可设置在坡顶附近,需要时可浇筑混凝土基础;自然岸坡的航道里程牌可设在设计最高通航水位线以上 1 m 处。

(3) 颜色

标牌为白底,航道名称和里程数字为黑字(凹字)。

(4) 设置方向

面向航道与航道平行,航道两侧均设置。

(5) 设置数量

与各条航道的整治里程数相关,取整设置。

10. 可变信息标志

(1) 可变信息标志功能

可反映航道、船闸、水文、气象等与船舶航行有关的航道动态信息,还可以显示水上过河建筑物随时变化的实际通航净空高度。

(2) 可变信息标志的显示及要求

可采用 LED、翻版式等方式。可根据功能要求、显示内容、控制方式、环保节能、经济性等进行选择。可变信息标志版面大小,显示的字体、字高、间距等按照清晰、易辨的原则确定,颜色按照规范规定的标牌颜色执行。

(3) 可变信息标志适用区域

一般用于干线航道、干支流交汇口和通航密集区以及船闸、服务区等重要区域。

(三) 航道标牌的配布与设计基本要求

航道标牌应按照航线和区域规划合理布局,标牌配布设计应当符合交通运输部相关规范的技术要求。一般应达到以下要求:

① 标牌应设置在船舶驾驶人员便于发现和判读标志的地方。

② 标牌版面的文字内容应当简洁明了,应当规范、正确、工整。汉字采用标准汉字中的大黑字体,标牌中除宣传(告示)牌和里程牌外,有汉字之处可标注英文,当采用中英两种文字时,地名用汉语拼音,专用名词用英文。

③ 标牌的显形视距不小于 1.5 km,标牌内容的可识别视距不小于 150 m。

④ 标牌的里程牌为白底黑字,其他标牌采用绿底白字。

⑤ 设置于航道左岸的标牌立柱应采用黑白相间斜纹。设置于航道右侧的标牌立柱应采用红白相间斜纹。斜纹自上而下为顺时针螺旋形;斜纹与水平面之间的夹角为30°~60°,斜纹宽度为 0.3~0.5 m,斜纹距离相等。

⑥ 标牌中的里程数字应采用整千米累计,并标明计量单位。计量单位采用国际单位制(SI)单位的国际代号表示。

⑦ 双柱式结构适用于尺寸较大的航道标牌,单柱式和"F"悬臂式结构适用于中、小型尺寸的航道标牌。

⑧ 双柱式标牌内缘距离航道边缘(直立式护岸指前沿线,下同)不得小于 0.5 m,单柱式或"F"悬臂式标牌伸入航道边缘的距离不得大于 1.5 m。里程牌的外缘距离航道边缘不得小于 0.5 m,当里程牌为附着式时,其设置高度应高于设计最高通航水位并低于直立式护岸顶标高。

⑨ 标牌版面下缘距离地面或驳岸压顶距离:单柱式或双柱式的立柱不得小于 2 m,"F"悬臂式立柱不得小于 4 m,安装在门架上的标牌下缘距离设计最高通航水位的高度不应低于《内河通航标准(GB 50139—2014)》所规定该等级航道水上过河建筑物的通航架空高度,附着式标牌应设在设计最高通航水位以上。

⑩ 同一地点需要设置二种及以上标志时,标牌版面可分体制作,组合安装,垂直排列在一组标牌杆上,但最多不能超过三个,不应互相遮挡。

思考题

1. 内河航标设置时对河岸左右岸如何区分?
2. 内河航标如何分类?
3. 什么是过河标?灯质有何要求?
4. 什么是莫尔斯信号?
5. 内河航标中航行标志有哪些?
6. 内河航标中信号标志有哪些?
7. 内河航标中专用标志有哪些?
8. 内河航标航道标牌设置有哪些基本要求?

第三章 航标灯

第一节　航标灯的种类和结构

航标灯是安设在标体之上的专用灯器,是航标的重要组成部分。航标灯以特定的灯质闪光形式显示其所在的航道位置,揭示特定的航道信息。航标灯一般在能见度小于 500 lx 时发光,因此,大多数时间其对夜晚船舶航行起助航作用。

一盏好的航标灯,必须是定型合格产品,其性能稳定、功能齐全、闪光正确、视距达标、耗电少、生命周期长、性价比高、售后服务好。

一、航标灯的分类

（一）按使用能源划分

1. 煤油灯

用煤油作发光燃料的灯器。

2. 气体灯

用气体作发光燃料的灯器。其中,使用乙炔燃料的叫乙炔灯,使用丙烷燃料的叫丙烷灯。目前气体灯在我国内河已经很少使用。

3. 电航标灯

使用电源发光的航标灯叫作电航标灯,电航标灯在我国航标灯总数中占比例最大。

（二）按使用光源划分

以白炽灯泡为光源的航标灯叫白炽灯。此外,还有溴钨灯、霓虹灯、氙灯、碘化铊汞灯、LED 灯等。

（三）按灯光特征划分

1. 定向灯

只向一面发射灯光的灯器。

2. 环照灯

向四周发射灯光的灯器。

3. 三面分色灯

向三个不同方向发射不同色光的灯器。

4. 定光灯

灯光常明的灯器。

5. 闪光灯

隔一定时间发出单闪、双闪、三闪、快闪等闪光的灯器。

6. 明暗灯

灯光"明"的时间不小于"暗"的时间的灯器。

7. 莫尔斯信号灯

发射莫尔斯信号的灯器。目前我国内河大多用于示位标。

（四）按透镜规格划分

1. 小型航标灯

配装规格为 90 mm 及以下透镜的航标灯。

2. 中型航标灯

配装规格为 150 mm、160 mm、200 mm 透镜的航标灯。

3. 大型航标灯

配装规格为 300 mm 及以上透镜的航标灯，多用于示位标。

内河大多使用小型和中型规格的航标灯。

航标灯的型号可以简单明确地表示出航标灯具有的特征。其型号由四个部分组成，各部分包含一定的意义。

第一部分"HD"，表示航标灯。"H"是"航"字的汉语拼音缩写首字母，"D"是"道"或"灯"字的汉语拼音缩写首字母。

第二部分用阿拉伯数字表示该灯器配装的透镜直径，单位是 mm，写于"HD"之后。

第三部分用汉语拼音字母写于"-"之后，表示该灯器的结构特征。灯器的结构特征代号有下列几种：

D——电动式灯；B——半导体灯；N——霓虹灯；H——环弧射灯；T——太阳能供电 LED 灯。

第四部分用阿拉伯数字写于结构特征代号之后，表示产品序号。

例如：HD200 - H1 型环弧射灯，HD150 - N1 型霓虹灯，HD200 - B1 型半导体灯，HD90 - D1 型电动式灯，THB - 122 型太阳能供电 LED 灯。

随着社会发展，内河航标灯逐渐为以 LED 灯为主，航标灯的编号样式也逐渐多样化，在航标选用时应根据其功能特点，按照规范要求进行选用。

二、航标灯的主要结构

传统的航标灯由灯座、透镜和反射镜、光源、日光开关等部分组成。现代一体化航标灯还包括太阳能方阵、电池、遥测终端等。

（一）灯座

下颈圈以下部分统称为灯座。它用来安装机芯或盛放燃料和将标灯固定在航标上。按照它的作用，可分成两种形式：一种是只有安装或盛放燃料的部位，另一种是将安装机芯的部位和固定标灯的灯座浇铸在一起，上端铸成空心，里面安装机芯，灯座侧面有小孔，内衬橡皮垫圈，供穿接导线，灯座底板上钻有3~6个椭圆孔，以便穿插螺钉紧固在航标标体上。

（二）透镜和反射镜

透镜和反射镜都是航标灯的光力增强器件，它们能将光源发出的光线集束射出，增强光力3~30倍不等。

内河航标常用的透镜是菲涅耳透镜和盘形凸透镜。大型标灯上一般使用菲涅耳透镜，单面灯上使用抛物面反射镜。

1. 菲涅耳透镜

菲涅尔透镜（Fresnel lens），又名螺纹透镜，多是由聚烯烃材料注压而成的薄片，也有玻璃制作的，镜片表面一面为光面，另一面刻录了由小到大的同心圆，它的纹理是根据光的干涉及扰射以及相对灵敏度和接收角度要求来设计的。

菲涅尔透镜是由法国物理学家奥古斯汀·菲涅尔（Augustin·Fresnel）发明的，他在1822年最早将这种透镜设计用于建立一个玻璃菲涅尔透镜系统——灯塔透镜。

通过将数个独立的截面安装在一个框架上从而制作出更轻更薄的透镜，这一想法常被认为是由布封伯爵提出的。孔多塞（1743—1794）提议用单片薄玻璃来研磨出这样的透镜。而法国物理学家兼工程师菲涅尔亦对这种透镜在灯塔上的应用寄予厚望。根据史密森学会的描述，1823年，第一枚菲涅尔透镜被用在了吉伦特河口的哥杜昂灯塔上，透过它发射的光线可以在32千米以外看到。苏格兰物理学家大卫·布儒斯特爵士被看作是促使英国在灯塔中使用这种透镜的推动者。

其工作原理十分简单：假设一个透镜的折射能量仅仅发生在光学表面（如透镜表面），拿掉尽可能多的光学材料，而保留表面的弯曲度。

另外一种理解就是，透镜连续表面部分"坍陷"到一个平面上。从剖面看，其表面由一系列锯齿型凹槽组成，中心部分是椭圆形弧线。每个凹槽都与相邻凹槽之间角度不同，但都将光线集中一处，形成中心焦点，也就是透镜的焦点。每个凹槽都可以看作一个独立的小透镜，把光线调整成平行光或聚光。这种透镜还能够消除部分球形像差。

按制造和加工方法，基于菲涅尔透镜原理制作的鼓形透镜有注塑式、模压式、磨光式三种。150 mm、200 mm规格的一般用模压式，其表面较粗糙，使用效果不如磨光透镜。75 mm、90 mm规格的一般用注塑式。

透镜在使用中应注意到以下两点：

（1）焦点与焦散：由于光学以及透镜系统和制造方面的种种原因，鼓形透镜的理想焦点与实际焦点是不相一致的。理想焦点是一个既没有体积也没有面积的几何点，而实际焦点却是一个几何形。当平行光线进入透镜后，并不聚集于同一点，而是与光轴交于不同的点上，并且是以具有一定面积的光斑形象出现的。这个几何体通常就叫作焦散面。

由于焦散面的存在，在选择光源时必须注意：

① 所选用光源的有效高度和宽度应该等于或略大于最小焦散面，不然将会引起透镜表面的不完全发光和光量的不合理分布。

② 为使透镜表面发光完全，应采用灯丝间隙比较小的球形白炽体光源。

③ 根据航标灯光的需要，将光源置于透镜焦点上，并做适当的上移或下降。

（2）扩散角

航标灯的光源并不是点状光源，而是一个具有一定高度和宽度的几何形体。因此，即使将光源的中心置于焦点位置，它发出的光经过透镜后也不完全是一束平行光束，而是扩散的，扩散的角度称为扩散角，如图3-1所示。

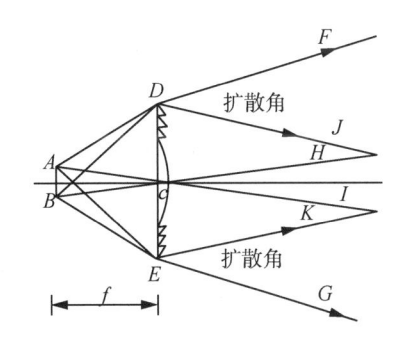

图3-1 菲涅尔透镜聚焦特性

扩散角的存在有一定的好处，它增加了灯光的照射范围，方便于船舶驾驶人员观察，如图3-2所示，如果灯光通过透镜的光束是平行的话，则灯光的照射范围就只有AB这样一个较小的范围。而有了扩散角的存在，灯光的可见范围就增加至CD范围。

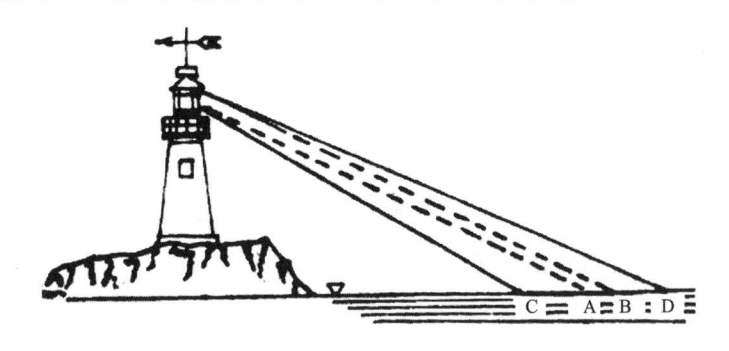

图3-2 透镜扩散角

2. 盘形凸透镜

盘形凸透镜是中心为一圆形球面体的平面凸镜，形状像牛眼，所以又叫牛眼透镜。盘形凸透镜的式样较多，一般以其截面的形状来命名，以圆片的直径来表示它的规格。图 3-3 所示是一种外表平滑、内侧成锯齿状的常用盘形凸透镜。

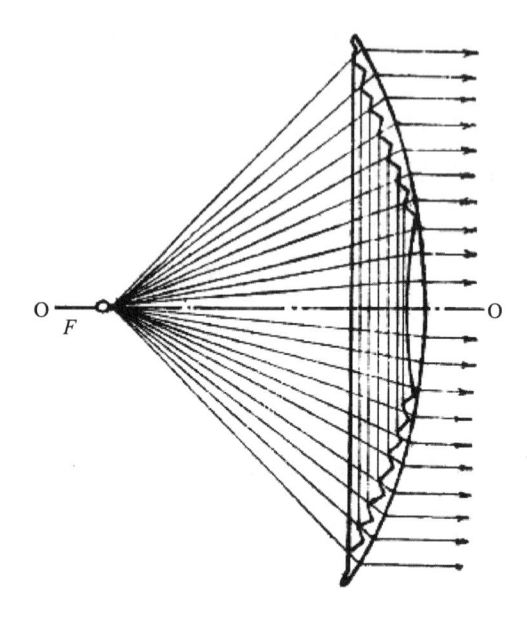

图 3-3 盘形凸透镜

盘形凸透镜常用在灯塔或导标上，它使位于透镜焦点上的光源所射出的光束沿着平行于透镜主光轴的方向射出。它的光力增强倍数比鼓形透镜要大得多，通常能达到百倍以上。

3. 抛物面反射镜

抛物面反射镜采用反射系数较大的物质制成。反射系数就是反射的光通量与入射的光通量之比。不同物质的镜面具有不同的反射系数。例如，镀银玻璃镜面的反射系数为 0.7~0.85，磨光铝镜面的反射系数为 0.65~0.75。

由于光源本身几何形体的存在，从抛物面反射镜反射出来的光束除平行光束外，也形成一定的扩散角，可以加以利用。

盘形凸透镜与反射镜组合就更能增强灯光的集射能力。当组合能很好地利用反射镜将所有射向它镜面上的光线都反射到透镜焦点上时，航标灯的轴向光力就能大大增强；如果组合不符合这个条件，那么反射镜导向透镜的这部分光线就不能有效地增强轴向的光力，而是增大了光线扩散区域。

（三）光源

能发光的物体称为光源。内河航标灯光源主要有白炽灯泡和 LED 灯管。

对内河航标灯光源的基本要求是,在同等耗电的情况下,光源的发光效率要高,亮度要大,颜色要明显,使用寿命要长,同时还要求安装简便,能经受风浪颠簸震动,价格便宜。

1. 航标白炽灯泡

白炽灯泡的工作原理是灯丝通过电流时产生热效应而发出光。它的优点是成本低,制造和使用简便。缺点是白炽灯泡本身靠钨丝发热来提供光源,用电量大,颜色不如LED等好控制,属于逐渐要淘汰的灯源。

2. LED 航标灯

LED 航标灯属于冷光源航标灯,主要由光源、专用菲涅耳透镜、电气控制电路三大部分组成,分别介绍如下。

(1) 光源

发光二极管(Light-Emitting Diode,简称 LED)是一种常用的发光器材,它是一种冷光源。随着科学技术的发展,LED 的研制和生产工艺得到迅速发展,与传统的白炽灯光源相比,在同等光强下功耗为白炽灯的一半。它可以在制造工艺中掺入特定的化学元素即可产生如红、白、绿、黄等单一颜色,具有寿命长、无热惯性、耐震动等优点。

(2) 专用菲湿耳透镜

根据内河航道视距的特点,航标灯光源透镜可以选用玻璃或有机玻璃材料。其中有机玻璃材料由于具有透明度好、抗老化、耐冲击的优点,目前被广泛使用在航标灯中。

(3) 电气控制电路

根据 LED 特性将电路设计成恒流源,使灯器在闪光瞬间达到最大光强并延长 LED 管的使用寿命。航标灯质编码信号采用单片机控制,用户通过拨动编码开关位置选择预先存储的所需灯质信号。对于遥测的航标灯还需要专用通信模块接口,利用 GSM、CDMA、GPRS 等通信网络对 LED 航标灯实行遥控、遥测、自动报警,并运用 GPS 卫星定位技术,在发现浮标位移后能及时报警。

(4) 目前常用的几类 LED 航标灯主要性能

① THD-155 型太阳能一体化航标灯

THD-155 型太阳能一体化航标灯由菲涅耳塑料透镜、6 面太阳能电池组、高性能免维护蓄电池组、多层高亮度 LED 一体化光源、微电脑闪光控制器、日光阀开关、海事级铝合金底座、密封电池箱、电源控制开关、充电器及充电接口与航标遥测终端接口等部分组成(如图 3-4 所示)。闪光控制电路已编程产生 256 种闪光灯质信号,用户可根据所需的灯质信号进行拨码,可加 GPS 模块同步闪光。

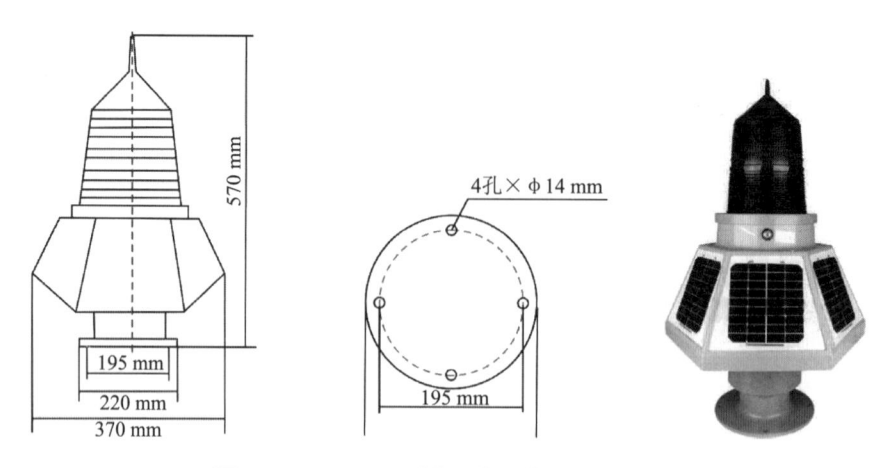

图 3-4　THD-155 型太阳能一体化航标灯构造

光源颜色:红、绿、黄、白(常规红色);蓄电池 12 V/12/24 Ah 免维护环保蓄电池;太阳板规格:18 V/3.5 W×6 单晶硅太阳能电池板;光源:进口高亮度 LED 光源;有效光强:红色 3 000 cd;闪光频率:20～60 次/min;光控灵敏度:50～300 lx 可调(自动日关夜开);工作环境:-40 ℃ ～+70 ℃;工作湿度:0%～95%;防护等级:IP66;光源寿命:大于 15 年;质量:12.0 kg;连续阴雨工作时间:15～20 天;材质:铝合金底座/304 不锈钢;灯罩:聚碳酸酯;可定制无线 GPS 同步闪烁。

② HB90A8 型 LED 航标灯

由菲涅尔塑料透镜、ABS 塑料底座、微电脑集成闪光仪、日光阀开关组成,内装 LED 航标光源。该灯器结构紧密,简洁耐用,可编码产生各种闪光灯质(符合 IALA 或国家标准 GB4696—2016),适用于内河的小型浮标灯、岸标及公路障碍灯。

透镜:直径 90 mm 塑料透镜(白色,其属性如表 3-1 所示),用丙烯酸塑料注塑成型;底座:用工程塑料注塑成型;工作电压:直流电(DC)3～5.6 V;额定电压:4 V;工作电流:150～240 mA 可调;额定电流:160 mA;颜色:红、绿、黄、白;静态电流:<5 mA;日光阀开关灵敏度:250±100 lx;灯质设置:一次性编码;工作温度:-20 ℃～+55 ℃;外形尺寸:Φ125 mm×180 mm;质量:0.5 kg;安装尺寸:3-M 6/Φ90 mm。

表 3-1　Φ90 mm 塑料透镜航标灯发散角、光强、视距

灯光颜色	功率(W)	垂直发散角(°)	定光光强(cd)	定光强视距(km)	0.5 s 明光强(cd)	0.5 s 明光强视距(km)
红	0.64	11	14	2.9	10.8	2.6
绿	0.64	11	20	3.3	14.40	2.9
黄	0.64	11	13	2.8	9.36	2.5
白	0.64	11	16	3.1	11.52	2.6

③ HB200C120 型 LED 航标灯

由双层 LED 光源、双层圆周焦点的菲涅耳透镜和铝合金底座组成。底座装有半渗透膜冷热空气交换阀,该阀保持航标灯内外气体压力平衡,阻止雨水进入,整套灯器设计成全密封结构,即使灯器置入水中也能正常工作。该灯控制电路采用了微电脑闪光控制器,闪光灯质已有 256 种,可根据用户需要自行编码,也可装远红外接收器,通过远红外遥控器改变航标灯的灯质,同时该灯器可配置 GSM/GPRS 等控制模块,可方便地实现航标灯远程监控和检测。它可用作入海口、入湖口、沿海的航标灯,也可用作高层障碍灯。其属性如表 3-2 所示。

工作电压(DC):10 V~18 V;额定电压:12 V;功率:红、黄 2.88 W/层,总功率 5.76 W,白、绿 4.8 W/层,总功率 9.6 W;静态电流:<5 mA;日光阀开关灵敏度:250+100 lx;工作温度:−20 ℃~+55 ℃;外形尺寸:Φ230 mm×240 mm;重量:5 kg;安装尺寸:3-M16/Φ195 mm 或 3-M16/Φ200 mm。

表 3-2 HB200C120 型 LED 航标灯发散角、光强、视距及功率

灯光颜色	垂直发散角(°)	层数	定光光强(cd)	定光强视距(km)	0.5 s 明光强(cd)	0.5 s 明光强视距(km)	功率(W)
红	8	1 2	111 222	5.5 6.7	79.92 159.84	5.1 6.1	2.88 5.76
绿	8	1 2	150 300	6 7.2	108 216	5.5 6.6	4.8 9.6
黄	8	1 2	105 210	5.45 6.6	75.6 151.2	5 6	2.88 5.76
白	8	1 2	129 258	5.8 6.9	92.88 185.76	5.35 6.35	4.8 9.6

④ HB155B16 和 HB155B30 型 LED 航标灯

由圆周焦点的菲涅尔塑料透镜、ABS 塑料底座、微电脑集成闪光仪、日光阀开关组成。采用 LED 航标光源,可编码产生 256 种闪光灯质(符合 IALA 或国家标准 GB 4696—2016),广泛用于内河、沿海的浮标灯、岸标灯及高层障碍灯。其参数如表 3-3 至表 3-5 所示。

表 3-3 HB155B16 和 HB155B30 型 LED 航标灯技术参数

项目	型号	
	HB155B16 型	HB155B30 型
工作电压	DC:5.6~7 V;额定电压:6 V	DC:10~18 V;额定电压:12 V
工作电流	红、黄:160~240 mA 可调; 额定电流:160 mA	红、黄:100~180 mA 可调; 额定电流:120 mA
	绿、白:320~480 mA 可调; 额定电流:320 mA	绿、白:200~300 mA 可调; 额定电流:200 mA
静态电流	<5 mA	<5 mA

(续表)

项目	型号	
	HB155B16 型	HB155B30 型
日光阀开关灵敏度	250±100 lx	250±100 lx
灯质设置	一次性编码	一次性编码
工作温度	−20 ℃～+55 ℃	−20 ℃～+55 ℃
外形尺寸	Φ255 mm×495 mm	Φ255 mm×495 mm
重量	约 3 kg	约 3 kg
安装尺寸	3−M16/Φ195 mm	3−M16/Φ195 mm

表 3-4　HB155B16 型 LED 航标灯发散角、光强、视距及功率

灯光颜色	垂直发散角(°)	定光光强(cd)	定光强视距(km)	0.5 s 明光强(cd)	0.5 s 明光强视距(km)	功率(W)
红	8	29	3.8	20.88	3.8	0.96
绿	8	40	4.1	28.8	3.8	1.92
黄	8	28	3.8	20.16	3.8	0.96
白	8	34	4	24.48	3.6	1.92

表 3-5　HB155B30 型 LED 航标灯发散角、光强、视距及功率

灯光颜色	垂直发散角(°)	定光光强(cd)	定光强视距(km)	0.5 s 明光强(cd)	0.5 s 明光强视距(km)	功率(W)
红	8	55	4.6	39.6	4.1	1.44
绿	8	75	5	54	4.5	2.4
黄	8	52	4.4	37.44	4.05	1.44
白	8	64	4.75	46.08	4.3	2.4

⑤ 同步闪航标灯

同步闪航标灯是采用最新型低功耗微处理器和标准时钟模块开发的新一代航标灯器,在多灯器应用方案中能满足各灯器(相同灯质周期)亮灭状态在时间上的同步,精度达到微秒级。该航标灯不受环境和地域限制,且安装简单实用,可以在任意航道中使用。

a. 时钟模块选择位

该设备的控制电路能自动识别同步时钟模块状态,一旦无时钟模块或时钟模块失效时,单一灯器照样能独立工作(但此时将失去同步功能),一旦同步时钟恢复工作,将迫使该灯器进入同步工作状态,形成同步闪。

b. 灯器灯质选择位

灯器灯质选择位为 1～8 位,当各位拨到"开"位置时,该位置为"0",反之则为"1"。对应拨码表如表 3-6 所示。

表 3-6　同步闪航标灯拨码表

二进制位		D7	D6	D5	D4	D3	D2	D1	D0
对应拨码位		8	7	6	5	4	3	2	1
表示灯质编码范围 0～255	0	0	0	0	0	0	0	0	0
	1	0	0	0	0	0	0	0	1
	…				…				
	254	1	1	1	1	1	1	1	0
	255	1	1	1	1	1	1	1	1

（四）日光开关

日光开关由硅光电池和电阻及晶体管组成，它利用硅光电池受光线照射产生电压的特性控制晶体管开关，使灯器在白天熄灭，夜间闪光，以节省电力。如果需要测试日光开关是否正常，需要用厚的不透光的布将整个日光开关完全遮蔽，若灯光亮起说明日光开关正常。

三、航标灯灯质的选用

（一）船标灯灯质基本知识

航标灯的发光方式有定光、闪光、明暗光、莫尔斯字母符号四种。凡发光常明不断的叫定光；每隔一定时间发一亮光，灯光亮的时间较暗的时间短的，叫闪光；每隔一定时间发一亮光，灯光亮的时间较暗的时间长或相等的叫明暗光；莫尔斯字母符号用短闪光和长闪光单独或组合来代表字母、数字和程序符号等。

航标灯的发光周期是针对闪光灯和明暗灯而言的，凡完成一个闪光和明暗光循环次数所需要的总的时间叫一个周期，其中，亮的时间叫"明"时，暗的时间叫"灭"时。在一个周期终了与下一个周期开始之间的暗灭时间总是设计得比较长，用来隔开上下两个周期，这段时间叫"周期间隙"。

在选择航标灯时，要用专用设备对航标灯闪进行测试，在平时正常夜航检查时主要用眼睛看，再用码表测试。

一般发光周期中明、灭、间隙时间的取值范围大致如下：

明时：在 0.4～1 s，不得小于 0.4 s，当周期低于 0.3 s 时，因大部分人的眼睛对灯光的感知会有延迟，会导致人眼认为灯还没有亮或灭掉，从而影响人对灯光的判定；

灭时：在 0.7～2 s，约等于明时两倍；

周期间隙：在 1.6～5 s，约等于灭时的两倍半。

内河航标推荐明暗时间间隔如下：

单闪四秒：明 0.5 s，暗 3.5 s；

双闪四秒：明 0.5 s，暗 0.5 s，明 0.5 s，暗 2.5 s；

双闪六秒：明 0.5 s，暗 0.5 s，明 0.5 s，暗 4.5 s；

三闪六秒：明 0.5 s，暗 0.5 s，明 0.5 s，暗 0.5 s，明 0.5 s，暗 3.5 s；

莫尔斯信号"H"八秒：明 0.5 s，暗 0.5 s，明 0.5 s，暗 0.5 s，明 0.5 s，暗 0.5 s，明 0.5 s，暗 4.5 s；

顿光：明 2 s，暗 2 s（在河面较宽，或侧面标附近使用时，明的时间可按照国标规定适当延长）。

（二）航标灯灯质分类和正确使用

内河航标共有 4 类 23 种标志，国际标准规定的灯质具体有：白、绿、红、黄色的定光、单闪光、双闪光各 4 种（计 12 种）；白、绿色的三闪光各 1 种（计 2 种）；白、绿、红色的顿光和快闪光各 3 种（计 6 种）；绿、红色的六闪光各 1 种（计 2 种）；并列二盏的双绿、双红、红绿、红白定光各 1 种（计 4 种）；垂直二盏的上红下绿、上绿下红及上下红色的定光各 1 种（计 3 种）；莫尔斯灯光明确规定字母的已有 4 种，如不包括水深信号标和管线标，也不计灯光周期的变化，大体上共计 30 多种。在这 23 种标志中，桥涵标、通航信号标和节制闸标都只有一种规定的灯质，不存在选择的问题，但其他标志非单一灯质，不能仅仅按国家标准规定"对号入座"，而是要根据河区特点、航道条件、布标密度，结合相邻河区或上下游航段对各种标志所采用的灯质进行研究，统筹考虑，选择适当的灯质方案，避免孤立片面或草率地确定灯质。

（三）航标灯灯质选择一般原则

1. 同一河区或同一地区的不同种类的标志，其灯质必须有明显的区分；同种标志尽可能采用相同的灯质方案（指选用规定的灯质或代用灯质而言，并非指灯光周期都必须一样）；相同河区或同一条省市干线，其同种标志的灯质应协调一致，避免相互混淆而造成误会。

2. 航道比较顺直，深宽条件较好，而水流又较缓慢的优良航道，船舶驾驶员观察和辨认助航标志的时间比较富裕，闪光周期可以长一些；反之，闪光周期应适当缩短，"明"的时间应适当加长，对急流、滩险航道，其沿岸标、侧面标及泛滥标宜选用定光；过河标宜选用顿光或莫尔斯灯光。

3. 在首先考虑航行安全的前提下，适当注意灯质的节能。灯光的强度要根据航道的宽度、设标的密度、灯光的背景光照度等多种因素确定。灯光过强（亮）对船舶驾驶员的眼睛和一类配布的航标间距识别有影响；灯光过弱则视距达不到要求，影响船舶的航行安全。

4. 一个河区、一个湖泊或水库、一条航线或一个水域布设航标和选择灯质时应该召开有代表性的船舶驾驶人员座谈会,听取意见,使布标方案及选用的灯质更加合理和完善。至于个别少数标志的增补或调整,要多加思考和比较,保证选用的灯质更加合理和完善。

5. 对于已经配布较为完善的内河航道区域,要做到查漏补缺,减少航标配布中的漏洞。

6. 对于位置重要或明显影响航行安全的航标设施,要做好必要的应急预案,保证航标设施的全天候运行。

第二节　航标灯现场检测

一、航标灯现场检测

（一）航标灯检查的基本内容

1. 遮挡日光阀,航标灯正常闪亮。

2. 灯质应正确。

3. 用秒表检查闪光周期。

4. 灯壳透镜应垂直,灯泡应在鼓形透镜的焦点上。

5. 灯壳应密封,灯壳内底部不应有积水。

6. 接线是否松动,接头处是否有氧化物。

7. 擦干净透镜上的灰尘,日光阀应灵敏正常,日光阀的最佳朝向是偏南。

8. 灯光亮度是否正常,灯泡功率使用是否正确,应与设计功率相符。

9. 拆开电源正极,用万用表测量电流,遮挡日光阀测量电流,然后取出日光阀遮挡物测静态电流,其电流值应在正常范围内。

10. 接上电源,用万用表测电压,灯不发光时,电压值等于蓄电池的电动势(即空载电压);灯亮时,电压略有下降,约在 0.1~0.3 V,大功率灯泡电压降幅可能大一点。但若出现电压降 1 V 以上,就应检查原因,可能是线路电阻变大或蓄电池存电量较少,接近用完。

以上各项应做好记录,发现问题应及时纠正排除。

（二）航标灯检查重要性分析

若在航标灯检查中是 1、3、7、8、9 项不正常或发生故障的,则会影响航标灯日耗电量,造成航标灯电源系统的失衡,通常表现为耗电量增大,一般白天正常,上半夜正常,下半夜熄灯,这种现象不容易被查出来。特别是第 9 项的检查,一是查线路是否老化漏电,如漏电严重,静态电流有时会达到 20 mA;二是查闪光器的换丝电路是否发生故障,有时会发生双丝灯泡的两根丝都在发光,这时 2 W 的灯泡功率变成了 4 W,那么这只灯的耗电量就增加了一倍;三是用错灯泡,该用 4 W 的用了 2 W 的灯泡,造成视距不够,该用 2 W 的用了 4 W,造成电源系统供电不够。第 2 项不正常是原则问题。第 4 项不正常会影响航标灯的视距。盘形凸透镜,它的外表面中间如鼓,上下端呈阶梯形,内壁是光滑的圆筒形,它能使电光源发出的散射光聚成平行光束,从而增加视距。假如灯泡不是放在透镜的焦点上,从透镜出来的光线会变化,不能形成平行的光束,就会缩短视距。假如整个航标灯不垂直,那会有一个方向的光束往上照射,向天空去,另一个方向的光束往下照射,向近处的水面去,因此有 2 个方向会缩短视距。第 5 项不正常会使航标灯闪光器受潮,使内部元器件、线路板发生氧化或损坏,会缩短闪光器寿命或直接造成损坏。第 6 项不正常会导致闪光器工作失常。

二、航标灯一般故障处理基本方法

航标由于长时间使用导致器材老化或其他因素,不可避免地会出现各种故障。简单故障,航标管理人员可以自己排查解决,复杂故障或仪器故障必须送厂家及时检修,确保航标灯的正常率。使用中常见故障处理方法归纳如下。

1. 灯不亮

检查线路接头是否正常,线路是否老化,如是线路问题应更换接线;检查热光阀是否正常,如是热光阀问题应进行更换;检查航标灯和遥测装置,如是航标灯或遥测装置问题应进行更换。

2. 电压过低或不充电

一般情况是酸性蓄电池使用年限过长,造成电压下降,应及时更换电池;检查电池与太阳能板的接线是否正常,接头是否老化、松动,如果是线路问题应更换接线;检查太阳能板,已到使用年限的应及时更换。

3. 电压过高

一般是遥测装置的保护电路或集成线路出现故障,应及时送厂家维修。

4. 单个航标遥测系统无显示,人工遥测、手机遥测无信号返回

可能是局部地区电信信号不好;航标遥测号码欠费,应及时充值;检查遥测装置的接线是否正常,如线路问题应及时更换接线。

思考题

1. 航标灯的基本种类有哪些？
2. 航标灯现场检测主要有哪些内容？
3. 航标灯故障一般如何进行分析？

第四章 航标电源

第一节　航标电源的技术要求及不同种电源的特征

大部分海标因功率较大，一般采用岸电或柴油机发电，其余航标电源几乎都采用电池供电。虽然太阳能电池、风力及波力发电等属于物理电源，但所产生的电能必须由蓄电池储存起来，方能稳定、可靠地给航标灯供电。因此，它们也可视为电池供电。目前内河常用的航标电池有：铅酸蓄电池、镉镍蓄电池、空气干电池、空气湿电池和锌空气电池。

航标电源应具有技术先进、质量可靠、价格合理及使用简便等特点。具体来说，应满足以下几方面要求。

1. 小电流、长时间间歇性放电性能良好

除少数射程很远的航标灯耗电功率较大外，绝大多数航标灯的耗电功率是较小的，其工作电流一般是 1 A 左右。一方面，航标灯白昼是不发光的，灯内仅有微小的静态电流（漏电流）流过，晚上航标灯正常发光时，则会产生较大的工作电流。另一方面，电池在航标灯上使用的时间也较长，往往是 1 个月以上。因此，航标电池必须满足航标灯小功率、长时间间歇性放电的需要。

2. 自放电率低

电池无论工作或不工作时，容量自行损失的现象称为电池的自放电。电池的自放电率越低，则蓄电贮存的时间越长，在小功率长时间放电使用时，电能利用效率越高。航道段、站的电池使用率不可能达到 100%，总有一些荷电电池备用，而且这些备用电池的贮存时间长短也极不相同。当航标灯的耗电量和电池的容量确定后，电池的自放电率越低，它在航标灯上使用的时间就越长，电能利用效率也越高，能降低航标维护成本和减少更换电池的工作量。

3. 比能量高

比能量也称能量密度，它是表示电池单位体积或单位重量平均输出能量的大小。

除了具有充电装置的航标电源，例如太阳能电池、风力发电和波力发电等，航标电池都要定期更换。更换电池时，工作人员必须在岸标或晃动的水标上操作，是有一定的困难和危险的。如果电池的比能量高，那么单体电池可以做得容量大、体积小和重量轻，更换电池时就方便安全，减轻了劳动强度。

4. 放电电压平稳

航标灯的亮度和射程及其工作的稳定性，要靠电源的正常供电来保证。如果电池的放电电压不平稳，就会影响航标灯光的质量。

当白炽灯泡的额定电压值与实际供电电压值相同时，灯泡的光电性能将处于最佳状态；若电源电压偏高，虽然灯泡的发光效率增加，但寿命却明显下降；若电源电压偏低，灯泡的寿命会增加，但发光效率却大为减小。不仅白炽灯泡的光电性能受电源电压的影响，而且航标灯的闪光周期也会因电源电压的变化而发生变化。例如用2个镉镍蓄电池串联的电源，它的标称电压是 2.5 V，但放电初期的电压却高达 2.6～3.0 V，待放电量达到约 10% 后才稳定在 2.5 V 左右。如果航标灯配用 3 V 的灯泡，当电池电压稳定在 2.5 V 左右时便显得灯光昏暗，射程不够；若配用 2.5 V 的灯泡，则电池初始放电时的高峰电压会令其烧毁。当然，我们可以根据电源电压的变化，随时更换上额定电压值合适的灯泡，但这样做很麻烦。通常可采用稳压电路来解决这个问题，但必须认识到，稳压电路是要消耗一定的电能的，稳压范围越大，稳压电路的功耗就越大，长时间累积起来的电源损耗量也很可观。

由此可见，如果电池的放电电压平稳，航标灯可以不用稳压电路或只是采用简单、功耗很小的稳压电路，灯光质量也能得到保证。

5. 机械强度足够和耐摇晃性能好

航标电池搬动频繁，难免会有碰撞。电池在浮标上使用时，受风浪的影响和船舶的碰撞，摇晃频繁，甚至会发生倾倒。所以，电池除了必须具备一定的机械强度外，还必须具有短时间内倾倒而电解液不会溢出的特性，否则，电池容易破裂和电解液渗漏，腐蚀损坏航标设施。

6. 防潮性能和温度特性良好

虽然电池使用时是置于电池箱内的，但这仅能起到避免日晒雨淋的作用，并不能改变电池所处的湿度高、温度变化大的自然环境。一年四季的温度变化、昼夜的温差、相对湿度高及沿海地区的盐雾腐蚀等自然因素，都是对电池的使用不利的。因此，电池的防潮和温度特性必须满足所处的自然环境的要求，否则，它的性能会变差，而且使用寿命也会缩短。

7. 成本低和维护管理简便

电池的成本不仅包括它的购进投资，而且还包括其维护费用。蓄电池是充放电循环使用的，它的维护管理需要专职人员和专用设备，在这方面的投资是不能忽视的。若电池使用过程中维护简单，甚至不用维护，则既减轻了工人的劳动强度，又降低了维护管理费用。

8. 电池及其原材料来源可靠

当确定使用某一种电池后,航标灯、电池箱、维护管理制度及设备等都必须与之配套。因此,选择使用何种电池,务必综合各方面因素来决定,而且要制订长远的使用及维护管理规划。所用的电池在一段时期内应具有先进性,电池及其维修器材的来源必须可靠且有保证。

目前在航标上使用的电池各有特点,但很少有完全满足以上要求的。实际上,只要电池的主要性能满足航标灯的需要便可以了。

第二节　蓄电池

一、铅酸蓄电池

铅酸蓄电池是目前国内外使用极其广泛的化学电源。虽然铅酸蓄电池的比能量较低,体积大且笨重,但由于它的充放电性能良好,小电流放电时的电压相当平稳,适应性较强、价格低廉、内阻小、比功率高、使用方便、安全可靠、原材料来源广泛,并且易于自行装配或修理,因此它是航标电源的重要组成部分。

(一)铅酸蓄电池的种类和构造

1. 铅酸蓄电池的命名方法

铅酸蓄电池根据用途可分为:起动用蓄电池、电动助力车用蓄电池、电信用蓄电池、铁路客车用蓄电池、固定开口式蓄电池、摩托车用蓄电池、航标用蓄电池。

铅酸蓄电池的型号,由以下几部分组成:

① 串联的单体电池数目;

② 电池的用途;

③ 极板类型及特殊结构;

④ 额定容量;

⑤ 特殊性能或容器的种类。

第一部分用数字表示单体电池的串联个数。例如"3"则表示3个单体电池串联,额定电压为6 V的电池组。如果是单体结构的铅酸蓄电池,则不用数字表示,其额定电压为 2 V。

第二部分以汉语拼音字母表示铅酸蓄电池的用途。常用以下字母来表示：

Q——起动用铅酸蓄电池；B——航标用铅酸蓄电池；M——摩托车用铅酸蓄电池；G——固定开口式铅酸蓄电池；D——电动助力车用铅酸蓄电池；T——铁路客车用铅酸蓄电池。

第三部分用汉语拼音字母表示铅酸蓄电池的极板类型和特殊结构，通常用以下字母表示：

A——干荷电极板（取"干"字拼音"GAN"的第二个字母，以便与丝管式的字母"G"相区别）；H——化成式极板；T——涂膏式极板；B——半化成极板；G——玻璃丝管式极板；M——密封式极板；F——防酸隔爆式极板；S——少维护式极板。

第四部分用数字表示电池的容量，不写单位。电池的容量是按规定的放电率、放电温度及终止电压等条件定出的额定容量，单位用 Ah。

第五部分用汉语拼音字母表示电池的特殊性能或容器的种类。常见字母的含意是：

G——高放电率；S——塑料电池槽；B——玻璃电池槽；M——衬铅木电池槽。

总之，电池型号中所用的字母，大都是其含义相关的汉语拼音中的第一个字母。例如第二部分的字母是"G"，则是固定式的"固"字汉语拼音"GU"的第一个字母；第三部分的字母是"G"，是玻璃丝管式的"管"字汉语拼音"GUAN"的第一个字母。这里所指的是铅酸蓄电池型号的一般表示方法，如果某些产品的型号与以上规定有差异，请详细参阅厂方的产品说明书。

由于航标用铅酸蓄电池（简称"B 型"）的生产厂家不多，而起动用铅酸蓄电池（简称"Q 型"）的生产厂家众多，其维修原材料的来源也很广泛，所以我国某些地区在航标上仍然使用 Q 型铅酸蓄电池。因为这两种电池的用途不同，故它们的结构及性能有所差异。Q 型铅酸蓄电池是专供起动大电流使用的，它的板栅由机械强度高的铅锑合金制造，而且极板较薄（约 2~3 mm），但它的自放电率较高（每天约 1% 以上），因此不适于小电流深度放电条件下使用。B 型铅酸蓄电池适于航标小电流放电使用，它的板栅由高纯度铅制造，而且极板较厚（约 10~15 mm），自放电率较低（第一类 B 型电池 15 天不超过 3%，第二类 B 型电池 1 年不超过 15%），但它不能在大电流（例如柴油机起动）放电条件下使用。综上，铅酸蓄电池明显缺点是体积大而笨重（这是其比能量低造成的），因而搬运困难，换电的劳动强度较大，而且当使用中发生倾斜时，电解液容易渗出而腐蚀航标设施。

2. 铅酸蓄电池的构造

铅酸蓄电池的单体都是由正极板、负极板、电解液、单格、隔板（间隔）、电池壳体、汇流导体及溢气阀等组成，如图 4-1 所示。

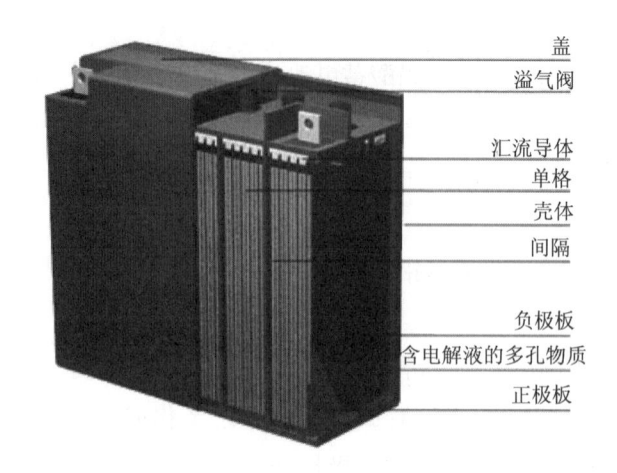

图 4-1　铅酸蓄电池构造示意图

（1）极板

Q 型和 B 型铅酸蓄电池所用的极板，都是涂膏式结构，但在几何尺寸、厚薄及板栅材料上，存在一些差别。

涂膏式极板是用纯铅粉、添加剂、稀硫酸等制成铅膏涂填在以铅或铅合金制成的板栅骨架上，经干燥及充电化成过程（又叫活化过程）而形成的。正、负极板上的活性物质，在化成前都是硫酸铅，而经过化成后，正极板上储电活性物质是多孔、疏松状、暗褚红色的二氧化铅，负极板上储电活性物质是海绵状深青灰色的铅。

① 板栅

板栅又称极栅或单格。涂膏式板栅的筋条排列形式常见有单格、双翅及菱形等三种截面形状，通常是三角形、菱形和圆形。板栅是极板的骨架，它在极板上有三个作用：

a. 是极板活性物质的载体；

b. 使电流在活性物质上分布均匀，提高活性物质的利用率并防止极板变形；

c. 是活性物质的导体，即正、负极的电极导体。

由此可见，板栅应该具有能使活性物质结构牢固、不妨碍活性物质的膨胀或收缩、本身的电阻小和耐腐蚀等主要性能。由于 Q 型和 B 型铅酸蓄电池的用途不同，所以它们的板栅材料也有所差异。Q 型铅酸蓄电池的板栅是用铅锑合金铸成，而 B 型铅酸蓄电池的板栅是用高纯度铅铸成的。

② 铅膏

铅膏是用铅粉、稀硫酸和添加剂混合制成，分正极板铅膏和负极板铅膏两种。铅酸蓄电池在充放电使用过程中，随着使用时间的增长，负极活性物质会发生体积收缩、孔率变小、变硬甚至龟裂等现象，正极活性物质则会发生脱落现象。特别是在大电流、低温和电解液浓度高时，以上现象更为突出，这样会缩短蓄电池的使用寿命。为了改善和提高活性物质的性能,通常是在铅膏的配方中加入少量的添加剂。正、负极板铅膏的添加剂并不相同,而且不同用途的铅酸蓄电池极板的铅膏添加剂的分量和种类也不相同。常用的添加剂有木炭粉、硫酸钡、木质素、磺酸盐、栲胶、腐殖酸(俗称胡敏酸)、纤维等物质。

③ 极群

铅膏涂填在板栅上,经干燥后便制成生极板,将正、负极板间隔地放在盛有稀硫酸的容器内,正极板接电源的正极,负极板接电源的负极,经过规定时间充电后,正极板上的铅膏绝大部分变为二氧化铅,负极板上的铅膏绝大部分变为海绵状的铅,这便是极板的化成过程。极板化成终止后,要进行保护性放电,放电量约为极板额定容量的 10%。保护性放电后必须及时干燥,使负极的化学性能趋于稳定。

将若干块极板用铅条焊接组成极板组称为极群。由正极板组成的极群称正极群,由负极板组成的极群称负极群。铅酸蓄电池极板的尺寸越大,极板数越多,则电池的容量就越大。只要将正、负极板适当地组合,便可获得容量不同的铅酸蓄电池。

在组装单体铅酸蓄电池时,必须将每一片正极板夹在两片负极板之间(中间由隔板隔开),使正极板两侧都能进行电化学反应,发生同样的膨胀和收缩,减少正极板的弯曲和活性物质的脱落。负极板在电化学过程中,膨胀或收缩较小,如果只是极板一侧起化学反应,对它影响也不大。因此,铅酸蓄电池负极群的负极板数总是比正极群的正极板数多 1 片。同时,因为靠近电池槽内壁的两侧极板均为负极板,也称边负极板,它只有一侧和正极板相对,所以极板活性物质数量减少,其厚度可比中间的负极板薄些。Q 型铅酸蓄电池的极板较薄,一般正极板约 3 mm,负极板约 2 mm,故边负极板的厚度便与中间负极板相同。但是,B 型铅蓄电池的极板较厚,它的边负极板就较薄,例如 B-240 型铅酸蓄电池,它的中间负极板厚度约 15 mm,而边负极板厚度却只有 10 mm 左右。

通常,铅酸蓄电池的使用寿命主要受正极板活性物质的特性及寿命所限制,因此它的容量是由正极群的极板数所确定的。也就是说,某一型号的铅酸蓄电池,只要知道它的每片正极板的标称容量 Q'(单位 Ah),便可以计算片数(规格)不同的蓄电池的标称容量 Q(单位 Ah);或者是知道蓄电池标称容量 Q,就能求出正极板数 M 和负极板数 N。这里的 Q、M、N 均是对单体铅酸蓄电池而言。铅酸蓄电池的 Q、Q'、M、N 的关系是:

$$Q = MQ'; M = \frac{Q}{Q'} = \frac{(M+N)-1}{2}; N = M+1$$

(2) 电解液

电解液由纯硫酸和纯水按一定比例配制而成,是极板活性物质进行电化学反应和传导电流的媒介物。在启用铅酸蓄电池的时候,必须注入符合规定的电解液。电解液的质量合格与否,将直接影响铅酸蓄电池的性能及使用寿命。

各类铅酸蓄电池的电解液比重值是不相同的。这既要根据蓄电池的电化反应所必需的硫酸量,又要从使用条件、环境温度及电解液的特性来考虑。Q型铅酸蓄电池在电量充足,温度为30±2℃时,其电解液比重为1.285±0.005,B型铅酸蓄电池的电解液在电量充足,温度为25±2℃时比重为1.295±0.005。在一定范围内,储电量与其电解液比重成正比例关系,电解液比重每变化±0.01,蓄电池的储电量相应变化约±8.3%。

测电解液比重使用吸管式电解液比重计(如图4-2所示),它能测知1.100～1.300的电解液比重,使用时用手按上端橡皮球,排出其中空气,将下端橡皮管浸入电解液中,逐渐放松橡皮球,使电解液吸入玻璃管中约半管左右,比重浮子就会浮起来,浮子在液面上的刻度就是电解液的比重。

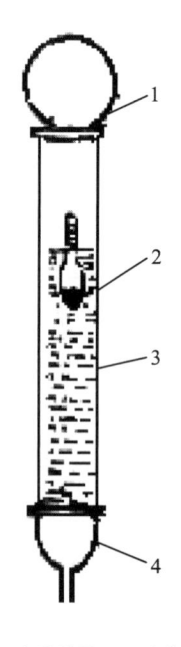

1—橡皮球;2—比重浮子;3—玻璃管;4—橡皮管
图4-2 吸管式电解液比重计

(3) 隔板

① 隔板的作用

a. 隔板装在正、负极板之间,使两者间的距离缩到最小而又互不接触,防止发生短路;

b. 由于隔板和极板紧靠在一起,因此能够防止较大充放电电流冲击极板时所造成的活性物质脱落及极板的弯曲变形;

c. 某些隔板(例如微孔橡胶隔板)能阻止正极板栅铅锑合金中的锑及正极板自放电析出的氧向负极板迁移,从而降低电池的自放电速度,改善电池的特性。

② 隔板必须具备的性能

a. 具有高度的多孔性,便于电解液的渗透、对流和扩散,有利于电化反应的进行;

b. 隔板所造成的电池内阻要小；

c. 在电解液的长期作用下，不应分解出对电池有害的杂质；

d. 耐酸性、韧性和弹性好，并具有一定的机械强度，能承受因大电流充放电及极板弯曲变形而引起的冲击和压力。

③ 隔板的种类

隔板按其材料的不同，可分为木隔板、玻璃纤维隔板（或化学纤维隔板）、微孔橡胶隔板、塑料隔板和纸隔板等。木质、纸质隔板质量低劣，现已不使用。目前，大量应用的是微孔橡胶隔板和塑料隔板，它们具有孔率高、渗透性好、耐氧化腐蚀性强、内阻小、机械强度较高和耐用等优点。橡胶隔板的优点是能阻止正极板栅的锑向负极迁移，减少负极的自放电，但它与塑料隔板相比较，机械强度差些，很容易被弯曲的极板挤压出凹痕，甚至破裂或穿孔，而且它的原材料来源较困难且价格较贵。因此，近年来使用更多的是聚氯乙烯塑料隔板。玻璃纤维或化学纤维隔板必须配合其他隔板一起使用，并应置于正极板两侧，这样能明显减少正极板活性物质的脱落，延长电池的使用寿命，但却增大了正、负极板的间隔，导致电池的内阻增大。

④ 隔板的安装要点

隔板的厚度约 1.0～2.0 mm，它的高度应比极板高 20 mm，宽度应比极板宽 10 mm。隔板的安装要点是防止杂物落入造成两极短路。同时，还必须将隔板带凹槽的一面靠正极板放置，而且凹槽应垂直于池壳底面；如果采用玻璃或化学纤维隔板，则应将其置于正极板与其他隔板之间。隔板这样放置有利于正极板表面的电解液对流，因为在充、放电过程中，正极板活性物质孔隙内的硫酸增减量较大，相当于负极板的 1.67 倍。

(4) 电池外壳

电池外壳是用来盛电解液和支撑极群的。因此它必须具有耐酸、绝缘性能良好、机械强度高时不会析出对电池有害的物质等特性。电池外壳的底部有凸筋，它起支撑极群并防止因极板活性物质脱落而造成两极短路的作用。由于不同容量的铅酸蓄电池需要的电解液数量不同，故其相应的电池壳容积大小也不相同。

制造铅酸蓄电池外壳的主要材料是硬质橡胶或塑料。近年来，工程塑料的生产发展很快，用工程塑料制造的电池壳美观、透明、重量轻，大有取代橡胶外壳之势。不过，塑料电池外壳是用黏合剂封口的，使用过程中很难拆开检修，而橡胶电池外壳用沥青封口，拆卸维修很方便。

(5) 其他部件

① 极柱及连接条

正、负极柱是连接正、负极群的，而连接条是用来连接相邻两个正、负极柱的。它们都是由铅锑合金铸成，其截面积由电池的额定放电电流大小所决定。

② 电池盖

按外形结构的不同,可分为单体电池盖和整体电池盖。

单体橡胶盖是配橡胶壳使用的,它上面有三个孔:中间一个是注液孔,用来排气和灌注电解液,孔上具有螺纹,供旋紧注液盖之用;两旁较小的孔上嵌有铅锑合金套,供正、负极柱伸出并将其熔化焊接在一起,以便固定极柱、密闭严密及不渗漏电解液。单体电池盖一般用沥青封口剂与电池壳密封。

整体电池盖的结构有多种,通常是整个电池(6 V 或 12 V)盖上有正、负两个极柱和相应的每个单体电池有一个注液孔,连接条埋入电池盖内。这种结构的电池,由于电池盖与外壳采用热封(熔封)或用黏合剂封口,故拆修较困难。塑料壳的铅酸蓄电池基本采用这种结构。

注液盖上有一个直径约 2 mm 的透气孔。电池在干态储存时,必须将透气孔密封,注液盖要加橡胶垫圈后旋紧,确保电池处于密封状态。但是当电池注入电解液启用后,务必将透气孔戳穿,以便电池在充放电时产生的气体排出,防止电池内气压过高而造成封口剂甚至电池壳破裂。

3. 端电压在充放电过程中的变化

铅酸蓄电池的端电压,一般都是指它的闭路端电压,它是随着电池的充放电情况而变化的。放电时,端电压比电动势低;充电时,端电压比电动势高,电动势与端电压相差的数值等于内电阻上的电压降,即 $U_充 = E + I_充 r_充$,$U_放 = E - I_放 r_放$。

4. 充放电容量

充放电容量是以活性物质数量计算出来的理论容量,与实际容量之间存在一定差距。

铅酸蓄电池在充电过程中,由于电化反应效率、内电阻和水分解等影响,电能是不可能 100% 转换为化学能储存于电池内的,因此,充电量总是大于电池的储电量。在放电过程中,由于内电阻、活性物质利用率和放电条件等影响,电池实际放电量总是小于其理论容量。

5. 自放电

造成铅酸蓄电池自放电的因素,既有其固有的,又有客观的。自放电的结果,使正、负极的活性物质有相当部分变为硫酸铅,从而造成电池容量的损失。

铅酸蓄电池固有特性造成的自放电,包括正极板的自放电和负极板的自放电两方面。正极板所发生的自放电,主要是二氧化铅自发地还原成硫酸铅,以及二氧化铅与板栅接触,与铅(或锑)形成微电池放电。负极板的自放电主要取决于海绵状铅的自动溶解反应。

铅酸蓄电池自放电的大小也与使用条件有关,在电池使用过程中做好以下维护工作,可减小其自放电。

(1) 保持电解液的纯净

配制电解液的水和硫酸应合乎质量标准的要求,并要保持电池盖的干净,防止有害杂质混入电解液内。

(2) 在额定放电电流范围内使用

不同用途和不同规格的铅酸蓄电池,它们的放电电流值都是有一定限制的。当超过额定电流值放电时,极群将会严重弯曲,从而使隔板断裂或穿孔,活性物质严重脱落并在电池壳底部形成金属桥。这样,就造成电池内的局部短路,加速了自放电。特别注意的是不能将电池的正负极短路,因为电池的内阻很小,极大的短路电流会严重损害电池。

(3) 电解液的比重和温度不宜过高

电解液的比重和温度升高,都会加速板栅的腐蚀,使电池的自放电增加。因此,电解液的比重和温度不宜过高。通常,比重<1.300,温度<45℃为宜。

(4) 不过度充放电和放电后及时充电

不过度充放电,可以降低正极板栅的腐蚀速度,抑制板栅上锑的溶解;放电后及时充电,能减小锑在负极板的沉积,降低了氢气在负极产生的速度,这样可减缓电池的自放电速度。

(5) 铅酸蓄电池的自放电率异常增大时应及时进行检修

当蓄电池的自放电率异常增大时,应按其产生的原因,采取相应的检修措施。例如,更换已混入有害杂质的电解液,清除电池壳底部的铅渣及更换破损的隔板等。

6. 寿命

不同用途的铅酸蓄电池的干储存寿命大致相同,一般为 2 年,但是,它们的循环寿命及使用寿命差别却很大。例如 Q 型铅酸蓄电池的循环寿命约为 250~540 次,使用寿命约为 2~3 年。B 型铅酸蓄电池(Ⅱ)类的循环寿命不低于 7 次,使用寿命约为 10~15 年。

通常,影响铅酸蓄电池的循环寿命和使用寿命有下列几个因素:

(1) 正极活性物质的脱落及其板栅的腐蚀和变化;

(2) 极板的不可逆硫酸化;

(3) 电池的自放电。

二、镉镍蓄电池

镉镍蓄电池属于碱性蓄电池。它与铅酸蓄电池相比较,具有机械强度高、放电电流密度大、低温特性好、寿命长、自放电小及耐过充放电性能好等优点。因此,镉镍蓄电池特别适合于在硅太阳能电池、风力发电及波力发电等物理电源供电系统内作储存电能使用。但是,镉镍蓄电池价格较高,原材料来源较困难,不能像铅酸蓄电池那样便于用户自行修理及装配。目前,镉镍蓄电池在航标上主要是与物理电源配套使用。

(一) 镉镍电池的种类和构造

1. 镉镍蓄电池的种类

镉镍蓄电池按其密封程度可分为开口式、密封式(液密式)和全密封式三种。按其极板结构特点可分为盒式(又称袋式)、管式、压成式、烧结式和半烧结式五种,其中前两种统称为有极板盒式,而后三种统称为无极板盒式。按其外形,又可分为长方形、圆柱形和扁形C扣式三种。

其中有极板盒开口式镉镍蓄电池使用历史悠久、生产工艺较简单、使用寿命长,而且价格是各种镉镍蓄电池中最低的,所以在航标能源中使用较普遍。

2. 镉镍蓄电池的构造

镉镍蓄电池由极板、隔离物、电解液、电池槽、极柱等若干部分组成。

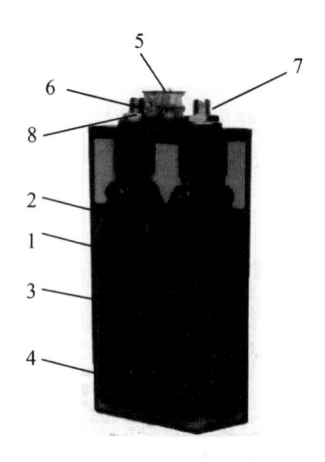

1—正极板;2—负极板;3—硬橡胶棍;4—电池槽;5—外壳;6—气塞;7—负极柱;8—正极柱

图4-3 镉镍有极板盒体蓄电池结构

(1) 极板

镉镍蓄电池的极板是由活性物质填充在金属的板栅或其他支承物上构成的。

有极板盒式镉镍蓄电池的极板分盒式和管式两种。它们是将正、负极活性物质分别填充于用多孔状镀镍薄钢板制造的盒子或管子内,然后将这些盒子或管子按一定的规律排列在镀镍钢板制成的板栅格子上,最后加压成型。盒式或管式镉镍蓄电池,便分别由盒式或管式极板所构成。

镉镍蓄电池极板的受力部分全部由镀镍钢制成,结构相当牢固,其中镀镍可增强极板耐电解液腐蚀的性能。电镀镍钢螺丝(或电焊)将极板耳连接起来便组成正极群或负极群,正、负极群交错相插,再在正、负极板之间放置绝缘的隔膜或硬质橡胶棒,就构成了电池的极群组。

镉镍蓄电池极板的数量越多、几何尺寸越大，则活性物质的数量就越多，电池的容量也越大。还必须注意到，镉镍蓄电池的电池槽通常是与两侧的正极板连在一起的，也就是说电池的正极板比负极板多一片。如果电池槽是金属，则电池槽本身便是电池的正极。因此，将钢质外壳的镉镍蓄电池组装成电池组使用时，务必注意各单体电池的外壳要相互绝缘，而且电池壳不要与钢质电池箱相碰，也不要与裸露的电源引线相接触，以防电池发生短路现象。

(2) 隔离物

隔离物置于正、负极板之间，它使正、负极板的中心距离最小而又互不接触，从而保证在电池工作时，极板之间有足够的电解液。

结构不同的镉镍蓄电池，所用隔离物的材料及几何形状是不相同的。密封和全密封式镉镍蓄电池通常用维尼龙纸隔膜、长普伦布隔膜及微孔塑料板等做隔离物，而开口式镉镍蓄电池则一般用硬橡胶制造的隔棒或叉形隔棒以及细孔隔板等做隔离物。

隔离物必须具有绝缘、机械强度足够、耐碱及在电解液长期浸泡下不会分解出对电池有害杂质等基本性能。如果是板状或膜状隔离物，还必须具有孔率高、渗透性能好的特点，以利于电解液中的离子在正、负极间的迁移，使电化反应得以顺利进行。

(3) 电池槽

镉镍蓄电池的电池槽有金属和塑料两种。

金属电池槽由优质钢板经压制、焊接、镀镍而成，它将槽盖、槽筒及槽底三部分焊为一个整体。为增加电池槽的强度，通常在槽筒侧面冲压有波纹。电池盖上有正、负极柱孔及注液孔，供固定电极桩及安装排气阀（或气塞）用。注液孔同时也是排气孔，它上面旋有排气阀（或气塞）。排气阀（或气塞）平常是关闭的，既可防止电解液与空气接触产生碳酸盐，又能保证电池在短时间倾倒或翻转时不溢出电解液；但若电池内产生的气体积聚过多、气压增高时，便会自动打开，让电池内的气体顺利逸出，防止电池槽发生膨胀现象，而外界空气却不能进入电池内。

塑料电池槽是由耐酸碱、耐老化，并具有一定机械强度及耐寒的 ABS 树脂注塑而成。它的槽身与槽盖是采用高频热焊或用有机溶胶黏接的。槽盖上也有正、负极柱孔及注液孔，注液孔上亦同样旋有排气阀（或气塞）。塑料电池槽的机械强度较钢质电池槽差，但它加工容易，槽身半透明，可观察到电解液面的高低情况，而且在使用时无须考虑电池之间的相互绝缘，组装使用十分方便。

镉镍蓄电池的槽盖并不像沥青封闭的铅酸蓄电池那样容易被打开。如果电池内部发生短路、断路、虚焊等故障，无专用设备便很难予以排除。

(4) 电解液

碱性蓄电池出厂时,除了密封和全密封式电池已带有电解液外,其他开口式电池都是不带电解液的。因此,启用开口式镉镍蓄电池时,也必须像铅酸蓄电池那样注入符合要求的电解液和进行初充电,方能使用。

碱性蓄电池的电解液分氢氧化钾(KOH)水溶液和氢氧化钠(NaOH)水溶液两种。通常在电解液中加入适量的氢氧化锂(LiOH),以减缓电池容量的下降及延长使用寿命。配制电解液宜用蒸馏水或去离子水,禁止用海水和矿泉水,所用的 KOH、NaOH 和 LiOH,一般可用工业纯材料。

配制 3、4 号电解液时,氢氧化钾中碳酸钾的含量不得高于 4%,并且严禁混入氢氧化钠。

(二) 镉镍蓄电池的特性

1. 端电压在充放电过程中的变化

充电初期及中期,端电压上升缓慢。充电后期,由于极板上的活性物质基本上得到恢复,电解液中的水分解逐渐加快,逸出大量的氢气和氧气,从而使内电阻增加并产生过电位,于是端电压迅速上升到 1.75 V 左右。此后,如果再继续充电,端电压也不再升高,而是稳定在 1.75 V 左右。如果停止充电,经过较长的时间后,端电压(此时是开路电压)便会逐渐下降到 1.4 V 左右。

在放电过程中,端电压很快由 1.4 V 左右下降到 1.3 V 左右,这是由于充电完毕后,正极板里形成的少量二氧化镍很快消失的缘故。随后,端电压维持较长时间的稳定,这便是电池正常放电阶段。当端电压下降到 1.1 V 左右时,放电终止。如果继续放电,则端电压将会迅速下降,电池非但放不出多少电量,反而会因过度放电而受到损害。

2. 电池的容量及其影响因素

镉镍蓄电池的容量大小,与其充放电循环次数、氢氧化锂的含量、活性物质利用率以及放电条件等有关。

(1) 充放电循环次数的影响

镉镍蓄电池开始使用时,其容量是低于额定值的。但是,经过若干次充放电循环后,容量将会显著地增加,并超过额定值,经过一段时间使用后,容量才逐渐下降到额定值。此后,容量将随着充放电循环次数的增加而减少。

(2) 氢氧化锂的影响

在镉镍蓄电池的电解液中加入适量的氢氧化锂,能增加电池的容量,并能维持容量在较长的时间内不下降。如在电解液为氢氧化钾的镉镍蓄电池里加入氢氧化锂,电池的容量在 500 次充放电循环后仍无明显的下降。

(3) 放电率的影响

与铅酸蓄电池一样,镉镍蓄电池的容量随着放电率的升高而减少。但若放电率低于 2 h,其容量仍可保证在 95% 以上。

(4) 电解液中碳酸盐含量的影响

电解液中的碳酸盐含量增加,将会使电池的容量下降,使用寿命缩短。但是,如果更换电解液或将电解液进行再生处理,消除碳酸盐成分后,电池的容量将得到恢复。

(5) 活性物质利用率的影响

镉镍蓄电池与铅酸蓄电池有一个很不同的地方,便是只要将极板全部浸入电解液内,镉镍蓄电池的容量就主要受正、负极板活性物质的数量及其利用率所限,与电解液的含量及比重基本无关。而铅酸蓄电池的容量不仅受正、负极板活性物质的数量及其利用率所限,而且还与活性物质微孔内的硫酸电解液含量和比重有关。

(6) 终止电压的影响

镉镍蓄电池的放电率越高,其终止电压越低,保证容量也越小,但是,如果不受终止电压的限制,则高率与低率放电的容量是相差不远的。这是因为限制电池容量的正极板上活性物质的体积,在放电过程中并不像铅酸蓄电池那样增大而减少了,这样便增加了活性物质的微孔率,使电解液与活性物质易于接触,有利于化学反应的继续进行。但实际上,在高率放电时电池的极化作用将会加强,端电压迅速下降,从而使放电不能继续进行,活性物质利用率下降,容量减少。

(7) 温度的影响

镉镍蓄电池的容量将随着温度的下降而减少,但没有铅酸蓄电池那样明显,在 −20℃时,它的容量仍为 20℃时容量的 75%。而铅酸蓄电池在此低温下,容量仅为常温容量的 40% 左右。虽然温度升高会提高镉镍蓄电池的容量,但温度过高却会加速电解液中镉的溶解,并且有可能和正极的活性物质发生化学反应,从而使活性物质的可逆性能变差。这样反而使电池的容量下降,寿命缩短。因此,电池在运行中的温度一般应在 40℃ 以下为宜。

3. 自放电

(1) 温度的影响

镉镍蓄电池的自放电率较小,在 26℃ 条件下搁置 30 昼夜,其容量仍能保持额定容量的 90% 左右。它的自放电率是随着温度的上升而增大的。

(2) 搁置时间长短的影响

镉镍蓄电池在充电后的最初几天内自放电率较高,以后逐渐变小,经过 2 个月后,自放电率几乎为零。通常,镉镍蓄电池的容量在损失 20% 左右后,便基本上不会发生自放电现象了。因此若将电池充电后储存,则往往人为地将其放电 20%~30% 便可基本避免储存过程中发生自放电现象。

(3) 电解液杂质的影响

如果电解液中的杂质超过规定限度,则镉镍蓄电池的自放电将会大得多,并会缩短电池的使用寿命。因此,电池在使用过程中,切勿将铅、锡、铝、铜、钙等较活泼的金属混入电解液内,并要注意保持电池盖面的清洁和干燥,以防造成电池自放电的增加。

4. 寿命

镉镍蓄电池的寿命是较长的。目前在航标上使用的有极板盒开口式镉镍蓄电池,其干储存寿命 4 年,充放电循环寿命达 1 000 次左右,而使用寿命一般可达 5~10 年。如果采用浮充电方式运行,并在使用过程中维护得当,则电池的使用寿命将会更长。通常,电池的使用寿命与下列因素有关。

(1) 电池的运行方式

镉镍蓄电池的过度放电会使极板活性物质的可逆性能变差,而过度充电却会造成气体大量逸出,使极板活性物质受冲击而脱落。有条件的话,电池应尽量采用浮充电的方式,这对于延长其使用寿命是有利的。

(2) 电解液

在相同条件下,采用含氢氧化锂的混合电解液,将会增加电池的容量并延长其使用寿命。若电解液内的杂质增加,或是电解液液面长期低落而使极群外露,则会使电池自放电增加,使用寿命缩短。

(3) 工作温度

镉镍蓄电池在常温下使用,有利于延长其寿命。若温度过高,将会使极板活性物质(特别是铁)的溶解速度加快,电池的自放电率升高,而温度太低时,又会造成电池的充电效率下降,容量减少。

(4) 放电率

镉镍蓄电池用正常放电率放电时,其容量才能得以保证。如果常用高率放电,则其活性物质便长期得不到利用;相反,若常用低率放电,虽然活性物质利用率高,但却容易造成深度过放电,使极板上的放电生成物在充电时难以恢复为储电活性物质。也就是说,常用过高或过低的放电率放电,对电池是不利的。

三、锂电池

1. 定义

锂电池是一类由锂金属或锂合金为负极材料,使用非水电解质溶液的电池。最早出现的锂电池来自伟大的发明家爱迪生,他采用 $Li + MnO_2 =\!\!=\!\!= LiMnO_2$ 氧化还原反应放电。由于锂金属的化学特性非常活泼,使得锂金属的加工、保存及使用对环境的要求非常高。

2. 发展进程

(1) 20 世纪 70 年代,M. S. Whittingham 采用硫化钛作为正极材料,金属锂作为负极材料,制成首个锂电池。

(2) 1980 年,J. Goodenough 发现钴酸锂可以作为锂离子电池正极材料。

(3) 1982 年伊利诺伊理工大学的 R. R. Agarwal 和 J. R. Selman 发现锂离子具有嵌入石墨的特性,此过程是快速且可逆的。与此同时,采用金属锂制成的锂电池,其安全隐患备受关注,因此人们尝试利用锂离子嵌入石墨的特性制作充电电池。首个可用的锂离子石墨电极由贝尔实验室试制成功。

(4) 1983 年,M. Thackeray、J. Goodenough 等人发现锰尖晶石是优良的正极材料,具有低价、稳定和优良的导电、导锂性能。其分解温度高,且氧化性远低于钴酸锂,即使出现短路、过充电,也能够避免燃烧、爆炸的危险。

(5) 1989 年,A. Manthiram 和 J. Goodenough 发现采用聚合阴离子作为正极将产生更高的电压。

(6) 1991 年,索尼公司发布首个商用锂离子电池。随后,锂离子电池革新了消费电子产品的面貌。

(7) 1996 年,Padhi 和 J. Goodenough 发现具有橄榄石结构的磷酸盐,如磷酸锂铁($LiFePO_4$),比传统的正极材料更具优越性,因此已成为当前主流的正极材料。

3. 分类

锂电池分为两类:锂金属电池和锂离子电池。各类锂电池如图 4-4 所示。

图 4-4 各类锂电池

(1) 锂金属电池

锂金属电池一般是使用二氧化锰为正极材料、金属锂或其合金金属为负极材料、使用非水电解质溶液的电池。通过 $Li + MnO_2 = LiMnO_2$ 进行放电反应。

可充电的第五代锂金属电池诞生于 1996 年,其安全性、比容量、自放电率和性价比均优于锂离子电池。能量密度一般在 100~140 mAh/g。

(2) 锂离子电池

锂离子电池一般是使用锂合金金属氧化物为正极材料、石墨为负极材料,使用非水电解质的电池。锂离子电池可以进行循环充电。

充电时正极上发生的反应为:

$$LiCoO_2 = Li_{1-x}CoO_2 + xLi^+ + xe^- （电子）$$

充电时负极上发生的反应为:

$$6C + xLi^+ + xe^- = Li_xC_6$$

充电电池总反应:$LiCoO_2 + 6C = Li_{1-x}CoO_2 + Li_xC_6$

目前,锂电池可选的正极材料很多,主流产品多采用锂铁磷酸盐,基本的充放电过程如下。

充电时:$LiFePO_4 \rightarrow Li_{1-x}FePO_4 + xLi^+ + xe^-$;

放电时:$Li_{1-x}FePO_4 + xLi^+ + xe^- \rightarrow LiFePO_4$。

(4) 锂铁磷酸电池特点

① 输出效率高:标准放电为 2~5 C(C 为放电倍率),连续高电流放电可达 10 C,瞬间脉冲放电(10 s)可达 20 C;且低电压小电流放电性能也较好,常见电压有 1.5 V、3.0 V、3.6 V 等。

② 高温时性能良好:当外部温度 65℃时,内部温度高达 95℃,电池放电结束时温度更可达 160℃,此时电池的结构依然安全、完好。

③ 即使电池内部或外部受到伤害,电池不燃烧、不爆炸,安全性好。

④ 极好的循环寿命,经 500 次循环,其放电容量仍大于 95%。

⑤ 过放电到 0 也无损坏。

⑥ 可快速充电。

⑦ 成本低。

⑧ 对环境污染小。

4. 应用

随着数码产品如手机、笔记本电脑等产品的出现,锂离子电池以优异的性能在这类产品中得到广泛应用,并逐步向如大型电动公交车、电动自行车、太阳能及风力发电的储能设备、航标灯电源等产品应用领域发展。

5. 寿命

铅酸蓄电池的循环寿命在 300 次左右,最高也就 500 次,而锂铁磷酸电池,循环寿命达到 2 000 次以上,综合考虑,其性价比理论上为铅酸蓄电池的 4 倍以上,具有比普通电池(铅酸等)更大的容量,单体能够达到 5~1 000 Ah。同等规格容量的锂铁磷酸电池的体积仅为铅酸蓄电池体积的 2/3,重量是铅酸蓄电池的 1/3。因此相较于铅酸蓄电池,锂电池污染少,是理想的环境友好型航标电源。

第三节　太阳能供电系统

一、太阳能供电系统概述

太阳能供电系统是将太阳的光能直接转换成电能的半导体器件（或称物理电池），是一种环保清洁的能源，其主要由太阳电池方阵、供电控制器、逆变器以及蓄电池组等组成。太阳电池方阵是由若干块太阳电池组件经适当的串并联组合而成的基本单元，一个系统可有若干个方阵组成。供电控制器（以及逆变器）能保证负载用电的需要，并能防止蓄电池组的过充电和过放电，保证蓄电池组的使用寿命，同时还具备如遥控遥测、交直流自动转换等特殊功能。蓄电池组能起到储能和供电的作用。为了保证供电系统能在晴天、夜间或阴雨天都能向负载正常供电，就必须配备适当的蓄电池组。

二、H—2/4 V型太阳能电源控制器

1. 工作原理

H—2/4 V型太阳能电源控制器，由自动充电调节电路、输出控制电路组成。当蓄电池电压达到充电饱和电压时，SP+（太阳能平板正极）与SP−（太阳能平板负极）接通，太阳能电源停止向蓄电池充电。电压降到充电回复点时，SP+与SP−开路，恢复充电模式，可以使蓄电池在不过充状态下进行充放电循环。

当遇连续阴雨天蓄电池欠压时，应断开负载从保护蓄电池；当蓄电池电压上升到额定电压时，将自动接通负载，恢复供电。

2. 主要特点

模块化成型和先进的电路设计是H—2/4 V型太阳能电源控制器的主要特点，其性能优点有：整个控制系统直接集成装配在配套太阳能电池板的接线盒内，体积小、接线简化（只有三根接线端）；模块化设计使其具有良好的密封性，防水、防晒、防盐碱、抗自然力（如地震、冰雹）性能好，适合野外露天和恶劣环境工作；电路设计采用无触点的电子开关和性能稳定的稳压器件，使系统更安全、稳定；系统自身功耗低，压降低，自耗电小于0.5 W，控制负载电路压降小于等于0.5 V；当蓄电池极性接反时，具有负载极性接反保

护功能和防反充功能。

3. 主要参数

太阳能电源工作电压:6～8 V;最大充电控制电流:5 A;蓄电池额定电压:4 V;充电终止电压:4.7±0.1 V;充电回复电压 4.4±0.1 V;最大输出电流:5 A;欠压断开负载电压:3.8±0.1 V。

第四节 航标灯太阳能供电系统的设计和使用

一、电源的设计

航标灯的耗电量是设计太阳能电源系统的主要因素。在以往各种资料介绍的计算公式中,往往只计算一个航标灯每天工作几小时,闪光周期是怎样,然后算出一天中灯实际亮了多少时间,用了多少电量。而在实际使用中的航标灯,即使灯泡不发光,某些灯器的静态电流仍能达到 20 mA 以上,因此在设计和实际使用时应特别注意。

1. 航标灯日耗电量的计算

$$Q_L = H\frac{L}{L+D} \times I_{明} \times K + (24 - H\frac{L}{L+D})I_{暗}$$

式中:Q_L——航标灯日耗电量;H——每天航标灯工作时间;L——灯亮的时间;D——灯不亮的时间;$I_{明}$——灯亮时的工作电流;$I_{暗}$——灯暗时的电流;K——冷灯丝系数。

2. 太阳能电池串联片数的计算(工作电压的计算)

$$Ns = \frac{V_f \times n + V_d}{V_o - 2(t_{温升} - t_{测试})} \times 10^{-3}$$

式中:Ns—太阳能电池串联片数;V_f——蓄电池浮充电压;n——蓄电池串联个数;V_d——回路损失引起的电压降;V_o——单体太阳能电池在标准条件下的工作电压;$t_{测试}$——温度 25℃±2℃;$t_{温升}$——太阳能电池表面温度。

3. 太阳能电池并联数的计算(工作电流的计算)

$$N_p = \frac{Q_L \times K_p}{Q_n} \times \eta_c \times F_c$$

式中：N_p——太阳能电池并联数；Q_L——航标灯日耗电量；Q_n——航标灯日充电量（实测工作电流的平均值与平均每天日照时间的乘积）；η_c——蓄电池充电效率修正系数；F_c——其他因素的修正系数；K_p——修正系数，取 1.5～2.0。

4. 蓄电池容量的计算

$$Q = I \times n \times h \times T \times K$$

式中：Q——蓄电池电池容量（A·h）；I——航标灯器额定工作电流（A）；n——在一个闪光周期中，闪光"明"的时间与闪光周期的时长之比；h——航标灯日平均发光时间（h）；T——规定连续阴雨天航标灯正常工作时间（h）；K——蓄电池充电系数。

二、太阳能电源的安装、使用及维护保养

（一）太阳能电池安装注意事项

1. 太阳能电池方阵应向南安装，固定在无遮挡物的地方。

2. 固定支架的太阳能电池板与水平面夹角应大于当地地理纬度 5°～10°；活动支架的，春分以后的夹角为当地地理纬度－10°，秋分以后为当地地理纬度＋10°，浮标应水平安装。

3. 合理选用防反充二极管，锗二极管正向压降 0.2～0.3 V，硅二极管正向压降 0.6～0.7 V。整流二极管的最大正向电流大于太阳能电池板短路电流的 2 倍以上。如果选大功率三极管代用时，应使用集电极，不能使用发射极。

4. 接线时注意太阳能电池板、二极管、蓄电池、航标灯的正负极性，接线要紧固或焊接。导线应选择直径较粗的单芯线，铜导线很容易被碱性电解液腐蚀氧化，应经常清除氧化物。

5. 搬运安装过程中要轻拿轻放，避免碰撞、敲击，防止封装玻璃损坏，如发现有玻璃碎裂，就不能使用。

6. 新蓄电池应按说明书要求加注电解液，充电后才能使用。蓄电池组最好采用厂方生产的跨接板连接，也可用不锈钢跨接板。使用前应检查各螺丝是否拧紧。

7. 镉镍蓄电池外壳带电，不可直接放在金属器皿里，防止短路。

8. 碱性蓄电池不得与酸性蓄电池一起存放，蒸馏水、工具不得与铅酸蓄电池混用。

9. 在野鸟群居的地方，要装上驱鸟针。

10. 如遇冰雹等恶劣天气，应积极采取防护措施。

11. 氢氧化钾的纯度应在 82% 以上，江苏省的气温环境可选用 2 号电解液，应按比例加入氢氧化锂。

12. 蓄电池电解液面上放几滴液状石蜡，能有效防止碳酸气体进入电解液。

13. 为保持蓄电池的性能和寿命,最好每年更换一次电解液,并正常充放电 2~3 个循环。第一次充电应采用过充电制。

(二) 太阳能电池的检查

1. 擦干净太阳能电池板表面灰尘、污物。

2. 拆开太阳能电池板与蓄电池连接线(蓄电池端即可),用万用表测开路电压,断路电流和工作电流(即充电电流)应与太阳能板标牌上数值相符或相近(这项测试应在阳光下进行)。

3. 测量防反充二极管正反向阻值是否正常,接线是否良好,玻璃有无破损,支架有无松动。

4. 检查电压,每个单体镉镍蓄电池的电压应是 1.20 V,晴好天气太阳能电池充电时每个单体电压应大于 1.25 V,蓄电池组的总电压等于单体电压值乘以串联个数。

5. 断开太阳能电池充电线,在灯亮时,每个单体电池的电压值不低于 1.10 V,蓄电池的总电压不低于 1.10 V 乘以串联的个数,若数值偏小则可能是蓄电池存电量已用尽或蓄电池损坏。如每只单体电压正常,总电压不正常,则为跨接板接触不良。

6. 检查蓄电池电解液液面高度,应高于极板 10 mm,如接近极板或极板已外露,应及时补充。

7. 清除蓄电池表面极柱上的氧化物,保持清洁,涂上凡士林。

8. 蓄电池塞盖上的橡皮圈,应松软有弹性,保持应有的通气性。

9. 接在蓄电池上的导线极容易氧化腐蚀,特别是多芯线,严重氧化的接头会有很大的电阻,影响电流正常通过,应经常清理。

10. 做好记录,发现故障及时排除。

通过以上的检查可以查明线路故障,了解太阳能电池、蓄电池的工作情况,系统的平衡状况,再经过分析找出故障原因。

思考题

1. 航标电源的一般要求有哪些?
2. 太阳能电池的优缺点有哪些?
3. 铅酸蓄电池优缺点有哪些?
4. 锂电池优缺点有哪些?
5. 镉镍蓄电池优缺点有哪些?

第五章 航标的设置与配布

第一节　航标结构

内河航标结构主要分为岸标和水中航标,岸标又分为杆形标、框架形、柱形标和塔形标,水中航标又可分为灯桩和浮标。

一、岸标的结构

岸标是固定航标的一种,一般采用埋设的方法设置在岸边,如过河标、沿岸标、导标、泛滥标、通行信号标、水深信号标、鸣笛标、界限标和管线标等都属于岸标。

（一）岸标的基本结构

岸标的基本结构是标杆和顶标(或信号)。

标杆主要起支撑和安装顶标(或悬挂信号)的作用,除管线标的标杆有采用方框形的外,其余岸标的标杆大都是圆柱形。顶标安装在标杆上端,表示该航标的种类和功能。顶标有一块也有由两块组成的,可用实心牌面,也可用板条结构。其形状有正方形、长方形、梯形、圆形、球形和空心三角形,根据航标名称而定。

（二）岸标的附属结构

岸标的附属结构有:梯形牌、编号牌、卡瓦、攀梯、支柱、加固牵索、灯座、电池箱架(或电池箱)等。

1. 梯形牌

(1) 作用:用于加大标志的明显度。

(2) 结构:板条结构,由梯杆和梯板组成。

2. 编号牌

(1) 作用:用于书写航标编号的号码。

(2) 结构:长方形实心牌面。

3. 卡瓦

(1) 作用:用于将顶标或梯形牌或编号牌连接在标杆上。

(2) 结构:瓦形双合铁块。

4. 攀梯

(1) 作用:便于航标员上下标杆进行作业。

(2) 结构:简单。一种与标杆连成一起,以标杆为主干,在标杆上安装 L 形的横档的,另一种为单独的整体,如生活中使用的扶梯。

5. 支柱

支柱的作用在于支撑标杆,加强标志的稳固性。利用一定尺寸的木条或角钢,一端入地,一端支撑在标杆下部。

6. 加固牵索

(1) 作用:同支柱,也是为了加强标志的稳固性。

(2) 结构:由 $\phi14$ 的钢丝绳和花篮螺丝组成。钢丝绳一般有两根,长的一根一端系结在标杆下部,另一端扎在花篮螺丝的一端;短的一根一端扎结在花篮螺丝的剩下的一端,另一端扎结在钢筋角钢上埋入地下。花篮螺丝起调节牵索松紧的作用。如是牵索的航标,每座设有 2~3 根加固牵索。

7. 灯座

(1) 作用:用于安装航标灯。

(2) 结构:分有支撑架和无支撑架两种,一般安装在标杆上部。有支撑架的用于水泥杆和木质标杆,支撑架由钢筋弯制而成,起连接标杆和支撑灯座的作用,灯座焊接在支撑架上;无支撑架的则用于钢质标杆,直接将灯座焊接在标杆上。灯座用平铁板加边框制成,铁板上钻有孔眼,用来穿螺栓固定标灯,也有的灯座在边框上安装系耳,系耳成"∩"形,用来绑扎固定标灯的铁丝。

8. 电池箱架(或电池箱)

(1) 作用:用于安放电池。

(2) 结构:常见的为板条结构的电池箱架(或电池箱)。箱架的尺寸由选用电池的尺寸决定,常用扁铁条焊制而成。有的电箱考虑到防盗,用铁板焊接而成,然后在适当位置钻上孔以便空气流通,并加制特制的锁。少部分河区还会使用木料制成的电池屋。电池箱架(或电池箱)一般安装在灯座的下方。

9. 连接件

如螺丝、系耳等,在适当部位安装系耳便于连接各个部件。

10. 防撞构件

如洪泽湖湖区水中航标的防撞基墩、橡胶护舷、灯桩环形钢漂护舷等。

11. 反光膜

主要运用在交通设施的警示牌、指路标牌,能提供优良的反光性能,并给夜间行船带来安全保证。如 3M 品牌的反光膜,其室外耐候性好,夜间逆反射率比较高,能对各个角度的光造成逆反射,甚至全反射,且十年以后反光膜依然能保持原反光膜原反射能力的70%,因此特别适用于长期不宜更换的航标标志和标牌。

二、灯桩的结构

灯桩也属于固定航标的一种,用埋设或砌设的方法设置在水中或岸边。内河航标中的示位标和部分侧面标常使用灯桩。

灯桩的形状有三种:塔形(如图 5-1 所示)、框架形(如图 5-2 所示)、杆形(如图 5-3 所示)。

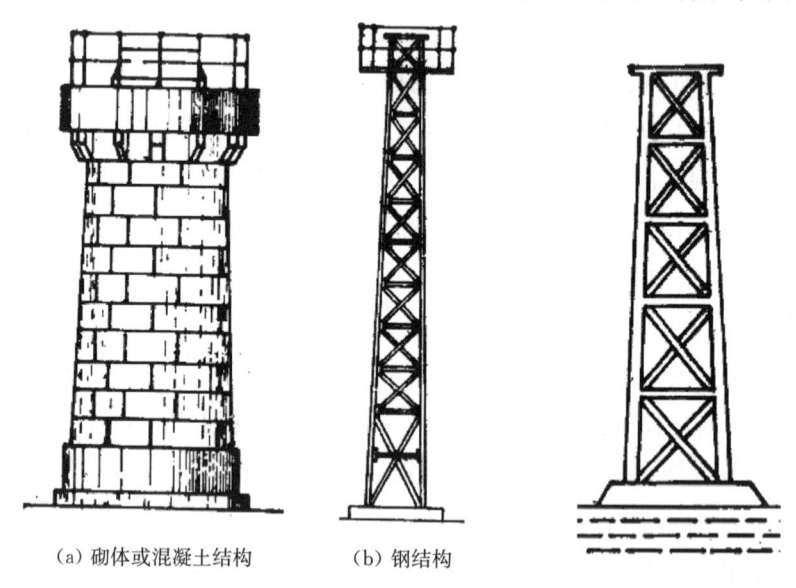

(a) 砌体或混凝土结构　　(b) 钢结构

图 5-1　塔形灯桩　　　　图 5-2　框架形灯桩

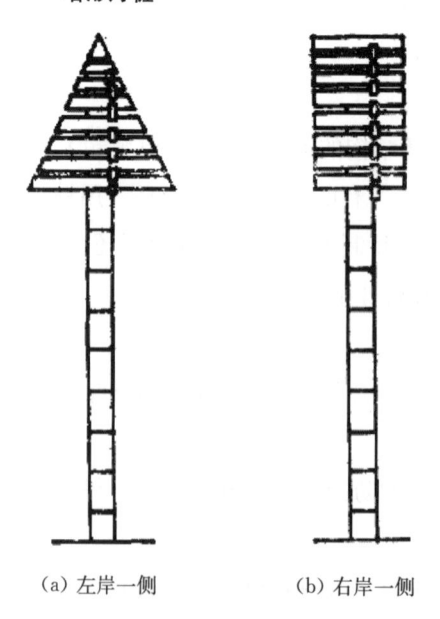

(a) 左岸一侧　　(b) 右岸一侧

图 5-3　杆形灯桩

(一)塔形灯桩结构

塔形灯桩由基础、桩身、桩顶三部分组成。

基础由混凝土浇筑而成,用来承砌桩身,一般为方形或圆形。

桩身用块石砌成实心圆柱体,外面安装有扶梯。

桩顶四周埋设钢筋制成的栏杆,用以保护上桩顶作业人员的安全。桩顶中部用块石砌成灯座,安装灯器和电池。

(二)框架形灯桩的结构

框架形灯桩由基础、桩身、桩顶三部分组成。

基础由混凝土浇筑而成,在浇筑的基础上要准确地预埋用于安装桩身的螺栓。基础可制成方形体或圆形。

桩身由角钢焊制而成。

桩顶由钢板和钢筋框架焊接而成。钢板是工作场所,钢筋框架保护作业人员的安全。灯器和电池安放在桩顶最高处。

(三)杆形灯桩的结构

杆形灯桩的基本结构由桩杆和顶标组成。桩杆起支撑和安装顶标的作用,一般为圆柱形。顶标为板架结构,安装在桩杆上部,有两种形状:左岸一侧的为锥形,右岸一侧的为罐形。

杆形灯桩的附属结构与岸标的附属结构相同。

三、浮标的结构

浮标是漂浮在一定范围水面的航标。有柱形(图 5-4)、锥形(图 5-5)、罐形(图 5-6)、杆形(图 5-7)、菱形(横流标)等几种形状。内河航标中,大部分侧面标、左右通航标、横流标均属于浮标。

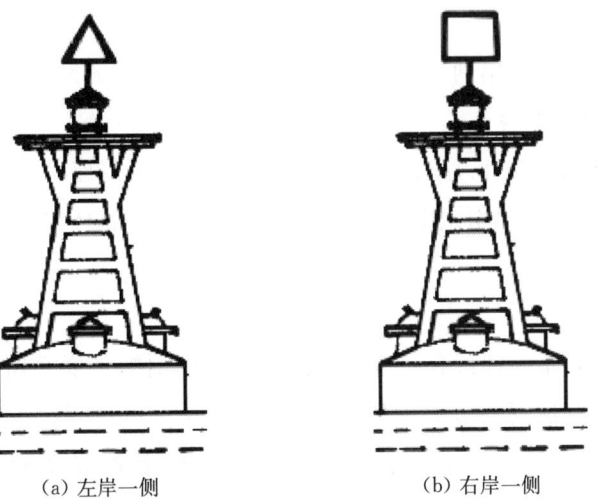

(a) 左岸一侧　　　　　　(b) 右岸一侧

图 5-4　柱形浮标

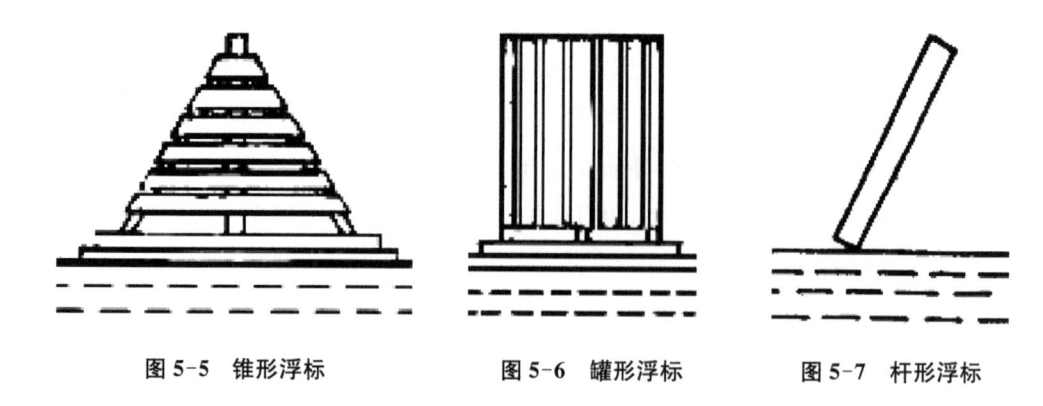

图 5-5　锥形浮标　　　　图 5-6　罐形浮标　　　　图 5-7　杆形浮标

（一）浮标的基本结构

1. 柱形浮标的基本结构

柱形浮标本身不表示岸别，须在其外表涂色才起到表示岸别的作用。需要同时以标志形状特征区分左右岸两侧时，一般在其顶端加装锥形或罐形顶标，锥形顶标表示航道左侧，罐形顶标表示航道右侧。柱形浮标用钢板焊接成框架形，顶端安置灯器和顶标，标脚焊铸在浮标上。

2. 锥形浮标的基本结构

锥形浮标表示航道左侧。锥形浮标由锥架和板条组成。铁质锥形浮标的锥架由三根角钢匀分三方，上用铁板封顶，每面用板条焊接，角钢钻有安装孔眼。

3. 罐形浮标的基本结构

罐形浮标表示航道右侧。罐形浮标由圆形推架和垂直板条组成。其框架上一般都安装有引脚，以便安装在浮体上，也有的铁质罐形浮标用铁板弯成，里面加支撑增加强度。

4. 杆形浮标

杆形浮标用涂色表示岸别，由具有浮力的钢材或充塑玻璃钢等制成。

（二）浮标的附属结构

浮标的附属结构主要有：浮具、系留设备、灯座、顶标。灯座结构与岸标基本相同，顶标只有锥形和罐形两种，都用铁皮制成空心体，锥形的为圆锥体，罐形的为空心罐体。这里重点介绍浮具。

1. 浮具的种类

浮具，又称浮体，是一种具有一定浮力，用以安装标体，依靠系留设备系留在一定水域范围的物体。按制成材料分有钢质浮具、玻璃钢浮具；接形状分有三角浮具、单船浮具、双船浮具、鱼形浮具、浮鼓(罐形钢浮鼓、锥形钢浮鼓、锥形玻璃钢浮鼓)等。

2. 浮具的结构

（1）单船浮具

单船浮具如图 5-8 所示，构造比一般船艇简单，船首有系缆桩，船后部有安装浮标的矮桩。矮桩由短角钢制成，焊接在船浮上。紧靠着矮桩的是电池箱，电池箱的尺寸要比使用的电池组略大，顶部一般是板条，四周钻有孔眼，以便箱内空气流畅。船尾部安装有舵，可根据水流调整船首方向。

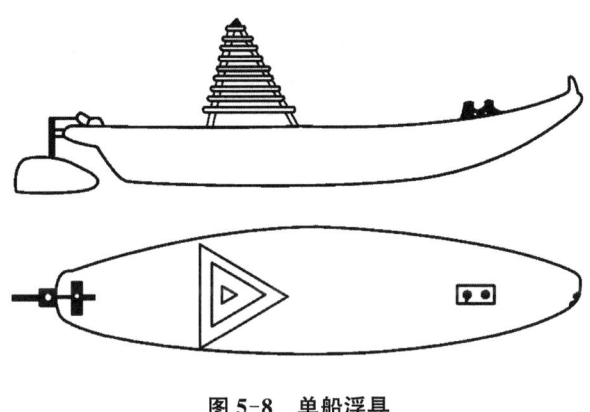

图 5-8　单船浮具

（2）双船浮具

双船浮具如图 5-9 所示，由两个单船浮具用角钢连接而成，但无系电缆桩，其系留设备连接在前后横向连钢上，无舵。电池箱的构造与单船浮具相同，安装在斜向连接角钢上。

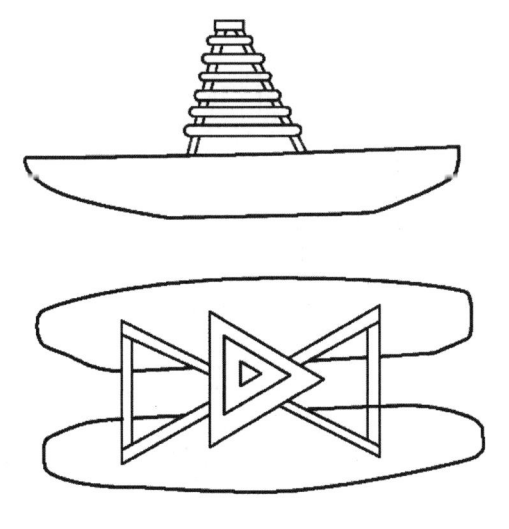

图 5-9　双船浮具

（3）罐形钢浮鼓

罐形钢浮鼓如图 5-10 所示，由柱形浮标、浮身、尾管、压锤等部分组成。电池放在浮身内,浮身上部有吊环,起吊时用来系结吊索,下部有系链环,用来系接标缆。尾管从浮身下部伸出,尾管下端装有适当重量的生铁压锤,压锤起保持浮标在水中平衡直立的作用。

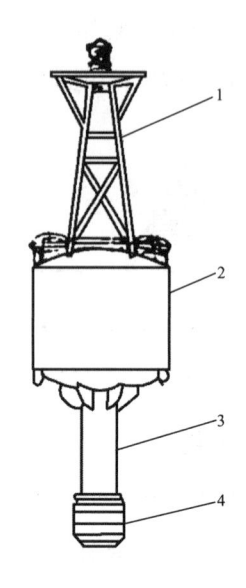

1—柱形浮标;2—浮身;3—尾管;4—压锤

图 5-10　罐形钢浮鼓

（4）锥形钢浮鼓

锥形钢浮鼓又称防撞浮鼓,如图 5-11 所示,由档罩、标灯、电源调谐架、吊环、鼓身、电源、系缆孔板、压锤、底轴、底螺帽等组成。

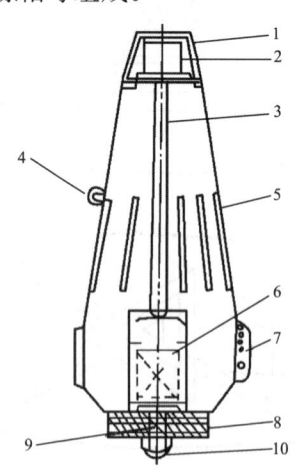

1—档罩;2—标灯;3—电源调谐架;4—吊环;5—鼓身;6—电源;7—系缆孔板;8—压锤;9—底轴;10—底螺帽

图 5-11　锥形钢浮鼓

第二节　航标配布

一、内河航标配布类别

1. 一类航标配布

配布的航标夜间全部发光。白天,船舶能从一座标志看到次一座标志;夜间,船舶能从一盏标灯看到次一盏标灯。

2. 二类航标配布

发光航标和不发光航标分段配布。在船舶昼夜通过的河段上配布发光航标,其配布密度与第一类航标配布相同;在船舶白天通过的河段上配布发光航标,其标志配布密度与第三类航标相同。

3. 三类航标配布

航标配布的密度比较稀,不要求从一座标志看到次一座标志,对优良河段的沿岸航道可不配布沿岸标,但每一座标志所表示的功能与次一座标志的功能应互相连贯,以指引船舶在白昼安全航行。

4. 重点航标配布

只在航行困难的河段和个别地点配布航标,优良河段一般仅标示山障碍物。船舶需借助于驾驶人员的经验,利用标志和天然物标航行。根据需要与条件配布发光航标或不发光航标。

二、内河航标配布的内容

航标配布应由基层航标管理机构绘制航标配布图,并报请上级主管部门审批后再行实施。其主要内容如下:

1. 航道概况、维护标准和1∶2 000航道地形图;
2. 航标配布原则及类别;
3. 航标位置或数量、设置与撤除水位或时间;
4. 经济航道的起讫点、维护里程及开放或封闭的水位或时间;

5. 航标灯质；

6. 碍航物的位置及高程；

7. 航道的水位情况；

8. 专用标志的位置；

9. 航道部门所在地及其管辖范围。

三、内河航标配布的方法

航标配布的基本方法应该执行《内河航标技术规范》和交通运输部航道养护的规定。

（一）航标配布的总体要求

1. 航标配布应正确反映航道实际，充分利用自然水深，做到标位正确、灯光可靠、颜色鲜明、视距足够，为船舶航行指出安全、经济的航道。

2. 航标配布应注意标志间有效合理的结合，充分发挥岸标的作用，保证同侧相邻标志之间所表示的航道界限内有规定的维护水深。

3. 航标配布应注意干支连贯、江海衔接。在航运发达的通海河口段可根据需要和实际，设置无线电航标。

4. 在满足航标工作效能的前提下，浮标宜设置在便于维护船舶日常维护管理作业的水域，岸标宜设置在便于维护船舶靠泊、维护人员登陆的陆域。

5. 实施船舶定线制的河段，应根据航路布置和船舶航行特点进行航标配布。

（二）航标配布的技术要求

1. 航标布设应综合考虑航道条件、航路设置与航行规则、船舶航行习惯等因素，科学合理设置。

2. 除示位标、桥涵标以外的航行标志，应规定每种航标的最小安全航行距离。设置在陆域的岸标的最小安全航行距离应从标位处的水沫线起算，设置在码头、趸船等临河设施上的岸标的最小安全航行距离应从临河设施的外缘线起算；浮标的最小安全航行距离应从标位处起算。

3. 各河区应根据河道特点、航道条件和船舶航行需求，规定航道双侧设置航标的宽度，即设标宽度。应根据不同水位期的航道维护水深要求对航标进行统一调整。在水位上升时期，可通过调整侧面浮标的设置适当将航道放宽；在水位下降时期，应逐步缩窄航道宽度，保证满足航道维护水深要求。

4. 在按一、二类航标配布的山区河流上，当航道宽度小于或等于设标宽度时，航道两侧均应布设航标。当航道宽度大于设标宽度时，可只在一侧布设浮标。所设的岸标和浮标宜规定其设置水位或时间。

5. 平原河流一、二类航标配布应符合下列规定：

（1）航标配布应以标示水深较大的航路作为主航道。对具有适合于航速慢、吃水浅的船舶、船队航行的缓流水域或汊道，宜辟为缓流航道或捷水道，其所设的航标应与主航道的航标相衔接。

（2）在过河航道上，当与两岸过河标相连直线平行的两侧航道宽度均大于规定设标宽度的1/2时，两侧均可不设置浮标；当某一侧宽度小于或等于设标宽度的1/2时，此侧应设置浮标；当另一侧航道界限与已设浮标一侧航道界线的垂直距离大于规定的设标宽度时，此侧可不设置浮标；当其小于或等于规定的设标宽度时，此侧也应设置浮标标示航道界限。

（3）在沿岸航道上，当近岸一侧的航道界线与另一侧航道界线的距离大于规定的设标宽度时，另一侧可不设置浮标；当其小于或等于设标宽度时，则应设置浮标标示航道界限。

（4）在河心航道上，当航道宽度小于或等于规定的设标宽度时，航道两侧均应设浮标标示航道界限；当其大于规定的设标宽度时，可只在航道一侧设置浮标。

（5）配布导标的航道，当航道近旁有碍航物时，应加设浮标。

6. 在湖泊、水库等宽阔水域，可在岛屿、岸嘴、江心洲、通航河口等位置突出处配布示位标；在浅滩区、礁石或其他碍航物处应配布浮标，供船舶定位或确定航向。

7. 在运河、水网地区，可根据需要在航道转向、交汇等重要部位，配布示位标、左右通航标或指路牌，标示航道走向；在岸滩、突嘴和曲折河岸上，可配布浮标或岸标标示航道界限，标示河口、湖口、突出的岸嘴和弯曲的岸形，并在支河汊港处配布航道信息标指示航行方向。

8. 洪水期航标配布应标示出淹没的河岸、江心洲和其他碍航物。枯水期航标配布应标示航道方向，并标示出浅滩航道的轮廓。当水位变幅较大时，应及时调整标位，岸标不得距水沫线过远、过高或被水淹没。

9. 在多孔通航的桥区航道上，可根据航道条件结合船舶航行需要，在通航桥孔上游设置多对浮标，其中，靠近桥梁一对浮标间的宽度应与桥孔内的通航净宽一致。其余各对可自下而上顺序放宽；各对浮标所标示的航道方向应与水流方向基本一致。在通航桥孔下游，应根据水深和流态等实际情况配布必要的浮标。

10. 在通航桥孔的桥身中央或在桥身两侧引导船舶通过桥孔的重要浮标上可设置雷达应答器，满足能见度不良情况下船舶航行的安全需要，增强通航桥孔位置及桥孔中央位置的识别；桥区航道等重要航段、航道转向点、潜堤、水中构筑物警戒区、水上水下作业施工区、港口口门等重点水域，以及背景光强烈、航标灯光信号难以识别的水域，可运用航标同步闪光技术。

11. 航道信息标应设置在船舶驾引人员便于发现和判读标志的地方,标牌面向航道,显形视距应满足船舶航行需要。标牌信息内容应简洁明了、规范工整,标牌信息中的里程数字应采用整数标注,并标明计量单位。

12. 航标命名应满足下列要求:

(1) 航标命名应以方便船舶驾引、航标管理和维护为原则。

(2) 航标可采用地名、编号或地名加编号命名,编号命名时,应自下游至上游顺序连续编号。

(3) 连续设置的过河标、沿岸标和各种导标,可按河区或辖区为单位,从下游向上游顺序编号,也可自起点港埠开始编号,特殊区段可根据具体情况自行编号,同一河流的航标编号应连贯,同一组导标编号相同。

(4) 连续设置的侧面浮标,可用水道、浅滩、缓流航道或河区为单位,从下游向上游顺序编号。当航道两侧成对设置侧面浮标时,左右两侧浮标可分别自下而上顺序编号。

(5) 编号应采用阿拉伯数字,涂在顶标正中或标身明显部位。编号的颜色与顶标或标身底色应有明显反差。

(6) 标志编号确定后,增设标志时,其编号应采用前一座标志的号码,并在其右下角加写甲、乙、丙或-1、-2、-3等表示。撤销标志时,其上下游标志编号不变,必要时应重新编号。

(7) 小河流航标编号可将岸、浮标统一顺序编号。

四、航标配布的步骤

航标配布一般分为资料准备、实地勘测、征求驾引人员意见和编制航标配布图等。

(一) 资料准备

1. 设标区的近期正规测图或简测图,图比按需而定,图上绘有等深线、底质、障碍物位置及高程、岸线地形、显著地物及测量控制点以及必要的文字说明。

2. 设标区域的有关水文资料应着重注意如水位的大小及其变化规律、特征、水位值、枯洪水位日涨落幅度、感潮河段的最大潮差等,又如桥梁河段的流速、流向,经济航道与主航道的流速比较等。

(二) 实地勘测

由于内河航道变化很大,设计时的航道测绘图不一定符合设标时的实际情况,而且标志位置的选定还必须结合水上、水下的地形及背景而定。因此,即使有了正规测图仍须进行实地勘测。勘测工作应包含下列内容:

1. 探测水深,扫测障碍物,尤其对石质河床,扫测更为重要,这样才可以掌握河床的确切位置及高程。勘测时如发现岸形崩塌严重,岸线位置已有较大变化,就需将岸线重新测定。

2. 注意航道上及其附近的流速、流向和流态,如果是桥梁河段,一定要测量其流速、流向以便据此配布航标。

3. 注意设标地点的地形、背景及夜间周围环境的灯光情况,以便采取必要的措施。

经过实地勘测,即可初步拟定航标配布图。配布图上应标出标志的位置、类型、颜色和灯光特征。图上还应注明副航道或经济航道的开放和封闭水位,以及礁石等障碍物的航标维护水位等。

(三)征求意见

在编制配布图时或布设航标后,都必须充分征求驾引人员和有关部门的意见,进行座谈讨论,必要时可进行试航,然后再决定实施。

(四)编制航标配布图

1. 在正规测图标上航线,根据河流类型确定配布的方法;

2. 根据前述的总体要求、具体原则、河区的有关规定,按航道实际在图上按图式符号绘制各种标志的具体位置;

3. 按标别注明灯质,设置水位或时间;

4. 注明航行注意事项和其他必要的情况。

通过配布的航标,在官方媒体、网站等进行发布。基层航道站按图设标,并根据水位和航道的变化,做必要的、经常性的调整。

第三节　航标设置的一般要求及设标尺度

一、一般要求

航标的设置需要考虑的因素很多,一般情况需要重点考虑7个方面的内容。

1. 在河床稳定的河段上,应严格按照批准的航标配布图设标,并执行下列规定:航标位置应按规定的水位和航道实际变化及时调整,航标的增设或发光应当及时,不允许推迟,航标的撤销或停止发光应按照规定水位或时间来执行。

2. 变化急剧的浅滩航道,应在不违背航标配布原则及其基本功能的条件下,及时调整航标位置或数量。

3. 航标配布及设置应符合充分利用自然水深的原则,满足航道尺度的要求。当按一标接一标的要求设标时,在航标标示的航道内应有规定的维护水深,确保航道内不存在威胁船舶航行安全的障碍物。

4. 在碍航礁石、沉船及其他水下碍航物近旁设置航标时,必须确保标位准确无误;设标时间只能提前,不得挪后。

5. 在潮汐河段设置浮标应保证所标示的航道在规定的基准面下有足够水深,并应注意潮流变向时浮标的回转范围。

6. 泛滥标应在洪水来临前设置,洪水结束后撤除,并根据河区洪水位涨落特点规定的发光水位及时发光。

7. 航标设置并经验收后应按内河航标编号要求进行编号。

二、设标尺度

设置的航标应正确反映航道尺度。在水位涨落幅度较大的内河水道,除规定最小航道尺度外,还应按不同的水位时期分别规定各段主航道和经济航道的设标尺度。

设标尺度包括设标水深和设标宽度。设标水深指河段内浮标设置和同侧面邻边浮标连线内所规定的最小水深。设标宽度指航标标示的航道宽度,一般以航道标准宽度为依据。

设标尺度应随着航道尺度的变化而调整,一般注意下列几个方面:

1. 当航道条件良好或在水位较高时期,在保证航道标准水深的前提下,应尽可能将航道放宽,以便船舶航行。

2. 当航道条件不允许同时兼顾所规定的深度和宽度时,可以缩窄宽度维持规定的要求,必要时,设置通行信号台,控制单向航行。

3. 在航道维护困难时,一般为了维护规定的深度而将航宽缩窄到最小程度,能供一个较大船队顺利通过即可。但是当航道弯曲、水流条件恶劣时,就必须保证有足够的航宽(包括弯曲半径),否则,即使水深足够,航道的安全依然不能保证,甚至会造成严重的阻航。在这种情况下,为了保障通航,航标设置应抓住主要矛盾,妥善处理航道尺度诸因素之间的关系,采取暂时的舍深求宽的必要措施。

4. 当使用调设航标无法提供符合最小通航深宽尺度的安全航道时,应及时采取工程措施保证标准的航道尺度。此时,航标设置应结合航道原有自然条件和航道整治、疏浚等情况,以便船舶安全通行。

第四节　航标标位的设置

一、岸标设置

目前内河使用的岸标,除砖石结构的灯桩外,有木质、铁质和钢筋混凝土三种,不论其结构和形式如何,对所设置岸标位置,应尽量满足下列要求:

1. 应尽可能靠近水边,标志与水沫线的水平距离不宜过远,设置高度也不宜过大,同时还应考虑到无论从岸上或水上都便于接近维护。

2. 应能很清楚地为行驶在航道中的船舶看到,如果是过河标、过渡导标、沿岸标、泛滥标、水深信号标以及其他应该从河面各个方向看到的标志,在标位的前和其左、右都不应有遮蔽物。对标志的背景和附近的灯光也要加以注意,应尽量避免影响标志的视距和混淆标志的灯光。

3. 应尽可能设置在无崩塌危险或不会被洪水流所冲垮的河岸上。

二、浮标设置

(一) 浮标设置要求

浮标是漂浮在水面的航标,其设置受河床底质、水深、水流条件以及风浪、潮沙等多方面因素的影响,远较岸标设置复杂、困难。把浮标系留在指定的位置,是浮标设置的主要工作任务。

浮标设置应满足下列要求:

1. 正确的浮标标位与水位关系极大,由于航道中的水深经常发生变化,因此浮标必须适应和反映这种变化;

2. 浮标应可靠地系泊在指定的标位上,不会被风浪水流所带走;

3. 如果浮标被船舶碰撞或由于其他原因离开了标位,要能很快地找到原标位,并加以恢复;

4. 浮标的系缆长度要适当,既要使浮标漂浮在水面上,又不能过长,过长的系缆会导致浮标漂离航道范围,缩窄航道宽度或超过安全航行距离;

5. 浮标上标体的大小、形状、颜色要符合标准和技术规定的要求,并在规定的距离内能清晰地被驾驶人员所辨认。

(二)各种浮具的性能和使用环境

1. 单船浮具

单船浮具船体浮浮力大,能适应更大的流速,且拖带方便、吃水浅,适用于有泡漩水、波浪水的标位。

2. 双船浮具

双船浮具船体浮较单船浮稳性更好,适用于风浪大的深水或浅滩航道。

3. 浮鼓

浮鼓是一种较大的水密浮体,它的特点是浮力大、稳性好,在风浪大、水流急的地点使用最为适宜。

玻璃钢浮鼓主要制成材料是玻璃布和聚酯树脂,其特点是自重轻,具有一定的抗拉、抗弯能力,并且耐酸,使用操作方便,维护保养简单,适合内河航道使用。

锥形钢浮鼓的特点是遇船筏碰撞时能倾卧水中,船筏过后,在多数情况下都能恢复正常状态。它能适应 15 m 左右的水深、2.5 m/s 的流速,在水深流急的条件下,基本上能保持浮标的直立状态,适用于急流地点、水流标位和坝头、矶头、礁石边沿处。

(三)标志及其系留设备的使用配套

1. 浮标的回旋半径

以沉锤为中心,浮标的最大活动半径叫作最大回旋半径。在一般风平浪静的情况下,浮标部分标缆卧在河底,此时浮标的回旋半径就小;当风大急浪时,全部标缆基本不着河底,此时浮标的回旋半径就是最大回旋半径。

假设浮标随流而动,并将标缆拉直,如图 5-12 所示,那么

$$R = \sqrt{L^2 - D^2}$$

式中:R——假设的活动半径,m;L——标缆长度,m;D——标位水深,m。

但是由于标缆的自重,它不可能完全被拉直,而总是存在着垂曲现象,如图 5-12 所示,实践经验证明,回旋半径 MR 为 R 的 80%,即 $MR = 0.8R = 0.8\sqrt{L^2 - D^2}$。

由上可见,浮标是在一回旋半径内活动着的,在检查标位时,如误差在回旋半径范围内,这是允许的,也是不可避免的。回旋误差的大小取决于标缆的长度,而标位的稳定性,在很大程度上也决定于标缆的长度。标缆的长度与水深是成正比的。在一般情况下,标缆的长度为水深的 2~4 倍,在风浪较大的河面,标缆的长度可达水深的 3~6 倍。因此,不能单方面为了缩小回旋误差,而任意缩短标缆的长度。在设置浮标时,尤其是标示狭窄航道及浅滩、障碍物时,必须保证它们处在浮标的回旋半径以外。对特别狭窄的

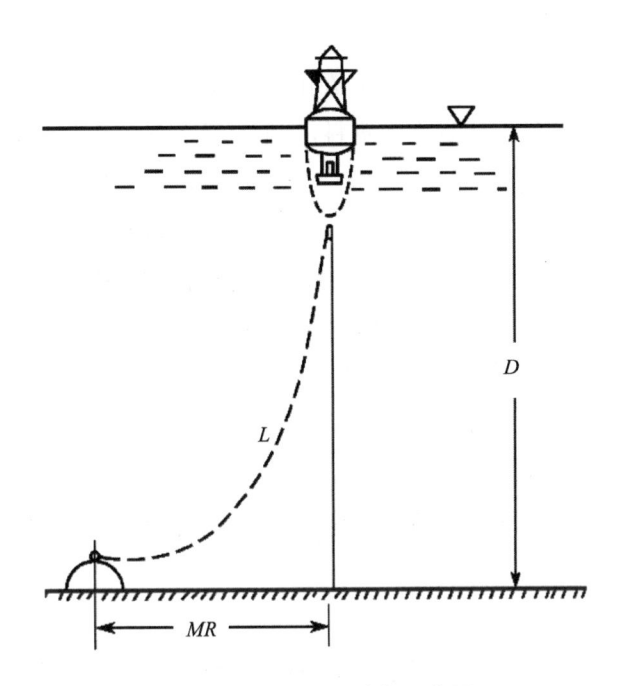

图 5-12 浮标回旋半径示意图

航道,如不能设置其他固定标志,可适当缩短标缆长度,加固锚系装置,并加强检查,防止移位。

2. 各种浮具与系留设备的使用

(1) 单船体浮具

在山区河流,单船体浮具的拴碇方法:在石梁石盘上是使用铁环或石鼻;在水流湍急的岩面或有陡坡的岩石上则用锚石加排桩。锚缆均使用直径 16.5～24 mm 粗的钢丝绳,在石梁石盘上则加用一段 9～12 mm 粗的锚链;在石质浅滩地点使用单船体浮具时应配用篾簧和篾缆。在水流特别湍急的地点使用单船体浮具时可加用领水浮。

(2) 双船体浮具

用 3 m 或 4 m 长的双船体浮具在沙质河床上设标时,可配用 50 kg 以下的铁锚一个,直径 8～10 mm 钢丝绳施放 3～5 倍于水深的长度即可。

(3) 灯船

排水量 5 t 左右的灯船,可使用质量 150 kg 的有杆锚或 200～250 kg 的四齿锚。锚链可用 17～22 mm 的有档链,抛出长度为水深 3～5 倍,单锚抛设即可。

(4) 锥形钢浮鼓

锥形钢浮鼓配用 21～30 kg 的四齿锚,配用钢丝绳的直径为 7～9 mm,施放长度在枯水期通常为 20 m,中、洪水期视水深和流速情况增加。

（5）罐形钢浮鼓

罐形钢浮鼓与沉锤和铁链配套使用，在配套时要注意浮鼓本身的全质量和体积大小，以及当地风浪和流速情况。据有效资料，一个直径 1 800 mm、全质量 2~2.5 t 的浮鼓，在流速为 1.6 m/s 的地点，需配用质量 1 t 的沉锤；在流速 2.5 m/s 的地点，需配用质量 1.75 t 的沉锤。这样的一个浮鼓，在风浪较小的河段，应配用直径 22 mm 的无档锚链，而在风浪较大的河段，就要配用 25~28 mm 的无档锚链。锚链施放的长度，在流速小于 1.6 m/s 的地点，为水深的 2.5~3.5 倍；在流速大于 2.5 m/s 的地点，施放长度就需要达到水深为 3~4 倍甚至 4 倍以上。

目前内河大型浮鼓的半径还有 2 400 mm、3 000 mm 等，厂家均应按照国家标准配有使用说明。航道部门一般配置专用船艇设备或打捞船进行安装和抛设。

设标地点的水文、气象条件是随时变化的，锚具的配套利锚链的长度应按自然条件中的恶劣情况来考虑。

（四）浮标的设标方法

浮标设置应根据河地质地势，河床水文条件以及标志的类型、大小等来决定用何种方法。浮标设置常用的方法有：船头抛设法、船尾抛设法、拖带抛设法、利用起重设备抛设浮鼓等。

1. 抛设三角浮标采用船头抛设法或船尾抛设法

（1）船头抛设法

设标前将标志、配重和标缆均置于船头。设标前的工作准备妥当后，将工作船驶至标位附近，慢车测水。当标位选定后，工作船逆水（风大时可逆风）停车，先将配重推入水中，并慢慢施放绳缆，放完时，将浮标平正地滑下水中。标志抛设完毕后，还需测量水深，检查标位是否正确，最后装上灯器。

（2）船尾抛设法

船尾有作业地方的工作船，可运用船尾设标法。这一方法抛设前的准备工作在船尾进行，将灯器预先装好在浮标上，然后工作船逆流行驶接近标位，先将浮标放入水中并慢慢放出绳缆，利用配重的重量带住浮标，到达标位时将配重推入水中。

风浪较大时，采用船尾抛设法较为安全便利。用这种方法设标，最好在事前先设定好定位标，尽量避免临时寻找标位。

2. 抛设船体浮具采用拖带抛设法

先将标志和灯器在船体浮具上安装好，接上锚缆和锚，利用浮标的锚缆做拖缆，将浮标拖（或绑带在船侧）至标位附近，探测水深，测定标位后，工作船逆流停车。当工作船开始后退时，将浮标的锚抛出并逐步松出锚缆，最后解开浮标。如工作船较大有起重设备，可将船体浮放在船上，到抛时再放入水中，按上述方法抛设。

3. 利用起重设备抛设大型浮鼓

抛设直径 1 500 mm 以上的大型罐形浮鼓,通常都用有起重设备的船只进行,具体方法如下:

首先,在船上用卸扣将沉锤、锚链、浮鼓连接好。沉锤吊在船首一舷。将锚链在甲板上以"弓"字形来回排好。用甲板上的铃环安放三个制链器卡住锚链,第一个制链器大约离沉锤 2 m,第二个制链器离沉锤距离相当于 2 倍标位水深,第三个离浮标 10 m,如有马鞍链则离马鞍链转环前约 5 m,如此,准备工作即完成。

当工作船驶至标位附近时,将沉锤及浮鼓分别吊出舷外。沉锤悬吊在船舷由第一个制链器控制。浮鼓放入与沉锤同侧的船舷水中并用防碰垫垫好,用棕绳拉紧。测定标位,准备抛浮。

抵达标位处的适当位置时,控制工作船顺流后退,敲开第一个制链器,沉锤带着锚链沉入水中,待锚链顺直后,敲开第二个制链器,并着手解开浮鼓上的棕绳,再待锚链顺直后,敲开第三个制链器,工作船倒车离开浮标。操作时应注意以下几点安全事项:

(1) 锚链附近除掌握敲制链器的人外,不许站立其他人员,敲制链器必须动作准确灵敏;

(2) 锚链在甲板上排列必须条理分明,当锚链离船时不容许拖挂任何器物或设备;

(3) 浮鼓起吊或派人用绳索将起吊的浮鼓拉紧,工作船要避免大角度用舵,要通知来往船艇慢车行驶。

如用较小的工作船去抛设大型浮鼓,工作船本身不可能将沉锤和浮鼓装在船上。抛设方法是先将沉锤(或改用大四爪锚)设法吊在船首处。浮鼓下水前先在岸上将马鞍链及转环装好,并以绳索将转环系于浮鼓的吊环上。将浮鼓放下水,靠泊工作船,由船拖带到标位附近,然后把在船上排好的锚链与浮鼓马鞍链接好进行抛设。

在撤销大型浮鼓时,首先要将浮鼓的锚链套住,方法是采用一头带琵琶头的钢索,用卸扣穿成活套,当工作船靠近浮鼓后,用活套从浮鼓上部套入水中的锚链,然后收绞钢索,将锚链绞上甲板,然后直接收绞锚链。由于泥沙淤盖,沉锤绞不起来时,可将锚链打在系缆桩上,工作船用适宜速度前进(必要时也可后退),待锚链松劲后再行施绞。在用船时,应注意船舶的稳定并防止锚链断裂伤人。

(五) 浮标的系泊方式

浮标是依靠沉锤和系缆漂浮于一定水面范围(标位)的,按沉锤在河床的抓着方式,浮标的系泊方式分为沉锤系泊法和桩系泊法两种。

1. 沉锤系泊法

这是使用最普遍的一种设标方法。按沉锤和浮具的连接方式又有沉锤直接系泊法和沉锤间接系泊法,如图 5-13 所示。

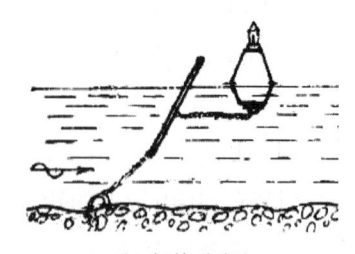

(a) 直接系泊法　　　　　(b) 间接系泊法

图 5-13　浮标的系泊示意图

(1) 直接系泊法

直接系泊法用于河面宽阔、水流平稳的河段。用标缆将浮具和沉锤直接连接，再按一定的方法抛设系泊。

(2) 间接系泊法

间接系泊法的沉锤不直接系接在浮标上，而是通过标缆系接在定位浮棒上，然后再用另一根标缆将浮标系接在定位浮棒上。定位浮棒除了能增加浮标的漂浮能力外，还可防止因水流急湍所造成的浮标下沉或牵斜。该方法适合用在流速大、航道狭窄、浮标容易被船舶碰撞的河段上。在水流湍急的河段上，为了增加浮标的漂浮力，可用菱形浮标(如图 5-14 所示)代替定位浮棒。

该浮标抛设方法分两步进行：第一步将浮标拖到标位附近，探测水深找准标位后，把沉锤、定位浮棒和它们之间的连接标缆放入水中，然后再将浮标上的标缆系在定位浮棒上。如果浮标是用船艇装载到设标地点的，应把浮标放入水中再接标缆，不可在船上就预先接好浮标与定位浮棒之间的标缆。

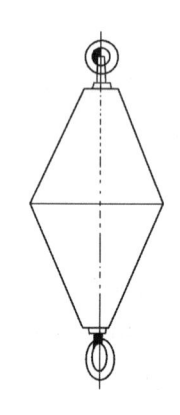

图 5-14　菱形浮标

2. 桩系泊法

桩系泊法是用打入河底的木桩、铁桩或混凝土桩代替沉锤而系泊浮标的一种方法，如图 5-15 所示。

在水深较小但流速较大，河床又为石质或礁板底质的河段，使用沉锤不易抓住河底，浮标常因沉锤的移动而离位，这时宜用桩系泊法。系泊桩长约 1 m，在河床土质坚实的地方，桩可稍短一些；对于底质松软的地方，桩可稍长一些。将桩的下端削尖，打桩前先将标缆系于桩顶，再将桩顶套在特制的套筒内，置于水中，桩与水平面倾角约 20°～30°，然后用锤击打套筒顶端，至桩顶与河底相平时，将套筒取下。

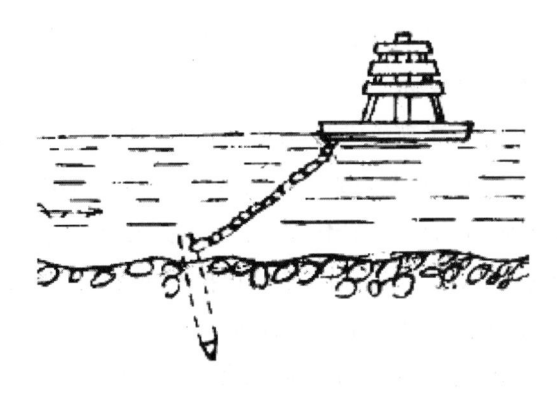

图 5-15 桩系泊法

套筒由木棍和铁管两部分组成(如图 5-16 所示)。木棍的长度大于打桩地点的水深,铁管内径较桩顶端稍大,铁管开的槽较标缆直径略宽。当木桩顶部置入套筒时,标缆可顺槽缝牵出。

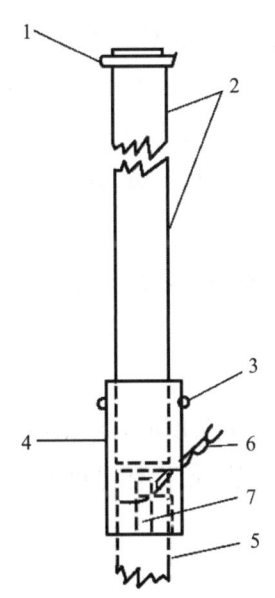

1—铁匝;2—木棍;3—铁钉;4—铁管;5—木桩;6—标缆;7—直缝
图 5-16 木桩套筒结构示意图

3. 特殊标位的设标方法

有些标位因受河床地质、水流条件、岸形等自然条件的影响,设标非常困难,而且不易维护,如仅采用一般的设标方法几乎无法进行,下面介绍几种特殊标位的设标方法。

(1) 在石梁及暗礁处设标

由于水位的涨落,某些枯水期露出水面的石梁或卵石滩,往往会因水位上涨而淹没成暗礁或急滩,在不同水位时期,形成不同程度的凶猛泡漩急流或横流等乱水,若仅用沉锤抛设浮标,难以保持给定的标位,在这些地点可采用下列方法设标。

① 利用高桩、矮桩及排桩设标

高桩设标,当水位上涨,石梁被淹没时,在一定的水位时期,急流受不规则石梁的影响激起凶猛的泡漩水、回流水,使船艇难以驶近标位,同时还经常将沉石冲离或滑离原位。为此,可以在水位未上涨之前,在石梁上凿出一深洞,栽上高桩(桩高依据水位变幅而定,按岸别漆成黑白或红白相间颜色),在高桩上游一方牵以拉丝,或在桩下游方向加斜撑,用以加固高桩。船艇在接近危险水位前,预先将航标灯悬挂于高桩上或在高桩上系好浮标。

矮桩设标,预先在露出水面的石梁上,埋设好矮桩1根,当水位上涨即将淹没礁石之前,在桩上系好浮标。待水淹没礁石以后,浮标自行浮起。若所设浮标失常时,可用软式扫床的办法扫到矮桩,再将标缆拴系于矮桩上。矮桩的优点是不容易被水中漂浮物所打断或淤吊杂草,而且对木船航行的危害性也较小。

排桩设标,在顶部平滑的石梁上难以用沉锤抛设浮标,因为石梁平滑,水流又湍急,抛设的沉锤抓着力差,往往会被水流冲离原位,造成浮标失常,在这种地区可采用排桩法设桩。设置排桩的方法是:在枯水期,当石梁露出水面时,在石梁上凿好数十个桩洞,将木桩成弧形埋设好。桩高约0.3~0.5 m,桩微向上游倾斜,按石梁的大小和水流情况,设置1~3排木桩。这样沉锤抛于半圆形群桩内,就会被木桩挡住而不被冲滑离位。

② 石鼻(或铁环)设标

石梁与礁石未被水俺没前,在石鼻(或铁环)上系结标缆,标缆另一端接上一只小型浮筒,浮标就系结在浮筒上。

③ 横流设标

当水流方向与被淹没石梁成一定角度时,浮标往往因水流冲击,不易保持在浅区的边缘。在这种情况下可采用下列方法,使浮标尽可能保持在给定的标位,以准确地标示出航道的边线。

a. 加装舵板

在浮标尾部安装一块木板,与水流成一定的角度,促使浮标头部向航道中偏转,借水流作用使浮标接近航道边缘。

b. 双沉锤设标

除主沉锤外,再利用小沉石(小沉石质量约为20~30 kg),将浮标牵往近航道一侧有足够水深的地方。如标位处水流较急,应把标缆系于浮标前系缆环上;如水流较缓,则可系在浮标尾部,另一头系于沉锤上,抛设在水下陡坎一边。双沉锤设标还常用于陡坎边缘的标位。

(2) 悬崖上设标

当两岸为悬崖峭壁或河岸坚硬光滑时,无法用埋设法设标,可以改用吊标法。吊标法是在高处凿一石洞设桩,沿石壁放置一根牢固的绳索,绳索一端吊住岸标的顶部,另一端通过滑轮固定在桩上,以此控制岸标的升降,然后再用木质或铁质的支架与绳索将标志固定在悬崖上。

4. 感潮河段的浮标设置

感潮河段因受潮水顶托的缘故,水位变幅比较大。设置浮标时,标缆的长度以最高潮水位的 2.5~4 倍为宜,同时,其沉锤的抛设,为减小其回转半径,宜抛设八字形的双沉锤。

(六)设置浮标安全注意事项

1. 设置浮标前,应详细探测航道,摸清水下障碍物和暗礁位置。根据设置浮标的规定,确定需要设置后,可用岸上自然物标记下该标位置,也可采用投放小浮棒的方法定位,然后应再慢车探测并加密测点,核实所定标位无误后可抛设。

2. 设置浮标前,应明确分工,并将浮标属具备齐(草袋、铁丝、钢丝绳、锚链、沉锤等)安装好,放在船上合适位置,一切准备工作就绪。

3. 用测深杆探测航道时,测水人员要站在船栏杆内,以免船体波动,掉入江中。

4. 设置浮标、换电和修理浮标灯具,必须穿好救生衣,听从段长的统一指挥进行作业。

5. 风浪天气设置浮标,船身不能和波浪平行,浮标应在船的上风侧抛下,以免浮标压在船底,并严防系绳缠住车叶。

6. 木质浮标换电和修理灯具时,要在舢板船上进行作业;铁浮标换电可在机动船一侧或站稳在浮标上进行;机动船要逆水慢车靠近铁浮标,换电时慢车顶住水流,以免拉动浮标移位。

三、灯桩设置

(一)大型灯桩的设置

大型灯桩的设置包括施工前的准备、基础施工、桩身的安装、灯器安装及油漆桩身五个步骤。

1. 施工前的准备

大型灯桩一般都设在岛屿、河口及沿岸等偏僻的地方,交通不便,运输困难,因此,施工准备工作必须做得充分、周密,才能避免因缺少某一种材料、工具或零配件等而延误工程的进行。施工前的准备工作有下列几点:

(1)熟悉图纸

图纸是勘察、设计的成果,是施工的依据。施工人员在出发到工地前,必须熟悉图纸和明确施工程序。如果有不清楚的地方,或对图纸有修改意见,可向上级业务部门提出,图纸未经上级业务部门同意前,不得随意修改。

(2) 用料计算

用料计算是组织施工和计划用料的主要依据。所需的建筑材料如水泥、砂、碎石、木材等均应按图纸进行计算。计算所得的实际用料量(包括加工损耗)加上适量的备用量即为运往工地的用料量。这是一项很细致的工作,因为准备的材料过多,既会造成积压,又增加了运输上的难度,而过少则会影响施工。

(3) 器材筹备

凡须由上级业务部门下拨的木材、钢材、水泥三大材料及其他航标器材,施工单位应根据材料计算结果提前进行申请。系列产品如灯器装备、电池等器材可向有关部门领取,需购买的小五金、油漆、用具等可列清单申购。

所有器材要包装或捆扎良好,小件器材和工具应集中装箱。凡怕潮、怕震的物资器材要在包装外面加以注明。全部器材、工具等均应按件编号并开列清单备查,在运输途中要妥加保管。

2. 基础施工

大型灯桩的基础通常使用混凝土,有些灯桩需要建在沙滩上,有些则建在泥地或礁石上,由于地质条件的不同,大型灯桩基础的设计施工也不一样。

(1) 松软地质的混凝基础施工

① 放线

放线就是按照设计施工图以设标中心点为依据将基础大小用石灰粉标出在地面上,再根据放线和设计要求挖好基坑。

② 灌注桩或预制桩施工

一般来说,地质比较松软的河岸,由于地势较低,地面高度的地理视距不远,因此为了满足灯光的射程要求,就应增加灯桩的高度以弥补地理视距的不足。但大型灯桩重量大,给地面的压力大。为使地质密实,加强土壤的耐压力,避免基础下沉,目前多使用机械进行预制桩或灌注桩的施工,桩的直径、长度以及打入基地的深度和留在基面以上的长度,均应通过设计院的地基承载力验收,达到要求后方可施工,如图 5-17 所示。

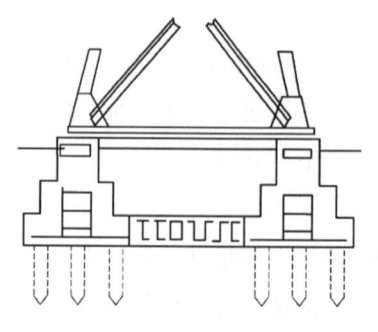

图 5-17 大型灯桩基础

③ 承台施工

灌注桩或预制桩施工完成后,按照设计标高,凿除多余的桩头混凝土,保留足够的钢筋,插入承台区域,待支护好承台模板后,再将锚系螺栓固定在模板内;两个螺栓之间以及每组螺栓之间的相互位置必须准确,否则灯桩就无法架设;经检查一切都符合要求后即可挂置锚系螺栓。这样做不仅可节省板材且可保证锚系螺栓的位置正确。

④ 填充混凝土

待一切都准备就绪后,按设计要求的配合比,配制混凝土进行填充,待混凝土凝固后,拆掉模板。

(2) 硬质泥土上混凝土基础的施工方法

① 放线

硬制泥土上应按设计尺寸放线,根据放线和设计深度挖好基坑,随后进行夯实。

② 安放模板

基坑挖好夯实后要用水平尺校整坑底是否水平,然后用木板按基础尺寸和离地坪的要求高度做好模板,放在已经捣好的基坑上面,这样模板高度和基坑深度的和等于基础的设计厚度。

灯桩要用埋在混凝土基础内的螺栓加以固定(图5-18)。为了使埋在混凝土中的螺栓位置正确且与灯桩底座螺孔位置完全相符,保证灯桩顺利安装,就必须做好灯桩样板,以便在浇灌混凝土基础前,在样板上挂置螺栓。样板通常是用厚度不小于25 mm的木板制成,先用木板将灯桩底座外廓形状钉成样板,再将其复在底座上用钻笔标出螺孔位置,用略小于螺栓

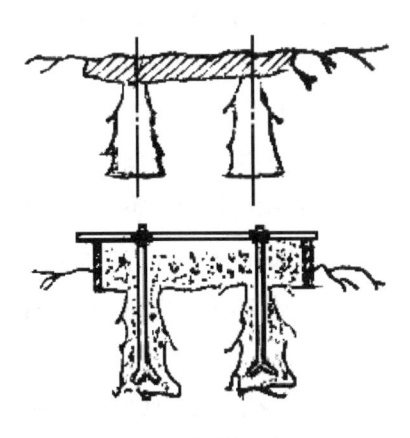

图 5-18 混凝土基础

直径1~2 mm的木工钻,在标出的位置上钻孔,注意孔的轴线要与样板垂直,不得倾斜。钻孔完毕后,再与灯桩底座进行校对,以保证螺孔位置的正确无误。此后将小螺栓拧入样板的螺孔内并旋上螺帽加以固定。在样板上安置螺栓时,必须先算出螺栓应伸出样板多少,也就是螺栓应露出基础面多少,露出的高度必须恰当,若过多,会影响螺栓的埋入深度,若太少,则螺帽只能拧上几个丝扣,影响灯桩的稳定性。因此,从样板底面算起,螺栓露出的高度应该是:基础水泥砂浆抹面厚度20~25 m 灯桩底座的钢板厚度加螺帽厚度(取螺栓直径即可)加余量5~10 mm。

架设时通常用2根木条钉在样板上,然后按设计位置将木条固定在模板上,并用水平尺校正样板的水平。

③ 填充混凝土

待一切都准备就绪后,按设计要求的配合比,配制混凝土进行填充;待混凝土凝固后,拆掉模板。

3. 桩身的安装

(1) 灯桩的验收

角钢桩身为便于运输和施工,一般采用装配式,即各构件之间用螺栓加以连接。桩身由加工厂按设计图纸制造,在出厂前必须经使用单位验收并通过试装以检查桩身各部分是否符合设计要求。试装工作是保证安装工程能够顺利进行的一个重要环节,因此必须认真对待,如有差错或不符合设计要求之处,应向厂方提出,加以纠正。当试装满足质量和设计要求后,按施工图纸查对每一构件的编号是否正确无误,然后再将各构件卸下绑扎待运。不同规格的螺栓应分别装箱(盒),并在箱(盒)外明确标明螺栓的规格,同一规格的螺栓应配有适量备件清单,交航标工作船艇点接收并负责运往工地。

为便于组织施工,施工负责人应亲自在场参加试装和上述准备工作,做到心中有数,以保证灯桩安装工程地顺利进行。

桩身验收时应注意下列事项:

① 每一构件的长度、孔眼位置和孔径是否符合设计要求,孔眼有无偏斜现象;

② 对称的构件是否完全符合;

③ 各构件不得存有毛边或缺口等;

④ 构件不得有弯扭、变形现象,构件之间的连接螺孔必须重叠自如而不应用强力对合;

⑤ 桩身架起后,底座和顶板都应处于水平位置,此时用垂锤测量顶板中心和底座中心应在同一垂直轴线上。

(2) 桩身的安装方法和注意事项

① 角钢灯桩在工地安装前,全体人员要有明确的分工并制定妥善的安全措施,派专人负责安全检查。

② 安装时,应根据构件的编号,按照施工图纸,自下而上地进行。构件相互接触部分和每副螺栓,在装配前应先涂刷防锈油。

③ 在安置桩身底座前,先在混凝土基础面上(限于灯桩底座范围)抹 2~3 cm 厚的水泥砂浆,然后将底座套入螺栓,并拧上螺帽。在拧紧螺帽的同时,用水平尺测量底座的水平,务必使底座处于水平位置。

④ 当安装大型桩身时,在完成第一区格安装后,需在横向角钢之间搭上跳板,然后再继续进行第二区格的构件安装;跳板的长度必须适当,必须伸出角钢有一定的余量,但也不能太长,并要在跳板两端用绳索将其与角钢绑扎牢固;施工人员应系安全带,构件可用

单柄或双柄滑车上吊,装配人员和地面辅助人员要密切配合,地面辅助人员应根据装配人员的需要起吊相应编号的构件,防止构件混淆弄错;构件吊上后要先进行安装,待装妥后再松下吊钩;在起吊构件和安装过程中,地面人员不要在桩身附近或起吊的构件下方随便走动,并要带上防护帽;为防止起吊中的构件和桩身相撞,构件可系上留绳,由地面工作人员掌握。

⑤ 小型角钢灯桩(3～5 m 高)的安装方法和安全要求基本上和大型灯桩相同,但因限于活动范围,一般不用跳板而是在安全带的保护下,站在已装妥的构件上进行操作。构件用手传递,不须使用滑车起吊。

⑥ 装配人员使用的工具如扳手和铁笔,要串上绳子系在颈上,以免失手跌落伤人。

⑦ 桩身安装完毕后,应派人进行检查,尤其注意各个部件的连接处是否连接妥帖,螺帽是否拧紧,确认无误后再在桩顶安装灯器。灯器和电源安装完毕后,对整个灯桩要进行油漆。

(二)设置水中灯桩

水中灯桩有两种,一种是桩脚式,一种是基台式,设置方法不同。

1. 桩脚式灯桩的设置

桩脚式灯桩由钢或钢筋混凝土构件组成,可以装拆,如图 5-19 所示。设置时先在设标地点附近岸边将灯桩装好,再悬吊在船吊杆上,用绳索带住不使其摇摆,将船开到标位处,把灯桩平放至河底,派人上灯桩摇动摆正,最后装上灯器。这种灯桩设置后可以移动。多设于河口附近水位涨落不大的地方,泥沙或稀泥河床上都可设置。桩脚有防沉板,起稳固和避免灯桩下沉的作用。

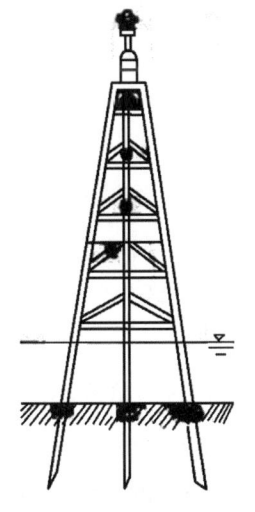

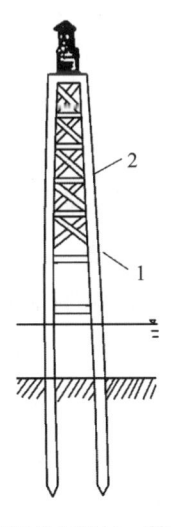

图 5-19　桩脚式灯桩　　图 5-20　基架式灯桩(1—基架;2—塔架)

2. 基台式灯桩

(1) 基架式灯桩

由钢筋混凝土基架和钢塔架组成,如图 5-20 所示。设置时先将基架脚打入河底,入泥约 3 m,然后在桩头上配装台板一块,再在基架上安装塔架即成。这种灯桩多设于航道稳定的湖泊上,一般不作移动。

(2) 层叠式灯桩

由混凝土基台和钢质柱形标体组成。混凝土基台一般由 3—5 个层叠式构件组成。每个构件上下表面如图 5-21 所示。

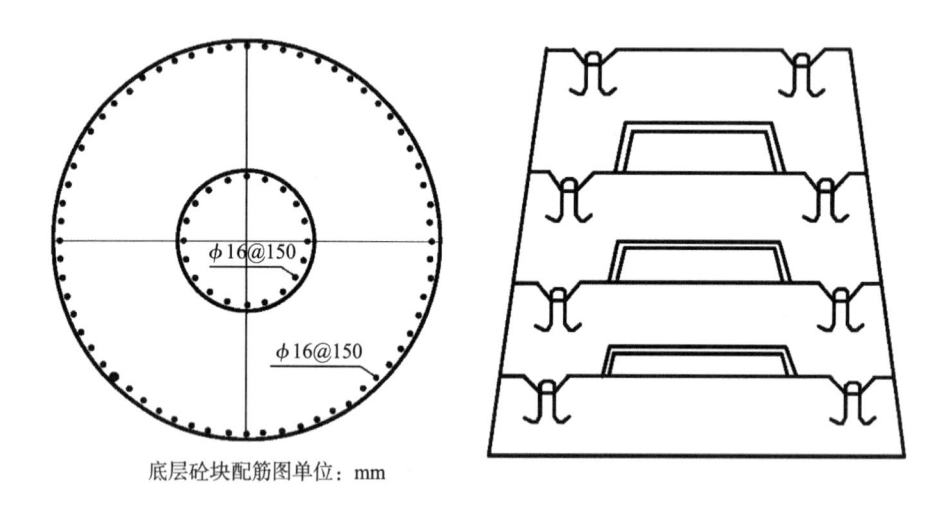

底层砼块配筋图单位：mm

图 5-21 层叠式灯桩构造示意图

用起吊装置(打捞船)将基台构件按顺序一层一层放入,务必使上层构件的凹槽与下层构件的凸口吻合紧密。构件吊装完毕,将定位杆抽出,再在其上组装标体。

四、航标编号

为便于今后维护管理和航行船舶的应用,航标设置完毕并经试航、验收后,应对其进行编号。编号一般采用下列方法：

(1) 连续设置的过河标、沿岸标和各种导标,按河区或辖区为单位,从下游向上游顺序编号,也可自起点港埠开始编号。同一组导标编号相同。

(2) 连续设置的侧面标,可按水道、浅滩、缓流航道或河区为单位,从下游向上游顺序编号。当航道两侧成对设置侧面浮标时,左、右岸两侧浮标可分别按顺序编号。

(3) 编号可用阿拉伯数字,设在顶标方牌正中或标身明显的部位,也可另设编号牌,安装在标身明显部位(但要注意不能与标牌混淆)。编号的颜色为白底黑字。

(4) 标志编号确定后,如果增设标志,其编号仍采用前座标志的号码,在其右下角加写阿拉伯数字标注。如果撤销标志，其上、下游的其他标志编号不变，必要时，经主管单位批准后，可以重新调整航标编号。

（5）各种标志，也可按地名命名或按里程编号。

（6）左右通航标、示位标、泛滥标、桥涵标、各种信号标志以及单独设置的导标、浮标、专用标志可以不编号。

因航道多变而需要经常增减标志的河段可以不编号。

航标编号完毕，还要对航标具体位置，航标的日间视距、夜间视距进行检测，检测结果载入航标配布图，这项工作也可在试航时同时进行，一切正常后，即可登发航道通告公布使用。

五、航标配布调整

1. 航标配布调整应根据确定的配布类别，按航标配布的基本原则和技术要求进行。

2. 航标配布调整应在实地考察、现场调研的基础上进行，考察和调研应包括地形地貌、地质条件、河床演变、水流条件、航路规划、航行规则、通航环境等内容。

3. 航标配布调整应包括航标配布图、航标制式、航标配布类别、航标配布的技术参数、选用的航标种类、标位确定、灯质确定、航标结构、灯器及电源选型、浮具与锚系设施选择、维护保养等内容。

4. 航标配布宜以岸标为主，转向点、危险碍航物、浅滩以及实施船舶定线制水域宜设置浮标，岸标应设置在通视条件良好的位置。

5. 航标配布调整应从浅滩、危险障碍物、重要转向点等关键河段和位置处的航标开始，再逐步全面、系统地配布全河段的航标，编制航标配布图。初步确定航标标位后应进行实地勘察核对，征求船舶单位和驾引人员的意见，并进行修正。

6. 编制航标配布图应采用最新长河段航道图，并应满足下列要求。

（1）编制航标配布图应进行现场调研，征求驾引人员和有关单位的意见。

（2）航标配布图应主要包括下列内容：

① 航道概况及维护尺度；

② 航标配布类别；

③ 航标的位置或数量，标志的名称或编号，航标设置、撤销和调整位置的水位或时间；

④ 信号台设立、撤销时的水位或时间，控制河段的起讫点；

⑤ 经济航道的起讫点、维护里程及其开放与封闭的时间或水位；

⑥ 航标灯质；

⑦ 碍航物的名称、性质、位置及高程；

⑧ 航行水尺的位置；
⑨ 航标结构、类型和规格；
⑩ 维护管理机构所在地及其管辖范围。

第五节　航标配布举例

长江三角洲，江、浙、沪水网地区，珠江三角洲，以及水利化程度高的平原地区，干线航道纵横交错，支河、汊港、湖泊众多，航道四通八达，我们称为水网地区。江苏省就属于水网地区，河运纵横交错，航道四通八达，但除长江、淮河等天然河流外，其余均为限制性航道及湖泊航道。

一、水网地区航道一般特点

（1）限制性航道的特点是航道狭窄、河床较平坦、水流平缓、水位变幅较小、断面形状比较规则，整个河道基本上都是航道，河床底质多为泥沙及黏土。由于航道狭窄，故对船舶航行有明显阻力，航速也受到限制。

（2）河道纵横交错，航道上汊道很多，有通航的，也有不通航的"死港"。

（3）平原地区陆上交通也很发达，故在航道上的跨河桥梁特别多。

（4）航道水位受人工控制，船闸、节制闸较多，以往水利部门造闸多考虑节制闸顺水直通下游，而船闸引航道大都靠边些。

（5）湖泊水荡众多，一条航线常穿湖荡而过。据统计，我国现有面积在 $1\ km^2$ 以上的天然湖泊 2 670 个，总面积约 8 万 km^2。湖泊集中的地区是长江中下游和青藏高原。长江中下游大多数湖泊有航线贯穿。单以江苏省为例，计有湖泊 154 个，其中最大的是太湖，还有洪泽湖等星罗棋布镶嵌在纵横交织的水网之间，构成一幅"水乡泽国"的图景，为航运事业提供了良好的水域条件。其航道特点是水浅、湖面宽、风浪大。

二、水网地区的船舶航线

由于上述航道特点，限制性航道上的船舶航行一般靠近航道中心。航行驾驶人员应掌握船只避让技巧，熟悉汊港、支河及前方港的航道捷径。

三、航标配布原则

水网地区船舶基本上沿河心航行。航标配布应着重标示通航河口、湖口、岸滩、突出的岸嘴和特别弯曲的岸形,以及防止船舶误入支河汊港的侧面标。比较顺直的优良航道,可不配布标志。在两条航道分汊处,可设置左右通航标及指路牌。

湖泊水面比较宽阔,一般用侧面标标示捷径航道的界限和碍航物。从湖泊、水库或宽阔水域进入河口的航道,可在河口的一岸设置示位标,标示河口的位置。湖泊中个别特殊礁石、岛屿、碍航物的特定位置,可采用示位标来标示其方位。

在船闸引航道上、下导堤首端处应各设置目标明显的侧面标,标示引航道的进出口,以引导船舶安全进入引航道。

水网地区在航标配布设计前,首先要明确航道的上、下游。按照《内河助航标志》(GB5863—1993)3.2条明确规定:对水流流向不明显或各河段流向不同的河流,按下列顺序确定上、下游:

a. 通往海口的一端为下游;

b. 通往主要干流的一端为下游;

c. 河流偏南或偏东的一端为下游;

d. 以航线两端主要港埠间的主要水流方向确定上下游。

上述四条,a、b两条比较容易分清;c条的依据是:我国水网地区的水流方向是由西向东由北向南,故采用偏南或偏东的一端为下游;水网地区从甲港至乙港经常越好几条河流,为方便起见,均称航线,如长兴、湖州至上海称长湖申线,杭州至上海为杭申线。这些航线均由几条河流串连而成,它们均因上海近入海口为下游。

按照上述规定,首先明确"顺序"两字,即首先考虑是否通往入海口,或主要干流。尤其b条,如一条航线往往连接多条干线,那么需要考虑哪一条干线是下游,或是更主要的干线。举例来说:申张线自长江边巫山港经吴淞江至上海,它上端连接长江,下端通往黄浦江,因为巫山港在黄浦江的吴淞口上游,所以申长线定吴淞口一端为下游。

也有个别特殊情况,例如锡澄运河,水利部门明确通长江一端为下游(该河水流由中段流向两端)。同时它连接长江和京杭大运河,而长江为我国最主要干流,故按照上述两条规定,锡澄运河应以长江的江阴为下游,但习惯上将锡澄运河作为京杭大运河江南段的主要副道,按照运河北京为上游,故航道部门则将无锡定为下游。

四、航标配布注意事项及举例

过河标、沿岸标、导标等具有导航性质,水网地区由于一般航线为河心行驶,不分过河、沿岸,故航标配布均以设置侧面标为主。按照《内河助航标志》4.6.1条规定:侧面标设在水网地区优良航道两岸时,标示岸形、突嘴或不通航的汊港。指示船舶在航道内航行。水网地区航道条件较优,在顺直优良河段可不设标,故绝大部分水网地区都配布重点标志,只需重点在突出岸嘴、岸滩、弯道及不通航的汊港等处设标,现将其注意事项分述如下:

(1) 从开阔的江河、湖荡进入水网小河,船舶进口比较困难,尤其在晚上更不易找到,所以在航道进出口处设置示位标是非常重要的。示位标的大小、颜色均按照湖面视距的远近、标示的背景情况来定。标志的颜色、灯质需按照《内河助航标志》4.8.3 及 4.8.4 条规定,即"设在通航河口处,须与'左白右红原则'一致。""标示通航河口的示位标优先选用:左岸白色(绿色)莫尔斯信号'H(····)'闪光;右岸红色莫尔斯信号'H(····)'闪光。"需强调的是,在同一地区,凡能选用其他助航标志的,尽量少设置示位标,以减轻船员记忆负担,并防止误认。

(2) 水网地区的航线往往要穿过许多汊口,汊口可分为通航和不通航、大口和小口、Y 形和十字形等。一般对在航道边上不通航的小汊口可不设标,对某些通航的支线汊口可根据航道等级、船舶密度等酌情设标或不设侧面标及左右通航标,而设置指路牌。

但对不通航的较大汊口(如图 5-22 所示),假如船舶从 A 港或 B 港驶向 C 港时,船舶容易误入不通航的死汊港,故一般在岸形成锐角 D 处设置侧面标,以明确船舶进行方向。

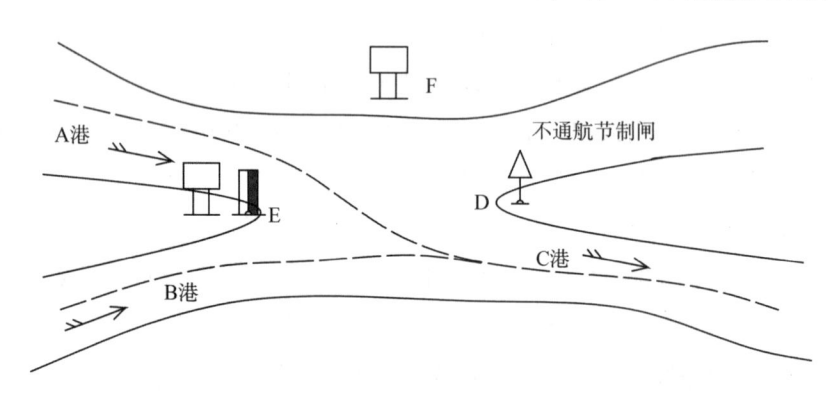

图 5-22 汊口处航标配布

如船舶从 C 港去 A、B 两港时,为了明确汊港两条都是航道,同时为了方便船舶了解前方港的方向,可在 E 处设置左右通航标,并且可根据地形在汊嘴 E 处或附近 F 处设置指路牌。

在两条通航航道的十字形汊口处,可根据当地的地形设标,选择一个最突出的岸嘴,其附近作用距离以内要有足够水深,如图 5-23 所示,就可以在 A 处岸嘴设置一个左右通航标。如果几处岸嘴情况相似,那么最好在一个突出的 A 处设一个左右通航标,因为它可以明确表示两条通航河流的分汊处。T 字形河流分汊处的设标情况相同(见图 5-24)。

图 5-23　十字形交叉口航标配布

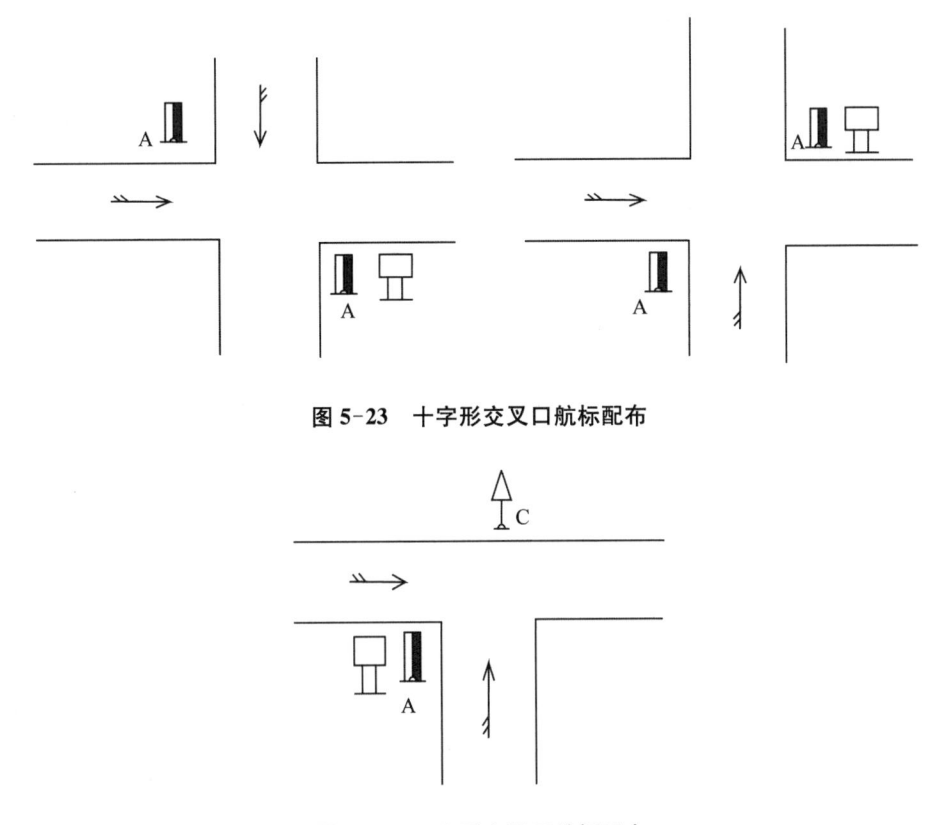

图 5-24　T字形交叉口航标配布

(3) 湖泊、水荡设标

湖泊、水荡航道的特点是水面宽阔,水中固定天然目标少,河口相对来说较小,湖泊内风浪大,枯水时航槽浅而狭。例如,苏州至西山岛(苏西线)航道,其中 16.5 km 穿过太湖。该段湖面宽度达 10 km 以上,而航槽宽度仅 60 m,枯水时水深 1.3～1.8 m,而航槽外水深普遍 1.0 m 左右,若不用航标来标示航道界限,船舶就很难航行。

湖泊航道应以侧面标为主,适当加配示位标。在水位升降幅度不大(枯洪水位相差 4 m 以内),航槽稳定的湖泊航道,侧面标可采用灯桩形式,以达到保证率高、视距远、维护成本低等优点。

在湖泊航线进出口处,为了便于船舶在湖中寻找河口,可在河口岸上设置大型框架式侧面标或示位标。如河口附近航槽浅狭,在地势许可时,应设置过渡导标,引导船舶安全进港。

水库航道一般皆为深水航道,水位升降较大,库区内侧面标不易维护,可在航线附近的礁石、山头等处设置不同式样的示位标,以警告船舶有触礁的危险,同时辅助船舶定位及辨别航线方向。库区的河口岸上设置侧面标或示位标,以标明内河航道的进出口。

《内河助航标志》4.8.1 条明确规定示位标的功能是:"设在湖泊、水库、水网地区或其他宽阔水域,标示岛屿、浅滩、礁石及通航河口等特定位置,供船舶定位或确定航向。"

标准中明确规定示位标必须设置在湖泊、水库等宽阔水域,而且只代表设标处的特定位置,不考虑左、右岸及其作用距离。所以,特别要提醒注意的是示位标只适用于在宽阔的水域进入河口处及湖泊、水库中的个别岛屿,不适用于正常航道上。示位标是提醒船员已到达何处,所以各个标志最好各有特色,以便船员记忆,但示位标不宜设置过多,多了反而影响船员的辨认。

(4) 湖泊航标配布举例

某航线湖泊航道湖面宽,航槽也宽(如图 5-25 所示),首先在湖泊两端进、出口处 A 桥上设置桥涵标,C 处内港进口处设置侧面岸标。在湖中转折 B 处(原有浅墩)设置侧面灯桩。这三标可引导船舶在湖泊中航行。由于该段航线较长,故在中间加设三座侧面标,进入内港后两岸航道断面较规则,故几千米航道上都不设标,船舶可沿河心安全航行。

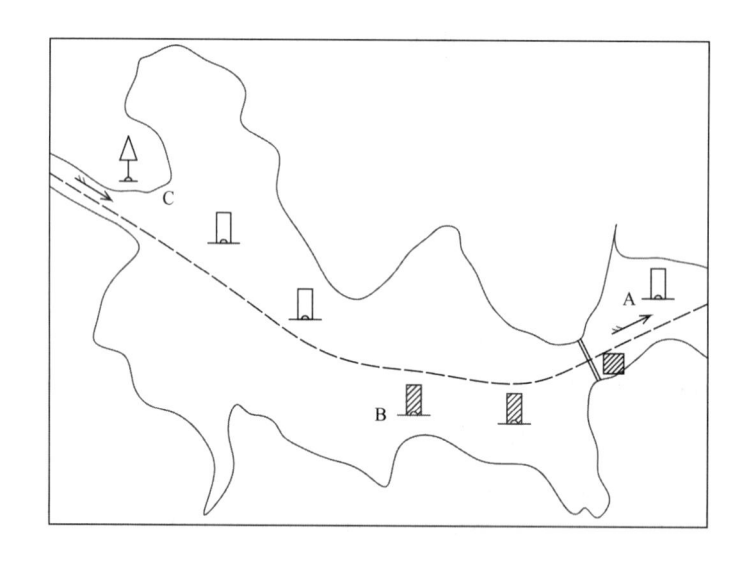

图 5-25 宽阔水域航标配布举例

图 5-26 中,该湖泊干线航道为 AB,该线湖面宽阔,而航槽浅狭,水位升降幅度小,枯洪水航线固定于一条,故在干线航道两侧叉开设置湖泊灯桩,以标明航道界限。在去 B、C 两港分汊处(E)可设置左右通航标(灯桩),如 B、C 两港附近航道尚未定型,尚需疏浚,则可先设侧面浮标。在 A 港进口处,为了引导船舶安全进港,避开左侧浅滩、右侧暗礁,可设置过渡导标引船进港。

图 5-26 中 AD 间为支线,是一条傍山沿岸航线,故可设置一定数量的沿岸标(或侧面岸标),在靠近航线浅礁处可设置侧面标(浮鼓或灯桩),湖泊中岛屿可设置示位标,以

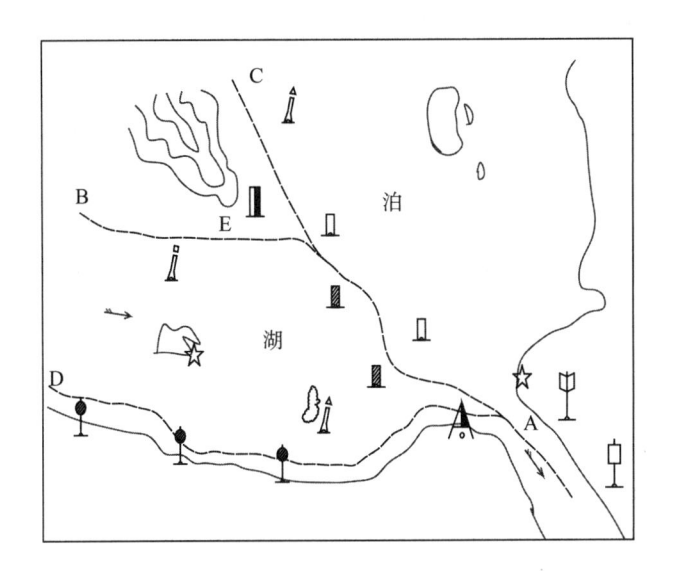

图 5-26 湖泊航标配布举例图

便船舶在见到标志或灯光后,可了解本船的概位。以太湖为例,根据太湖的特点,按照湖区的设标原则进行了航标配布,详见图 5-27。

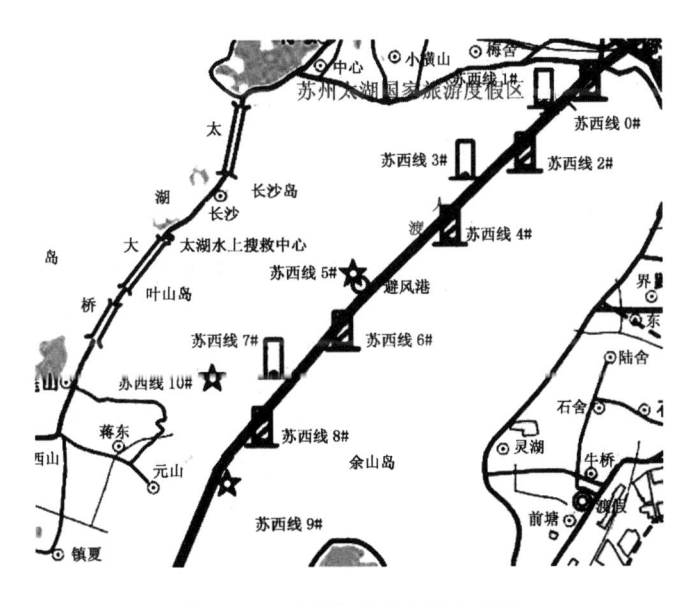

图 5-27 太湖湖区航标配布案例

(5) 水库航标配布举例

如图 5-28 所示的水库,在进入 A、B 河口岸嘴上可各设置一座示位标,要求示位目标明显,便于在水库内找到。同时,其标志颜色和灯光必须是按照"左白右红"的原则,闪光为莫尔斯信号"H(····)"。在水库中靠近航线左侧浅礁区可设置侧面标(灯桩或浮标),该标既标出安全区与危险区的界限,同时,又可引导船舶航行。离航线较远的礁石,为避免船舶偏离航线时误触,则可在礁石上设置示位标,标示该礁石的位置所在。如一条航线上有好几个示位标,则应将各示位标装饰得各有特色,这样使船舶易记(如均在航道一侧,可改设侧面标)。图中 A 港进口处右侧有沙嘴,可设置侧面标,以防船舶在进出口时搁浅。

内河航标配布应严格按照国家标准《内河航标技术规范》(JTS/T 181—1—2020)执行,要做好这一点,必须熟悉航道情况、船舶航线、水位、流态及当地船员的航行习惯等。配布航标要做到"好""省"两字,即关键地点必须设标,重点标航线应少而精。

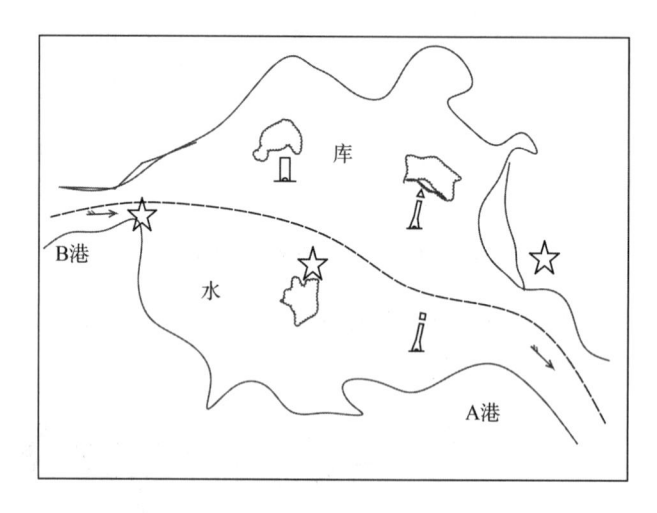

图 5-28 水库区航标配布

(6) 船闸航道的航标配布

船闸航道航标配布按照《内河助航标志》中内容:"在船闸引航道上、下导堤首端各设置目标明显的侧面岸标一座,标示引航道的进、出口。"因为导堤(俗称引航道堤岸)首端与节制闸进、出水口交叉处,容易发生事故,故必须设置侧面标,以明确标示船舶前进方向。而对引航道堤嘴的标志更应目标明显,以引起船员高度重视。船闸引航道内由于船舶停靠及交会频繁,加上水流平缓容易淤浅,应定时测量疏浚。若有临时浅滩或碍航物存在,应设侧面标来标示航道,使船舶顺利进出船闸。在上、下游闸门附近设置近程通航信号标(红、绿交通信号灯),白天也可用红、绿信号旗辅助指挥。大型船闸需要进行远程控制的,可在船闸上引航道的上游和下引航道的下游,根据通航控制河段的航标配布原则,配布通航信号标与鸣笛标,将船舶控制在引航道外,进行船舶登记、安排,顺序放行船舶进入引航道。船闸区航标配布如图 5-29 所示,船闸周围水域航标配布如图 5-30 所示。

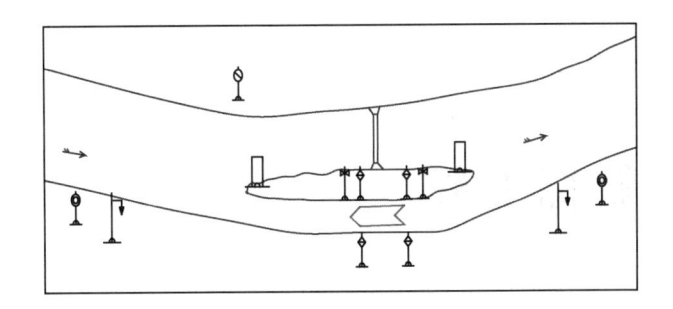

图 5-29　船闸区航标配布图

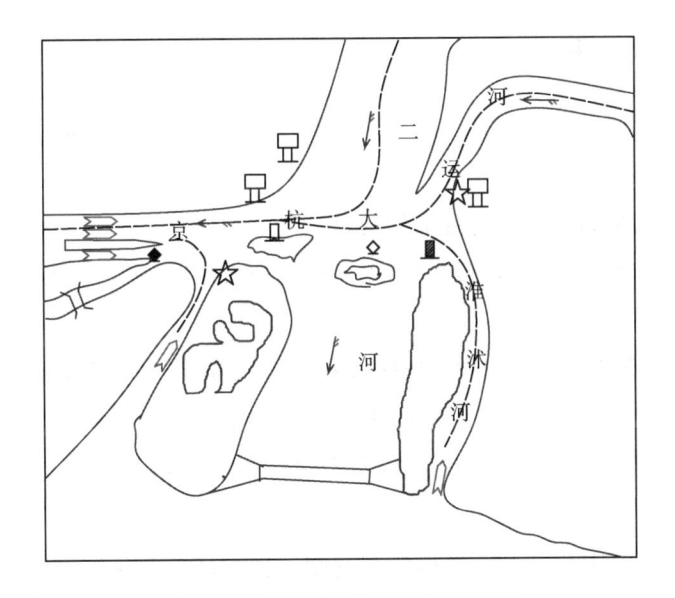

图 5-30　船闸周围水域航标配布图

为了明确标示闸室内允许船舶安全停靠的界限,在船闸闸室有效长度两端界限处的两侧闸墙上,应设置或镶绘界限标。近年来,随着人们的安全意识逐步增强,同时由于闸室内镶绘的界限标志被船舶频繁碰擦毁损,加之夜间闸室内照明光线不足等原因,有关部门开始在闸室两侧相应位置设置杆形发光界限标。在上、下引航道接近闸门处,为了明确供船舶等候进闸时的停靠界限,也可设置界限标或用停泊牌标明各类船舶停靠界限。

在节制闸上游或上、下游水面上的架空线上,需要设置标志牌以标示前方是节制闸,防止船舶误入发生危险。

第六节　航标工程

一、内河航标工程

1. 内河航标配布和航标维护的类别应根据河段的自然状况和航行条件,结合航道等级、航道布置及航运需求确定。

2. 内河航标的配布设计应符合下列规定。

(1) 航标配布应满足国家现行标准《内河航标技术规范》和《内河航道维护技术与质量评定规范》的有关规定。

(2) 航标配布应按航道内船舶主要航线和航行条件,以标示上行或下行船舶航线为主的方法确定。在实施船舶定线制的河段,应按照船舶定线制的特点配布航标。

(3) 航标的种类、形状、颜色和灯质应符合现行国家标准《内河航标技术规范》的有关规定。

3. 航标视距、同侧设标间距、航标配布宽度、设标水深、最小安全距离等航标配布主要技术参数的确定应符合下列规定。

(1) 航标视距应根据当地通航环境、自然条件和航标外形尺寸确定。连续配布的航标白天应能从一座标处看到同一航向上相邻的下一座标;夜间至少能从一座标处看到同一航向上相邻的下一座灯标的灯光。同侧设标间距应取 0.8~0.9 倍航标视距。

(2) 航标配布宽度应满足航道宽度要求。弯曲河段航标配布应根据航道设置适当放宽,优良河段在确保航道范围内有足够维护水深前提下可放宽航标配布宽度。

(3) 设标水深不应小于所标示航道的维护水深。

(4) 船舶航行与航标的最小安全距离可根据设标河段的具体情况和船舶驾引要求确定。岸标的最小安全距离自标位处的水沫线起算;浮标和水中灯桩的最小安全距离自标位处起算。

4. 航标的设置应满足下列要求。

(1) 航标应根据河床形状和河岸地形合理选择岸标或浮标,岸标与浮标之间应有效结合。

（2）灯桩应设置在岸坡稳定、背景和通视条件良好的岸边，且应尽量靠近水沫线设置。塔形岸标应尽量设置于航道变化小、岸线稳定、地质条件良好、通视条件良好的位置，并应考虑标位处周边环境和岸线规划的要求。

（3）岸标顶标高程和标灯焦点高程应满足助航要求。

（4）同侧航标连线宜平顺衔接，并可引导船舶避开不利流态水域。

（5）侧面浮标设置所标示的通航水域内，应保证在航道同一侧相邻的两座浮标或同一侧相邻的浮标与岸标规定的最小安全航行距离的相连直线内，不得有小于维护水深或揭示水深的碍航物存在。

（6）侧面浮标设置地点可根据维护水深的变化进行调整。

5. 典型河段航行标志配布应符合现行国家标准《内河航标技术规范》的有关规定，并符合下列规定。

（1）当深槽河段沿岸航道宽度小于两倍航道标准宽度时，除设置沿岸标外，应在远岸侧航道边界设置侧面浮标，标示航道界限。

（2）在年内水位变幅较大的河段，必要时应按洪水期和枯水期分别进行航标配布设计。洪水期应标示出淹没的河岸和其他碍航物，并及时开辟经济航道。枯水期应准确标示航道方向，标示出浅滩航道的轮廓，揭示浅滩航道的最小水深。

（3）对弯曲河段、浅滩河段及礁石碍航河段，航标配布宜适当加密。对孤立碍航物可采用双浮标前后标示。

（4）山区航道航标配布应满足水位陡涨陡落时标位及时调整的要求，岸标不得距水沫线过远、过高或被水淹没。设计时应设置不同水位的备用标位或采用岸标与浮标交替使用的方式。对落差大的特殊标位可采用标志与航标灯分开设置的方式，将航标灯设置在临水岸边。

（5）桥区航道航标配布应符合下列规定。

① 对双向多线通航的大跨度通航孔，桥涵标设在双向通航桥孔的上、下行航道迎船一面上方桥的适当位置，并根据桥区航道位置可能的调整变化，预留桥涵标、桥柱灯的悬挂装置。

② 桥区浮标的配布与桥梁助航标志及桥区上、下游航标的设置相协调。

③ 在桥区航道边界成对设置侧面浮标，桥梁上、下游各应不少于1对；在弯曲河段、水流条件不良河段、航行环境复杂的城市河段等，应增加侧面标配布。

④ 桥区航道配布的每对侧面标的连线，通常与桥轴线平行；同侧航标配布间距一般逐步由桥梁处向外增大。

⑤ 单孔双向通航桥梁的桥区航道，应在边界设置侧面标志，并符合国家标准《内河航标技术规范》的有关规定；双孔单向通航桥梁的桥区航道，应在通航桥孔的外侧边界设置

侧面标志,或在两个通航桥孔航道中央设置左右通航标;三孔或有主、辅通航桥梁的桥区航道,用侧面标标示主通航孔航道的边界,需标示辅通航孔时,在辅通航孔航道两侧设置少量侧面标志,当主通航孔航道与辅通航孔航道相邻时,允许在相邻航道中间设置左右通航标替代侧面标。

⑥ 将连续桥区视为整个桥区航道,统一配布桥区侧面标。

(6) 在实施船舶分道航行或通航船闸引航道等河段,航道两侧的侧面标志宜成对配布。航行环境复杂河段的航标可加密设置。

(7) 在航道分汊处、重要码头、停泊区、水上服务区、锚地以及分道航行起始点等处,宜设航道标牌。

6. 信号标志配布设计应符合下列规定。

(1) 在上、下行船舶相互不能通视的急弯航道、航道宽度不能满足船舶对驶或并行追越需要的狭窄航道等通行控制河段,均应设置通行信号标对船舶实行通行控制。

(2) 通行控制河段应设置通行信号标、鸣笛标、界限标和通行信号台。通行信号台的位置和数量应根据控制范围和通视条件确定。

(3) 通行控制河段可分为常年通行控制河段和季节通行控制河段,信号标志的设置应符合下列规定:

① 在弯曲河段,当上、下行船舶常年不能通视时,设立常年通行控制河段及相应的通行信号标;

② 在弯曲河段,当上、下行船舶季节性不能通视时,设立季节性通行控制河段及相应的通行信号标;

③ 在其他河段,因通航条件需进行通行控制时,视具体情况设立常年或季节性通行控制河段及相应信号标。

(4) 通行控制河段的通行控制时段或水位应按具体条件合理确定。

7. 对航道整治建筑物、码头、取水口等临河建筑物应根据对船舶航行影响程度及建筑物保护需要配布专设航标;对桥梁、管线等过河建筑物和水上锚地、施工区等特定水域应根据通航需要和保护要求配布专设航标;在地质滑坡区等可根据通航需要配布专设航标。

8. 专设航标配布应符合下列规定。

(1) 专设航标的配布宜选用专用标志标示特定水域。在特定水域四周端点设置专用标志标示水域范围。必要时,可设置航道标牌标示特定水域性质。

(2) 专设航标的配布应与主航道航标相协调。位于航道上的专设航标应采用侧面标等航道标志。

9. 各类航标的外形尺寸应符合现行标准《内河航标技术规范》有关规定,在大型河流上，可参照标准规定的尺寸按比例放大。在同一水系或同一水网地区相同等级的航道，航标种类和外形尺寸选择宜一致。

10. 航标结构设计应符合下列规定。

（1）航标结构设计宜使用标准图集或主管部门许可的通用图纸。

（2）钢质浮标的浮具材料应使用船用钢板，表面宜进行防滑设计并设置护栏，应采用耐腐蚀、抗褪色、少维护的涂料。

（3）灯塔、塔形岸标等大型岸标的结构应按照现行国家标准《高耸结构设计标准》（GB 50135—2019）的有关规定进行设计，并应按照现行国家标准《建筑物防雷设计规范》（GB 50057—2010）的有关规定按第二类防雷建筑物进行防雷设计。

（4）大型岸标出入口的设置高程应考虑当地最高水位的淹没影响，塔顶应留有助航设备的安装空间。整体外形设计在符合航标颜色、图案、功能等标准要求的前提下，应美观大方，与周围环境相协调。

（5）岸标表面宜采用抗老化、抗褪色、免维护的材料。

（6）岸标应设置便于人员上下维护的安全通道，岸标标位处宜设置便于维护的标路。

11. 航标灯器、电源宜选用高效、节能、环保、经济和便于维护的设备，并应符合下列规定。

（1）各类航标的灯质应符合国家标准《内河助航标志》、行业标准《内河航标技术规范》的有关规定。

（2）航标灯器选型应满足现行行业标准《航标灯通用技术条件》（JT/T 761—2022）的有关规定。

（3）航标电源的容量应根据航标灯器的工作电流、静态电流、工作时间、连续阴雨天正常工作的规定天数等进行综合测算，并留有一定的余地。

（4）航标电源应确保航标灯器的用电。其他辅助设施的用电不应影响规定的航标灯器在连续阴雨天下正常发光的天数。

12. 浮标应根据设标地点的水文、气象、底质情况、浮具型式等系留条件，综合分析确定系留方式。锚链、沉石应符合现行行业标准《浮标通用技术条件》（JT/T 760—2009）和《浮标锚链》（JT/T 100—2005）的有关规定。

二、海区航标工程

因内河与海区存在交叉，特别是长江航道与海区航道相互交叉区域设标存在一些不同的规则，如海区一般以入内河方向判断左右岸，而内河区域以上游向下游来确定左右岸，设标虽然一致，但是对左右岸规则定义不同，故在此部分对相关内容进行介绍，方便航标管理与施工单位在海区和内河区交叉重叠区域设标时注意区分。

(一) 海区航标的功能与作用

海区航标是指为海区船舶安全航行提供的不同用途的各类水上助航标志。

国际航标协会(The International Association of Marine Aids to Navigation and Lighthouse Authorities,缩写为IALA),成立于1957年,最初是作为技术协会,为来自世界各地区的航标管理当局、生产厂商和咨询机构提供一个平台,共同致力于协调全球范围内航标系统的标准、促进船舶安全和有效的航行、加强海上环境保护。1980年11月,在日本东京召开了第10届国际航标会议,通过了《海区水上助航标志》国际标准,结束了100多年来世界海区水上助航标志制式繁多、复杂混乱的局面。

《海区水上助航标志》国际标准中,除了侧面标志中浮标、灯光的颜色因各国习惯不同未能统一而分为A、B两区域外,其余标志的种类、含义、布设方法、形状、灯质等都已完全统一。A区域系统左红右绿,B区域系统左绿右红。英国、法国、比利时、荷兰、波兰、丹麦、瑞典、挪威、冰岛、俄罗斯等欧洲国家,非洲、澳大利亚及亚洲一些国家水域,均采用A区域系统;日本、菲律宾以及美国等美洲国家,则实施B区域系统。我国采用的是A区域系统。

海区航道应设置完善的视觉航标系统,视觉航标的种类、外形、颜色及灯质等应符合现行国家标准《中国海区水上助航标志》(GB 4696-2016)、《海区浮动助航标志配布导则》(GB/T 26781-2011)、《中国海区灯船和大型助航浮标制式》(GB 15359-2021)、《中国海区水中建(构)筑物助航标志规定》(GB 17380-2020)、《中国海区可航行水域桥梁助航标志》(GB 24418-2020)的有关规定。

海区航标一般规定,船舶在沿海、河口的航道航行时用以确定航道左右侧的根据,即浮标系统习惯走向,以左手方向为左岸,右手方向为右岸。其规定如下:

① 从海上驶近或进入港口、河口、港湾或其他水道的方向;

② 从外海、海峡或者岛屿之间的水道,原则上指围绕大陆顺时针航行的方向;

③ 在复杂的环境中,航道走向由航标管理机关规定,并在海图上用"➡"表示。

《海区水上助航标志》共有五类:侧面标志、方位标志、孤立危险物标志、安全水域标志和专用标志。

(1) 侧面标志

侧面标志是依航道走向配布的,用以标示航道两侧界限,或标示推荐航道,也可用以标示特定航道。侧面标志包括航道左侧标、右侧标和推荐航道左侧标、右侧标。

① 航道左侧标、右侧标(图5-31,详见彩插)

航道左侧标和右侧标分别设在航道的左侧和右侧,标示航道的左侧和右侧界线,顺航道走向行驶的船舶应将航道左侧标和右侧标置于该船的左舷和右舷通过。航道左侧标和右侧标的特征规定见表5-1。

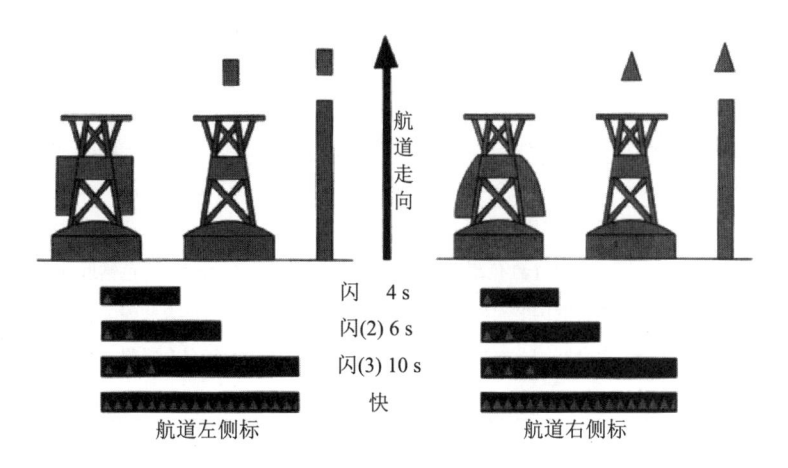

图 5-31 航道左侧标、右侧标

表 5-1 航道左侧标、右侧标特征规定

特征	航道左侧标	航道右侧标
颜色	红色	绿色
形状	罐形，或装有顶标的柱形或杆形	锥形，或装有顶标的柱形或杆形
顶标	单个红色罐形	单个绿色锥形，锥顶向上
灯质	红光，单闪，周期 4 s	绿光，单闪，周期 4 s
	红光，联闪 2 次，周期 6 s	绿光，联闪 2 次，周期 6 s
	红光，联闪 3 次，周期 10 s	绿光，联闪 3 次，周期 10 s
	红光，连续快闪	绿光，连续快闪

②推荐航道左侧标、右侧标（图 5-32，详见彩插）

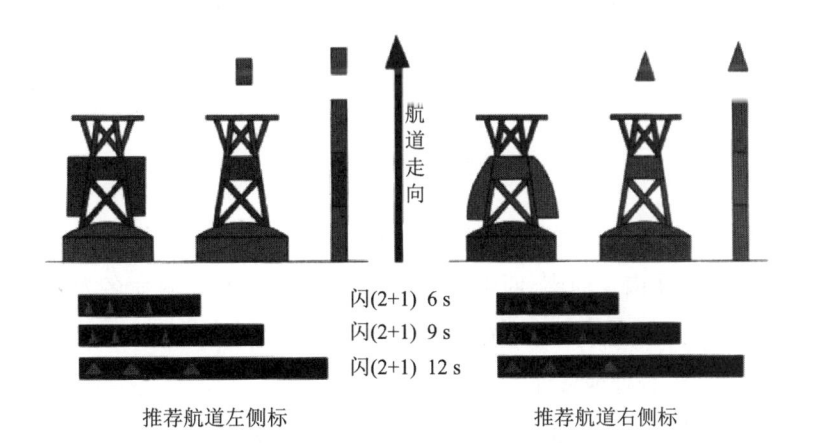

图 5-32 推荐航道左侧标、右侧标

推荐航道左侧标和右侧标设立在航道分汊处，也可设置在特定航道。船舶沿航道航行时，推荐航道左侧标标示推荐航道或特定航道在其右侧；推荐航道右侧标标示推荐航道或特定航道在其左侧。推荐航道左侧标和右侧标的特征规定见表 5-2。

表 5-2　推荐航道左侧标、右侧标特征规定

特征	推荐航道左侧标	推荐航道右侧标
颜色	红色,中间一条绿色宽横带	绿色,中间一条红色宽横带
形状	罐形,装有顶标的柱形或杆形	锥形,装有顶标的柱形或杆形
顶标	单个红色罐形	单个绿色锥形,锥顶向上
灯质	红光,混合联闪 2 次加 1 次,周期 6 s 红光,混合联闪 2 次加 1 次,周期 9 s 红光,混合联闪 2 次加 1 次,周期 12 s	绿光,混合联闪 2 次加 1 次,周期 6 s 绿光,混合联闪 2 次加 1 次,周期 9 s 绿光,混合联闪 2 次加 1 次,周期 12 s

（2）方位标志（图 5-33,详见彩插）

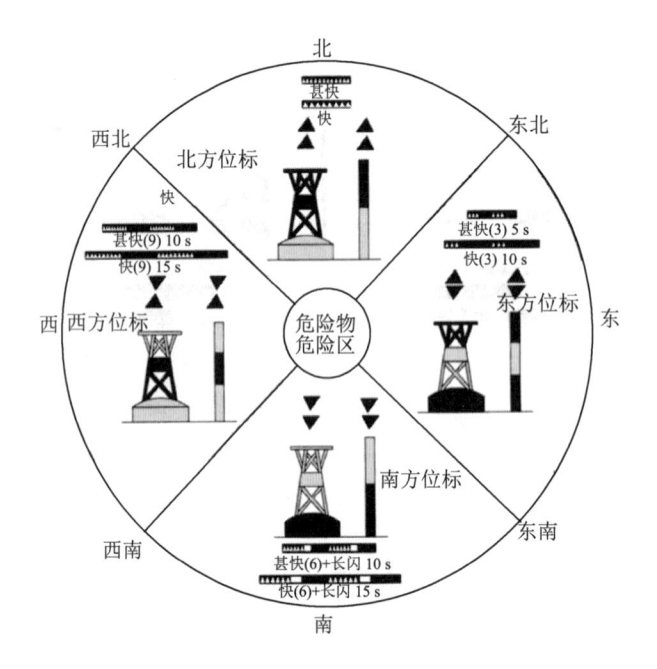

图 5-33　方位标志

方位标志设在以危险物或危险区为中心的北、东、南、西四个象限内,即真方位西北至东北、东北至东南、东南至西南、西南至西北,并将对应所在象限命名为北方位标、东方位标、南方位标、西方位标,分别标示在该标的同名一侧为可航行水域。方位标志也可设在航道的转弯、分支汇合处或浅滩的终端。

北方位标设在危险物或危险区的北方,船舶应在本标的北方通过；东方位标设在危险物或危险区的东方,船舶应在本标的东方通过；南方位标设在危险物或危险区的南方,船舶应在本标的南方通过；西方位标设在危险物或危险区的西方,船舶应在本标的西方通过。方位标志的特征规定见表 5-3。

表 5-3 方位标志特征规定

特征	北方标位	东方标位	南方标位	西方标位
颜色	上黑下黄	黑色,中间一条黄色宽横带	上黄下黑	黄色,中间一条黑条宽横带
形状	装有顶标的柱形或杆形			
顶标	上下垂直设置的两个锥体			
	锥顶均向上	锥底相对	锥顶均向下	锥顶相对
灯质	白光,连续甚快闪	白光,联甚快闪 3 次,周期 5 s	白光,联甚快闪 6 次加一长闪,周期 10 s	白光,联甚快闪 9 次,周期 10 s
	白光,连续快闪	白光,联快闪 3 次,周期 10 s	白光,联快闪 6 次加一长闪,周期 15 s	白光,联快闪 9 次,周期 15 s

（3）孤立危险物标志（图 5-34,详见彩插）

孤立危险物标志设置或系泊在孤立危险物之上,或尽量靠近危险物的地方,标示孤立危险物所在。船舶应参照有关航海资料,避开本标航行。孤立危险物标的特征规定见表 5-4。

表 5-4 孤立危险物标志特征规定

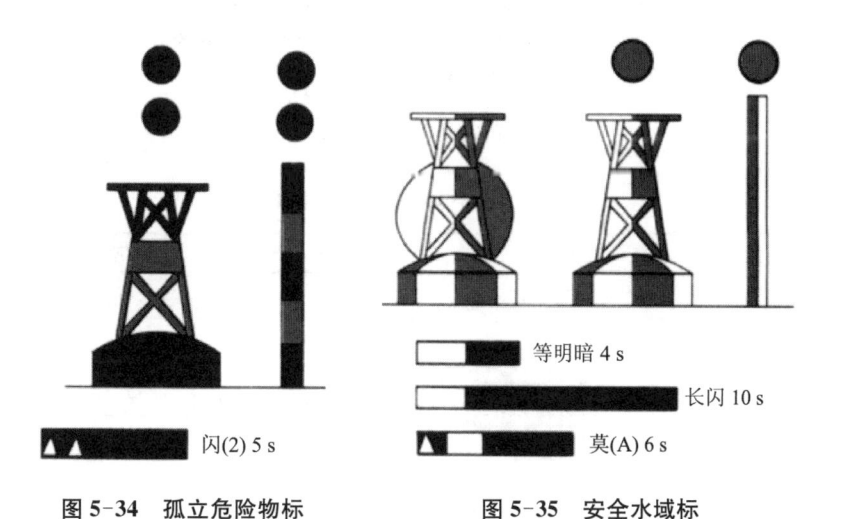

特征	孤立危险物标
颜色	黑色,中间有一条或数条红色宽横带
形状	装有顶标的柱形或杆形
顶标	上下垂直的两个黑色球形
灯质	白光,联闪 2 次,周期 5 s

图 5-34 孤立危险物标　　图 5-35 安全水域标

（4）安全水域标志（图 5-35,详见彩插）

安全水域标志设在航道中央或航道的中线上,标示其周围均为可航行水域;也可代替方位标志或侧面标志指示接近陆地。安全水域标志的特征规定见表 5-5。

表 5-5　安全水域标志的特征规定

特征	安全水域标
颜色	红白相间竖条
形状	球形，或装有顶标的柱形或杆形
顶标	单个红色球形
灯质	白光，等明暗，周期 4 s
	白光，长闪，周期 10 s
	白光，莫尔斯信号"A"，周期 6 s

（5）专用标志（图 5-36，详见彩插）

专用标志是用于标示特定水域或水域特征的标志。按照用途划分（表 5-6），专用标志主要包括以下七类：①锚地；②禁航区；③海上作业区；④分道通航；⑤水中构筑物；⑥娱乐区；⑦水产作业区。在特殊情况下，超出标准所列专用标志的七种用途时，经航标管理机关批准，可另行确定灯质和标记。专用标的特征规定见表 5-7。

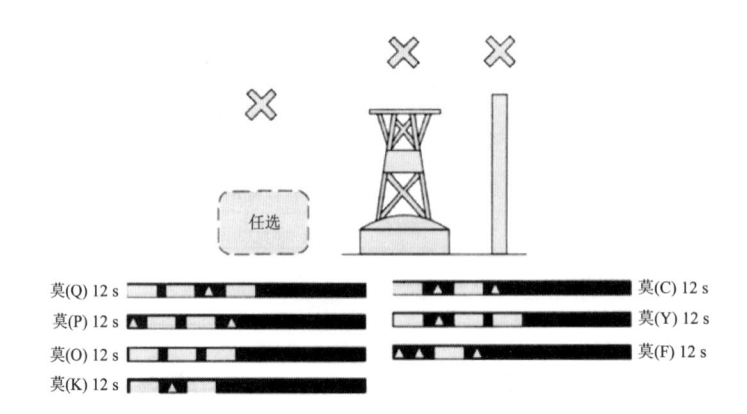

莫(Q) 12 s　　　　　　　　　　莫(C) 12 s
莫(P) 12 s　　　　　　　　　　莫(Y) 12 s
莫(O) 12 s　　　　　　　　　　莫(F) 12 s
莫(K) 12 s

图 5-36　专用标志

表 5-6　专用标志用途分类表

标志用途	标记		灯质		
	颜色	符号	光色	莫尔斯信号	周期(s)
锚地	黑	⚓	黄	Q	12
禁航区	黑	✕	黄	F	12

(续表)

标志用途	标记 颜色	标记 符号	灯质 光色	灯质 莫尔斯信号	灯质 周期(s)
海上作业区	红/白	(直角三角形)	黄	O (— — —)	12
分道通航	黑	(双向箭头)	黄	K (— · —)	12
水中构筑物	黑	(三角形)	黄	C (— · — ·)	12
娱乐区	红·白	(伞形)	黄	Y (— · — —)	12
水产作业区	黑	(鱼形)	黄	F (· · — ·)	12

注:本表所列周期均可以15 s为备用周期。

表 5-7　专用标的特征规定

特征	专用标
颜色	黄色
形状	不与浮标和水中固定标志相抵触的任何形状
顶标	黄色,单个"×"形
灯质	符合表 5-6 的规定

(二)海区航标设置一般要求

1. 航道口门标志的设置应符合下列规定。

(1)有条件时,航道口门应设置灯塔和灯桩等岸上固定标志,并与干线上的航标相衔接;条件不足时,可设置灯船或大型浮标等浮动标志。

(2)标示航道入口的浮标,宜设置在航道中轴线或边线的延长线上,并应与航道入口保持足够的距离,对 10 万 t 级以下的航道不应小于 1 nmile,对 10 万 t 级及以上的航道不应小于 2 nmile。

2. 在不同地理环境和航道条件下,航标设置应符合下列规定。

(1) 在航道附近的山头、岬角、岛屿以及航道边线附近的突嘴、礁石等危险物上应设置固定标志。对有妨碍航行的水下障碍物和浅水区应设置浮标,标示出安全航道。

(2) 人工航槽或狭窄航道应设置航道侧面标志标示航道界限,通航条件较差的航道可设置导标。

(3) 需要标示的自然航道,可根据航道的实际需要采用对称、交错、单侧或中间设置等方式设置侧面标志或安全水域标志。

(4) 对复式航道,应根据航行要求和设置条件布设标志。对中间大船航道、两侧小船航道的复式航道,可用航道侧面标志标示小船航道外侧界限;对大船航道与小船航道分开设置的复式航道,可在两个航道外侧设置航道侧面标志。

(5) 对船舶定线制水域航道,当分隔带、分隔线分辨有困难时,可用安全水域标志或分道通航专用标志标示分隔带、分隔线位置。

(6) 对桥区航道,当通航条件受限时,应设置桥区浮动助航标志。浮动助航标志应与桥梁助航标志的设置相配合,宜沿航道两侧成对设置,且不少于两对,其中第一对距桥身的距离不应小于桥梁设计最大通航船舶船长的 5 倍。浮动助航标志根据桥梁通航孔形式,可按下列要求配置:

① 在单孔双向通航桥梁桥区航道边界设置侧面标志。

② 双孔单向通航桥梁桥区航道,在通航桥孔的外侧边界设置侧面标志,或在两个通航桥孔航道中央设置分道通航专用标志,驶离通航孔后的外侧边界侧面标志允许少设或不设。

③ 三孔通航桥梁桥区航道,用侧面标志标示主通航孔航道的边界;需标示辅通航孔时,在两外侧航道的外边界设置侧面标志,并用推荐航道侧面标志标示主通航桥孔航道的两侧边界。

(7) 在航道交叉处应设置推荐航道侧面标志,当推荐的主航道难以明确时,可在交叉处设置方位标志。

(8) 航道侧面标志设置应符合下列规定。

① 尽可能沿航道轴线左右对称、前后等距布置,潮流与航道夹角较大或狭窄航道沿航道轴线交错、单侧等距设置。

② 同航向侧面标志间的布设间距根据当地通航环境确定,通常为 1～2 nmile,特殊情况下适当缩小;对直线段的浮标间距,原则上保证在标准气象能见度条件下,白天至少能从一座标处看到同一航向上相邻的下一座标;夜间至少能从一座标处看到同一航向上相邻的下两座灯标的灯光。

③ 布设宽度根据航标的结构特性、船舶通航要求、航道尺度和工况条件确定,标志在

水面的位置一般不侵占航道。

④ 连续设置的航道侧面标志，灯质一般按单闪、双闪、三闪有规律设置，转向点处通常选用快闪；在背景灯光较多的航道，通常采用同步闪光。

（9）在航道分岔汇合处应设置推荐航道侧面标，当推荐航道不明确或为避免与附近左右侧面标志相混淆时，可设置方位标志。

3. 在靠近航道的涉水建筑物上应设置标示建筑物位置的警示标志，并应符合下列规定。

（1）靠近航道的防波堤或导流堤的堤头、转折点和堤身处应设置灯桩，其灯光不得与水中标志相混淆。口门处的灯桩标身颜色应分别为左侧红白相间、右侧绿白相间。

（2）靠近航道的潜堤堤头宜用灯桩标示，设置困难时可用灯浮标标示。

（3）当整治建筑物所处水域通航环境复杂时，可采取增加标志配布密度、设置电子警示牌等措施。

4. 无线电助航设施应根据船舶航行需要和航道条件设置。在航道口门、重要转向点、导堤堤头和其他重要部位，应设置雷达应答器、雷达指向标或 AIS 航标。在条件受限的特殊水域或重要位置，可设置虚拟航标。无线电助航设施可与视觉航标同时设置，也可单独设置。

5. 音响航标可作为辅助性的助航设施，且宜与视觉航标共同设置。在灯塔或航道口门灯船上可设置雾号，在航道关键部位的浮标上可设置浪动音响装置。

6. 航标设备的选型与配置应符合下列规定。

（1）灯浮标、锚链应满足现行行业标准《浮标通用技术条件》（JT/T 760-2009）和《浮标锚链》（JT/T 100-2005）的有关要求。在风浪、流速较小，锚抓力较好的航道水域，浮标锚链的长度宜取最大水深的 3～4 倍；当风浪、流速较大，锚抓力较差时，锚链长度应根据具体情况适当增加。

（2）灯塔、灯船或大型浮标应配有主灯、备用灯以及主灯与备用灯自动切换装置。主灯灯光射程应不低于 10 nmile。

（3）灯塔、灯桩的灯光，可在其射向危险区或危险物的作用范围内设有色光弧；对非观测部位的灯光宜做遮光处理。

（4）灯塔、灯桩的灯光焦面高程应满足地理视距与设计灯光射程的要求。

（5）冰情严重水域设置的航标应适应冰冻的影响。

7. 大型灯浮标、灯船等结构应进行专项设计。

8. 灯塔设计应符合现行行业标准《灯塔主体及附属设施设置要求》（JT/T 321-2020）的有关规定。

9. 对于孤立的灯塔、灯桩应根据现行国家标准《建筑物防雷设计规范》（GB 50057-

2010)的有关规定,按第二类防雷建筑物进行防雷设计。

思考题

1. 航标配布类别有哪些?
2. 内河航标配布的基本内容有哪些?
3. 内河航标配布的总体原则有哪些?
4. 内河航标配布的基本步骤有哪些?
5. 什么是设标尺度?
6. 岸标的设置方法有哪些?
7. 浮标设置方法有哪些?
8. 航标如何编号?
9. 水网地区航道配布的基本要求有哪些?
10. 航标配布原则有哪些?
11. 海区航标与内河航标左右岸设置规则是否会影响航标的布设?

第六章 航标巡检和维护保养

第一节　航标检查与保养

航标养护目的是:确保航标标位正确、色质显明、灯光明亮、闪光正确、技术状况良好、质量符合规范要求,能够充分发挥航标的助航效果,为过往船舶航行指出安全、经济、快捷的航道。江苏省内河航标维护执行《江苏省内河航标管理实施细则》(见附录G)。航标的正常巡航检查是航标养护管理的首要工作任务,是确保航标质量考核指标和质量标准达到要求的重要方法。

一、我国内河航标养护检查质量考核指标和质量标准

根据航道维护的分级,我国内河航标养护检查质量考核标准分为三级。

一级维护工程:航标维护正常率达到或超过计划指标的99.9%;

二级维护工程:航标维护正常率达到或超过计划指标的99%;

三级维护工程:航标维护正常率达到或超过计划指标的98%。

各河区航标管理部门应根据本辖区的特点以及不同季节或水位期制订航标维护工作措施或规定,下达航标维护指标。航标员则依据航标维护措施或规定工作,努力达到维护指标。

二、航标检查

(一)航标检查的种类

航标检查分日常检查、定期检查和全面检查三种,遇特殊情况,还应随时检查。

1. 实时监控与数据分析

安装GPS、数据监控终端,利用航标管理系统对工作状况进行检查,要求当天对航标数据进行分析,发现问题及时处理。

2. 日常检查

日常检查是航道管理站(航标工作船艇)日常性的工作。日常检查的间隔时间可视航道条件、航道演变情况及航标质量要求而定,具体标准由航道主管部门规定。江苏省内河航标日常检查一般要求是每月4次,其中夜航1次。对全线安装遥测的岸标或固定

灯桩要求每 3 个月检查保养 1 次。

多变河段和水运发达的山区河流一般宜每天进行一次,枯水期还可根据航道变化程度增加检查次数。

3. 定期检查

定期检查可在更换航标电池或进行航标保养(清洁、油漆)时进行,也可由航道主管部门规定定期检查的间隔时间。定期检查的次数,航道站一般每月不少于 1 次;基层管理单位每季度不少于 1 次(包括夜航查灯);航道主管部门每半年宜进行 1 次,对检查中发现的问题应及时纠正。

4. 全面检查

航道站每季度应进行多次全面检查,特别在洪水前后、暴风雨(雪)之后、冰冻河流开江后均应进行全面检查。对于发现的问题根据制定的应急预案确定是否需要启动应急预案,保证航标在 24 小时内能够恢复正常。

(二)航标检查的内容

1. 航标位置是否正确,航标标示航道内是否有足够水深;
2. 航标外观是否完好,浮标系留设备是否牢固可靠;
3. 航标是否倾斜,标体和灯器色质是否明显;
4. 灯光是否明亮,视距是否达标,仪器设备和电源工作是否正常;
5. 平台或器具有无积水。

(三)航标检查具体方法与注意事项

1. 岸标检查

(1)检查岸标是否准确,标牌角度是否适当,如是导标、过渡导标、首尾导标,还应检查两标交差、两标间距是否正确,如有不妥,应立即纠正;

(2)检查岸标有无被杂草或其他物件遮蔽,如有,应予清除或撤除;

(3)检查岸标所在地有无岸崩现象,如有,应及时将标志迁移;

(4)检查岸标是否保持直立,如有倾斜,应立即扶正并填土加固,检查顶标是否松动或破损,如松动破损,应及时修整;

(5)检查岸标的损坏程度,钢质标杆是否锈蚀,木质标杆是否腐烂或被虫蛀,水泥标杆是否露出钢筋,如损坏情况严重,应进行保养或修补;

(6)检查标志上的螺丝、滑轮有无锈蚀或不灵活的情况,不能再用的应及时调换,还可以继续使用的应修理并加润滑油保养;

(7)检查支索、支索桩是否良好,各支索是否都张紧,受力是否相同,索桩有无松动,踏脚和拉手有无松脱,拉灯和拉信号的绳索有无霉烂;

(8)检查标杆、顶标油漆是否鲜明,根据检查结果进行洗刷、油漆;

(9) 检查信号台电话和线路设备及信号是否完好；

(10) 检查注意事项：检查岸标要注意安全，工作船艇勿在崩塌地段停靠，登高作业要系安全带，攀登时必须徒步进行，攀登前应先检查标身和支索，试验灯绳拉力，不允许两人同时上杆攀登，杆下工作人员要戴安全帽。

对角钢灯桩、砖石结构和混凝土结构的小型灯塔，除了应检查标志功能是否正常、颜色是否鲜明、各部位是否完好外，还应注意表层灰面有无裂缝或脱落，砌填灰条有无粉落现象，如有，应及时加以充填修补并刷灰或涂补相同颜色的油漆。

2. 浮标检查

浮标受自然界影响较大，可靠性远不如岸标，所以在日常维护检查中尤应注意。

(1) 检查浮标的标位是否准确，有无走锚离位或翻沉的现象，如有，应寻找出正常的标位后探测标位周围水深，恢复其正常。对离位漂失的浮标，除应立即摸清其标位，重新抛设浮标外，还应立即寻找旧浮标。对翻沉的浮标，应立即进行打捞，拖回航标站进行检修保养。

(2) 检查浮标上部的标顶灯架和建筑物（指灯船）是否完好牢固，颜色是否鲜明。如有异常，应及时进行修补或调换，对修补或调换的部件应重新涂漆。

(3) 检查浮具的水密和锈蚀情况，如发现浮身内有积水应查找原因，并将积水设法排出。对锈蚀轻微的浮标，可进行现场除垢，铲锈补漆；对锈蚀严重的浮标则应拖回修理。如有不正常现象，则应予以调换或修理。

(4) 检查浮标标缆的长度是否适当，应根据水位升降收短或放长标缆，使标志浮留在给定的位置上。

(5) 检查标缆的完好程度，磨损严重的链环、钢丝绳，拉系力不足的化纤绳、篾缆都应调换；同时检查浮具与标缆、链环与卸口、转环与链环、标缆与沉石工或锚、沉锤等之间的连接情况。如发现有可能松脱的，应立即上紧或重新绑扎，使其连接紧靠。

(6) 检查浮标标链或连接部位，是否挂有杂草或其他杂物，如有，应予清除。冬季应经常对浮标上各部分的冰雪清除。每次检查都应做好标志的清洁工作。

(7) 注意事项：凡检查标志时，都要检查灯光。水中灯桩可根据结构材料的不同，参照上述岸标与浮标的检查内容进行。

（四）不同水期的航标检查

航标设置与水位的关系极为密切，所设置的标志必须反映不同水位时期的航道条件，为船舶航行提供可靠的依据。因此，不同时期的航标维护工作重点也不相同。

1. 洪水期

当水位上涨，河水浸没枯水河床时，开始进入洪水期。河流中洪水期的水位涨落幅度较大，尤其山区河流更为突出。为了把航标调整工作安排在洪水来临之前，但又不宜过早,就必须注意了解和掌握水情变化状况,组织好水情传递工作,据此才能有计划、有准备地做好标志调整工作,保证标志的正常和生产的安全。如果这项工作到洪水到来时再进行,势必造成工作忙乱或经济损失。

当水位上涨尚未淹没岸线之前,就应做好标志检查加固和洪水设标的准备工作。对泛滥地区和崩岸处的岸标应加固、内移,预先埋设好泛滥标,一般在泛滥标所在地的岸线差 0.5 m 被淹没时,泛滥标即开始发光。

对难以设置和维护的标位,应事先做好标桩加固、系结链索的工作。同时在标志配布上也要做适当调整,以免某些难以维护的标志一旦失常,给航行或恢复原标位造成困难从而影响航行安全。

由于水位的升高,使原来的障碍物或浅滩土水深加大,原来浅滩航道变为正常通道,反之,又有些障碍物上出现水深不足而碍航,因此对某些标志则需要撤除或维护。撤除或维护的标志应依据该河段的航标维护水深而定,即以礁浅上水深达到所规定的航道维护水深时的关系水位为标准。这就要求航标工作者熟知和掌握辖区内各礁浅地区的高度和水深,根据不同水位高度估算出礁浅上水深,以利于航标维护工作的进行。

为避免因洪水上涨而引起标志漂失离位或下沉,应预先对浮标进行全面检查,放长标志的系缆,把强度不够或锈蚀磨损严重的链索加以更换,并选用浮力大、稳性好的浮具取代,同时对固定较好的标志或大型浮具进行一次活锚。

对水位涨落不定、突涨突落、涨落频繁的山区河流,应特别注意水位变化,随着水位的升降及时地移设标志,必要时,可将浮标拖至岸边,待洪峰过后,再重新测定标位安设。此时,标志的维护工作量大而繁重,不允许有微小疏忽。在某些河流中,由于洪水泛滥,夹带大量杂草造成流水不泄,会给标志造成极大危害,应加防范。

洪水期,江、河、湖泊的航道尺度都增大时,应及时对经济航道进行开放和维护。

洪峰过后,有些中小山区河流水位退落很快,当礁石、石梁、河岸露出水面时,应及时检查标位及浮具的系留设备等情况,进行必要的加固。尤其是对维护困难的标位应加强检查,以备下次洪峰的到来。

我国南方大部分河流在洪水期后相当一段时间内航道条件较好,水位基本稳定,持续时间较长,日常维护任务不繁重,此时正处于天干日暖,是进行标志全面保养的大好时期,可充分加以利用,并为枯水期的到来做好物资准备。

2. 枯水期

河床经过洪水后,有的被冲刷,有的可能淤积,洪水还可能带来新的障碍物遗留在航道内,因此,当洪水退落后,航道(标)站应进行一次全面扫床,施扫重点在淤沙严重的浅滩段,其目的是搜寻洪水后航道内有无新的障碍物,如有障碍物,对其性质、范围及碍航程度都要摸测清楚,以便决定设标或清除。

洪水退落后,航道经过扫床和检测,发现原来布设的标志已不适合变化后的航道情况的,应及时调整标志配布。

当被淹没的岸线、岛屿、礁石相继露出水面,但水位仍在不断下降时,应密切注意水位降落情况,增加浅滩河段的探测次数,及时调整标志。当水位退落到被淹岸线以下 0.5 m 时,泛滥标即停止发光或撤除,洗刷被淹岸标的泥污,并补刷油漆,收短浮标系缆,使其长度适合标位水深的要求。

对不足航道规定尺度的经济航道,可撤除标志并封闭,需要常年维护的短捷缓流航道的标志,可根据水位退落情况进行调整。

当河水退落到枯水河槽时,即进入枯水时期。这时的航道多弯狭窄、水深不足,航标数量增多、密度加长,极易被船筏碰翻撞沉或离位,应加强标志的检查与航道探测工作。此时对于标志的设置必须准确地标出航道的方向、界限和浅滩轮廓及障碍物所在位置,揭示航道最小水深,指挥弯曲狭窄航道的水上交通秩序,加强对困难多变浅滩的观察探测,及时了解和掌握浅滩变化,制定枯水"保深""保标"的具体维护措施。枯水期多出现在秋末、春初和寒冬季节,但在山区由于夏季久晴无雨,河流亦会出现干枯,而在冬季如雨水连绵,则有洪峰出现的反常现象。我国南方河流在冬季虽无封冻现象,但在寒潮低温影响下,也常有冰凌出现,由于冻结不实以致在很短时间内就形成流水,这时应注意清理标上的积雪和冰凌,防止流冰对标志的损害。

3. 季节性航道

所谓季节性航道,系指全年通航期在三个月以上的河流,其停航有因枯水期流量小、水深不足和冬季冰封江两种情况,而其他时间可以通航。

(1) 封江河流开江后的航标维护

我国北方的河道,由于冬季结冰,在封冻期间船舶无法航行,因此封冰前必须撤除水上浮标,收回灯器,一直等到次年春暖,河流解冻,待流水全部流过后,方始开江。

封冻河流每年开江时间,一般在 3 月至 4 月初,开江后即是枯水期开始。在河流解冻开始时即应做好标志恢复的一切准备,待接到出航命令,立即执行设标任务。此时航标设置应以上年封冻前所做的次年开江后复标计划为依据,但因几个月封冻期的冰下水流造床活动和春、秋两次水流的影响,航道情况必然会与上年封冻前有所变化,为了了解封江后浅滩的变化,各航标(道)基层单位在每年开江前 1 个月(一般是 3 月份)组织本单位人员奔赴辖区内的主要浅滩河段进行"冰上作业"(钻冰眼、探水深),钻冰眼的多少要根据浅滩面积的大小而定,一般的要钻 20～30 个,多的有 50 个。"冰上作业"要做好记录并绘制浅滩变化草图,为开江后的航标配布做好准备工作,要依据"冰上作业"所探测到的航道实际情况对上年封冻前所做的复标计划进行修改,然后按修改后的计划实施。开江后的航标布设工作时间紧、任务重,要求在短时间内恢复完毕,以保障运输的正常进行。

当航标全面恢复完毕后,即进入正常维护。应经常探测水深,了解和掌握航道变化情况,及时调整标位高差和间距,并做好标志维修与杂草清除工作,务必使标志处于正常状态。

北方河流一般到 7 月转入洪水季节,在洪水来临前或洪水期间的维护重点参阅洪水期航标检查部分。

秋季水位又开始下降,即秋枯期,这时航标又从洪水期转入枯水期维护,应加强航道水深探测,掌握航道变化,及时调整标志,使之始终指出深泓航道所在。入冬天气转冷,河道开始有冰凌出现,这时应掌握冰情,根据封江预报与停航指令,力争在流冰前撤除水上浮标和全部灯器,船艇入坞,进行标、船的维修保养以安全越冬,为次年开江复航做好准备,在此期间要对航道进行全面探测,制订次年开江后的航标工作计划。

(2) 季节性小河航标的养护

我国南方河流,冬季虽无封冻现象,但一些中小支流,由于枯水期水源不足,迫使船舶停止运输,一直等到次年春,洪水位上涨后,才能恢复运输。在停止运输期间,航标亦应撤除。

这些河流的通航期,一般在每年 3～9 月雨量充沛时期。航标工作应根据各河流水位情况,及时地进行标志设置,标志布设完毕,先行试航,加以必要的调整后,以公报形式公布。

季节性通航的中小河流的航标设置,主要是标示出困难河段的航道轮廓、界限、淹没的岸线、江心洲和水下障碍物的位置,并不要求一标接一标,有些优良河段可利用地物、地貌和驾引人员航行经验便可航行,所设置的标志也多属简易标志,发光与否要视运输的需要而定。

季节性河流的航标维护,重点在及时恢复毁损或离位的标志,清除淤挂的杂草并维护灯器的正常。

当水位下降时,应加强航道水深探测工作,及时掌握航道变化与航道尺度,并将测得的最小水深与宽度及时上报航道主管部门,在水位退落到所规定的维护尺度以下而无必要继续维护时,根据上级指令撤除全部标志,收回发光灯器,集中加以维修保养,妥善贮存以备来年使用。

(五) 调标改槽

通过各种简便方法摸清航道情况后,如发现另有航道尺度与航行条件较好的新航槽,而且较原航槽更能适应航行的需要,就应及时进行调标改槽,让船舶沿新航槽行驶。调标改槽进行的方法和步骤如下:

根据检测结果,先在新航槽抛设临时浮棒标记,岸标则可利用地形、地物或插杆作为假定标位。此后,在临时抛设的棒浮或假定的岸标位所示航道范围内,再进行详细的探测。必要时进行硬式扫床,进一步摸清新航道实际水深和航宽,当确认新航道的航道尺度与航行条件优于老航道且临时代用标位可行时,就可决定开放新航道。

这时即可用正式标志将临时代用标志加以更换。在新槽标志布设完毕后,便可将老航道标志撤掉。如果新老航槽相距不远,也可一面撤除老航槽的标志,一面向新航槽移设。

在调标改槽时,要与过往船舶及时联系,主动介绍航道标志变动情况,避免发生误会和事故。

调标改槽整个工作结束后,航标主管单位要发出航道通电或航道公报,通知各有船单位。

三、航标保养

航标保养分日常保养和定期维修保养。

（一）航标的日常保养

航标的日常保养在日常维护检查时进行,主要是对设备的日常清洗、修复,以及对灯器、电源一般故障和受潮浸水后的处理。

（二）航标的定期维修保养

定期维修保养应有计划地进行,使航标设备恢复到原有的基本性能。

1. 定期维修保养的一般要求

（1）标志、浮具

钢质类视锈蚀破损程度进行修复并除锈、油漆；竹木类应检查是否腐烂,经修复后油漆；钢筋混凝土或砖石类应修补粉刷或油漆；其他结构的均应视情况修补后粉刷或油漆。

（2）灯具

全面检修,金属外壳除锈上漆。

（3）电源

按产品生产厂家的要求进行。

2. 定期维修保养时间的一般安排

定期维修保养的时间安排,由各航道基层单位制订,报上级主管部门批准。一般如下：

（1）岸标每年清洗 2 次,油漆 1～2 次,铁质标杆每 2 年除锈 1 次。

（2）信号标标杆,按岸标标杆的规定执行,标杆应每月清洗 1 次、每季油漆 1 次,滑轮、绳索应每日检查,并根据情况进行必要的清洁。

（3）竹、木质浮标每季清洗 2 次,半年油漆 1 次,每年上标全面清洗、晾干、整修、油漆；

（4）钢质浮标：φ1800 mm以上的浮鼓，每半年清洗、油漆1次，每3年上标全面检修，包括除锈、油漆等；一般浮标，每季清洗2次，半年油漆1次，每2年上标全面检查修理1次，包括除锈、油漆、清除浮体内积水等。

（5）灯船应经常检查舱内有无积水，如有应随时清除，每半年清洗、油漆1次，每5年进厂检修1次。

（6）系留设备应结合活锚或调整标位时，检查磨损程度，按时更换，使用满1年的锚链应调换并进行全面检查，必要时进行拉力检验。

（7）电航标灯宜每年进行一次质量检查或检修。

第二节　航标标位判断

标位准确是航标发挥正常功能的首要条件。每一座航标的标位在进行航标配布时就已经确定，标注在航标配布图上。标位判断就是利用测量和卫星定位等方法确定当前标位是否与航标配布图上标定的标位相符，如果相符则可判断该标位是准确的，反之则不准确。对不在准确标位上的航标要设法使其恢复到正常标位。目前标位判断的方法主要有仪测法、定位桩测定法、目测法三种。

一、仪测法

适用于岸标、灯桩和浮标位的测定。较精密的测定一般使用经纬仪、全站仪或高精度卫星定位，这里简单介绍经纬仪和全站仪的基本测定方法。

（一）经纬仪及其使用

1. 经纬仪的构造及部件功能

经纬仪的种类很多，基本构造大致相似（图6-1）。一般包括基座、水平度盘和照准部三个部分，如图6-1所示为经纬仪基本构造示意图。此外，还有控制仪器及望远镜旋转的制动和微动设备，以及测角时读取方向值的读数设备等。

（1）水平度盘

它装在仪器的旋转轴上，插在基座的轴套内。测角时，水平度盘一般是不动的，光学

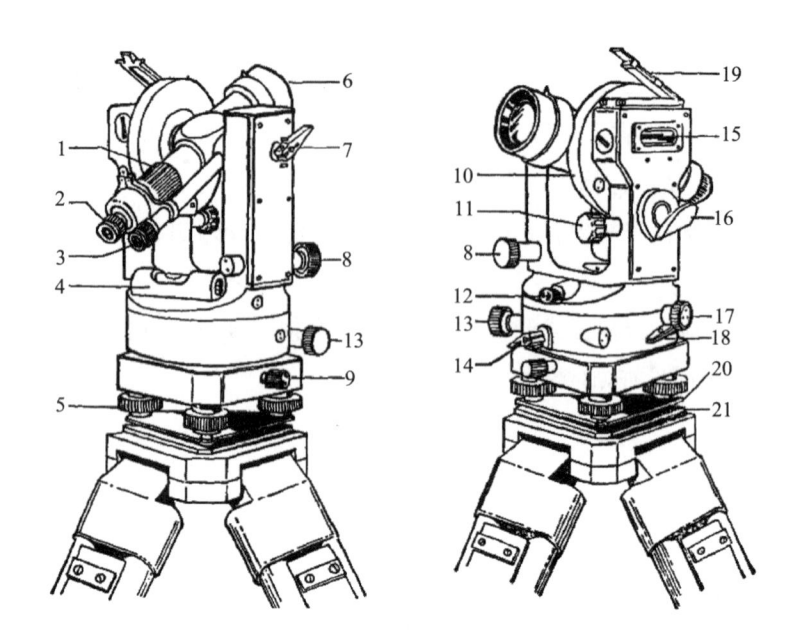

1—物镜调焦螺旋;2—目镜;3—读数显微镜;4—照准部水准管;5—脚螺旋;6—物镜;7—望远镜制动螺旋;8—望远镜微动螺旋;9—中心锁紧螺旋;10—竖直度盘;11—竖盘指标水准管微动螺旋;12—对中器;13—水平微动螺旋;14—水平制动螺旋;15—竖盘指标水准管;16—反光镜;17—度盘变换手轮;18—保险手柄;19—竖盘指标水准管反光镜;20—托板;21—底座

图 6-1 经纬仪结构

经纬仪的度盘是玻璃制成的圆环,圆环上刻有间隔相等的分划线,两相邻分划线间弧长所对圆心角值,称为度盘分划值,通常有 20′、30′、1°几种,度盘分划线的注记一般按顺时针方向增加,光学经纬仪每 1°注记一数字。

(2) 照准部

经纬仪的照准部也是仪器上部能绕竖轴转动的部分,包含支架、竖直度盘、望远镜和水准器等。竖直度盘、望远镜和横轴固定在一起,装在支架上。

经纬仪望远镜的构造与水准仪相同,它不仅可以随照准部在水平方向旋转,而且可以绕竖轴在竖直面内旋转。

(3) 制动及微动设备

一般经纬仪有两套制动及微动设备,一套是控制望远镜绕横轴旋转的叫望远镜制动及微动螺旋,一套是控制照准部绕竖轴旋转的叫水平制动及微动螺旋。

(4) 读数设备

根据测微装置的不同,经纬仪的读数设备和读数方法不同。常用读数设备有以下两种。

① 分划尺测微器;

② 光学测微器:包括 a. 单平板玻璃测微器(J6);b. 双光楔测微器(J2)。

2. 经纬仪的安置

具体步骤：

① 将三脚架安置在测站点上，目估使架头大致水平，架子中心大致对准标志中心；

② 装上仪器，适当拧紧中心螺旋，旋转光学对中器的目镜进行调焦，使测站点标志的影像清晰；

③ 旋转脚螺旋，使标志中心位于对中器的小圆圈中心；

④ 伸长或缩短三脚架架腿，使圆水准气泡居中；

⑤ 用脚螺旋使水准管气泡严格居中；

⑥ 从对中器目镜观察对中情况，若标志位于圆圈中心，则说明仪器已安置好了，否则可松开中心螺旋，平移基座使其精确对中。

3. 经纬仪的作用

经纬仪能够对角度进行测量，配合钢尺、测距仪等距离测量工具，通过三角函数计算可以解决各类水平的放样、测量。

（二）全站仪及其使用

1. 全站仪的构造及功能

全站仪能够较完善的实现测量与处理过程的一体化。目前，全站仪的种类很多，常用的全站仪品牌有瑞士徕卡的 TC 系列、日本拓普康的 GPT 系列、日本索佳的 SET 系列、日本尼康的 DTM 系列、中国南方的 NTS 系列等 10 几种品牌。各类全站仪的外形都大致相同，主要由照准部、基座及度盘三大部分组成。全站仪主要部件名称如图 6-2 所示。

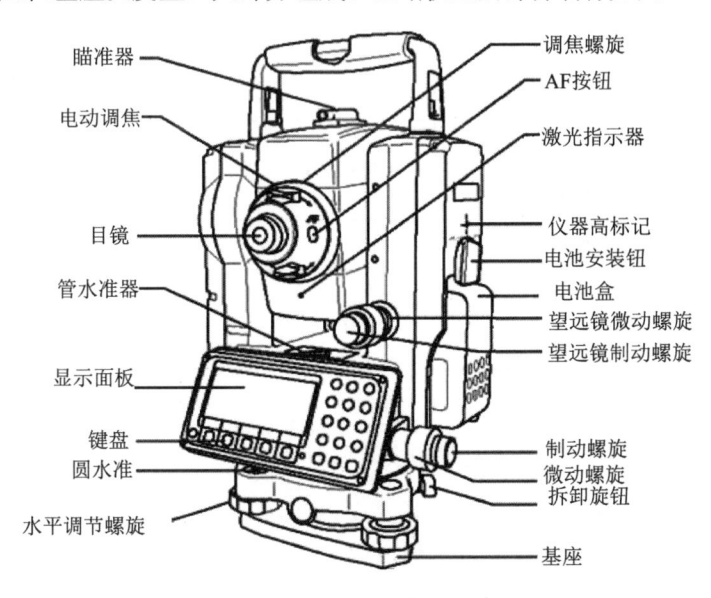

图 6-2　全站仪外形及部件

全站仪的基本技术装备包括光电测角系统、光电测距系统、双轴液体补偿装置及微处理器(即测量计算系统)。有些自动化程度高的全站仪还有自动瞄准和跟踪系统。

现以拓普康 GTS—330 系列的全站仪为例进行介绍。该系列的外观与普通电子经纬仪相似,是由电子经纬仪与电子测距仪两部分组成。

(1) 显示

① 显示屏

显示屏采用点阵式液晶显示(LCD),可显示 4 行,每行 20 个字符,通常前三行显示的是测量数据,最后一行显示的是随测量模式变化的按键功能。

② 对比度与照明

显示窗的对比度与照明可以调节,具体可在菜单模式或星键模式下依据提示操作。

③ 加热器

当温度低于 0℃时,仪器的加热器会自动工作,从而保持显示屏的正常运行,其开关的设置方法可依据菜单模式下的操作方法进行。

④ 显示符号

显示符号如表 6-1 所示。

表 6-1　显示符号及其含义

显示	内容	显示	内容
V%	垂直角(坡度显示)	*	ED 米(电子测距)正在进行
HR	水平角(右角)	米	以米(m)为单位
HL	水平角(左角)	f	以英尺(ft)/英尺与英寸(in)为单位
HD	水平距离		
VD	高差		
SD	倾斜距离		
N	北方向坐标值		
E	南方向坐标值		
Z	高程值		

(2) 操作键

显示屏上的操作键及其功能说明如表 6-2 所示。

(3) 功能键(软键)

软键共有 4 个,即 F1、F2、F3、F4 键,每个软键的功能见相应测量模式的显示信息,在各种测量模式下分别有其不同的功能。

标准的测量模式有 3 种,即角度测量模式、距离测量模式和坐标测量模式。各种测量模式又有若干页，其间可用 F4 键翻页。

表 6-2 操作键及其功能

操作键	名称	功能
★	星键	用于如下设置：(1) 显示屏对比度；(2) 十字丝照明；(3) 背景光；(4) 倾斜改正；(5) 定线点提示器；(6) 设置音响模式
◢	距离测量键	距离测量模式
∠	坐标测量键	坐标测量模式
ANG	角度测量键	角度测量模式
POWER	电源键	电源开关
MENU	菜单键	在菜单模式下和正常模式下切换，菜单模式下设置应用测量与照明调节、仪器系统误差改正
ESC	退出键	(1) 返回测量模式或上一层模式 (2) 从正常测量模式直接进入数据采集模式或放样 (3) 也可用作为正常模式下的记录键
ENT	确认输入键	在输入值末尾按此键
F1—F4	软键（功能键）	对应于显示的软键功能信息

2. 全站仪的安置

(1) 将三脚架安置在测站点上，目估使架头大致水平，架子中心大致对准标志中心；

(2) 装上仪器，适当拧紧中心螺旋，旋转光学对中器的目镜进行调焦，使测站点标志的影像清晰；

(3) 旋转脚螺旋，使标志中心位于对中器的小圆圈中心；

(4) 伸长或缩短三脚架架腿，使圆水准气泡居中；

(5) 用脚螺旋伸水准管气泡严格居中；

(6) 从对中器目镜观察对中情况，若标志位于圆圈中心，则说明仪器已安置好了，否则应松开中心螺旋，平移基座使其精确对中。

3. 全站仪的作用

全站仪能够对角度、距离、坐标进行测量，配合仪器自带计算机或带软件的其他计算机，通过三角函数计算可以解决各类坐标、角度、距离的测量或放样。

二、定位桩测定法

对设置了定位桩的航标，可利用定位桩来判断标位的正确与否，其示意图如图 6-3 所示。

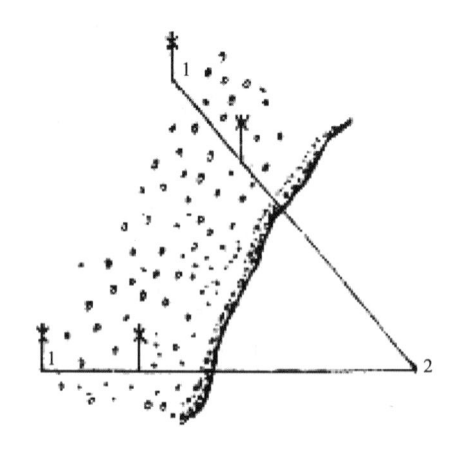

1—定位桩；2—浮标位置

图 6-3　定位桩法示意

三、目测法

目测法分目估法和操具法两种。

（一）目估法

目估法即是用眼睛根据标位附近的固定参照物（如礁石、河岸、树木、地形等）来判断标位，目估的准确程度与观测者的观察能力和经验以及熟练程度有关。这就要求判断者对标位附近的各种地形、地物的形状、大小、位置等情况进行经常的、反复的探测、记忆，并对照航标配布图比较，对标位有着深刻的印象，才能用目估法达到较准确的程度。使用目估法时，经常伴以水深探测作为判断标位的辅助手段。

目估法常用于山区河流不太稳定的标位。

（二）操具法

利用简单的器具来判断标位的方法，常用于与附近物标有固定距离或与相邻浮标有固定距离的航标标位的判断。

操具法测距原理如图 6-4 所示，手拿一根有刻度的小直尺，使尺子竖立，手臂向前伸

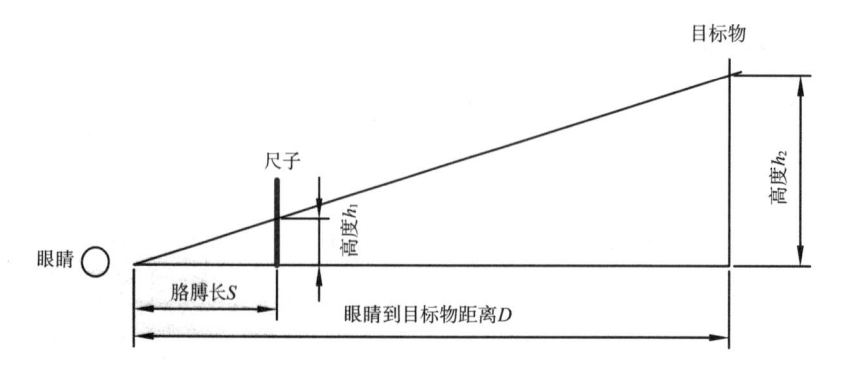

图 6-4　操具法测距离原理图

直,然后眼睛从尺子的顶端瞄准前方远处一个竖直目标,按目标顶部与底部两端在尺子上截取的刻度数值,根据相似三角形的比例关系进行推算,得出观测者与目标之间的距离 D,如果观察位置在标位上,即可测出标位与固定目标之间的距离。计算方法为:$\frac{S}{D}=\frac{h_1}{h_2} \Rightarrow D=\frac{S \times h_2}{h_1}$(其中:$S$——眼睛到尺子的距离;$D$——眼睛到目标物距离;$h_1$——尺子上的高度;$h_2$——根据人或其他参照物估算出的高度)。

思考题

1. 我国内河航标养护检查质量考核指标和质量标准有哪些?
2. 航标检测有哪些种类?
3. 航标检查具体方法与注意事项有哪些?
4. 航标的日常保养内容有哪些?
5. 如何用仪器进行标位判断?

第七章 航标遥测和管理

第一节　航标遥测及管理系统基本原理

航标的遥测监控系统的作用是对航标灯的工作状态、航标的位置变化进行实时监测。航标灯遥测终端把卫星定位数据和航标灯工作参数数据通过无线传输模块传输到监测服务器,监测服务器收到数据后对数据进行解析并保存到数据库,然后把监测数据发送到监测客户端,监测客户端根据收到的数据,在电子地图上直观地显示航标灯的运行状态及位置变化。航标遥测系统设置可以有效地提高航道服务水平,降低管理工作量。

一、航标遥测及管理系统的技术经济性

依据《江苏省内河航标管理实施细则》第十八条要求,江苏省对航标的日常维护和检查,应当做到每月查标4次,其中夜航1次。航标检查时航标人员要爬到数米至十多米高的航标标体平台上检查航标灯、太阳能板、蓄电池等设备是否正常工作,也有可能前面检查过,后面就出故障,要等7~8天再来检查或船民发现航标灯不亮向航道部门举报后才能发现,航标发光率不可能完全得到保证。常规管理航标的方法,不但航标维护费用高,航标人员劳动强度也很大,比如常州市辖区太湖3座航标距负责管理的航道站有65 km,采用最小的甲型航标艇检查航标,其燃料费416元/km,则每次检查航标的燃料费为27 040元,还不包括航标人员工作经费和航标艇修理和辅助材料费。由于各县航道站航标设置数量少且分散,因此给航标管理工作带来了很多困难,而使用遥测系统可以大量减少人力和航标艇的费用。

二、航标自动遥测及管理系统的技术先进性

交通运输部早在"十二五"发展规划中就指出航标管理与维护要科学化、规范化,要积极推广使用新技术、新材料,积极开发航标遥控遥测技术,提高航标管理与维护的科技含量。

为了航标的正常工作,航标维护人员不论刮风下雨、严寒酷暑,都坚持按制度巡航查标,工作极为艰苦,即使这样,也很难保证两个巡航周期之间所有航标处于良好的工作状

态。为了能保证航标的正常率,减轻航标维护人员的劳动强度,江苏省航道局早在20世纪90年代就开始了这方面的试制工作,由于当时的技术水平及计算机的应用方面受到限制,所做的遥测未能很好地就使用(当时主要使用高频对讲机传送信号);随着科技的进步,计算机应用软件及通信的普及,江苏省航道局在1999年再次开始对航标的遥测研制工作进行了大量的调查研究,并请了有关专家对航标的遥测进行了可行性研究,得到有关专家的肯定和支持,因此,2000年正式立项,2001年初步研制成功并投入试用。

内河航标自动遥测管理系统项目研制成功后,使得现行的内河航标管理方式上了一个台阶。用手机、电话机、微机在各地都能遥测到偏僻水域中航标灯电池电压、工作电流、闪光次数、周期、太阳能板充电电流,有故障还能自动报警。航标遥测装置能提供手机、电话机接收的语音信号,也能提供微机接收的数字信号,使得省、市、县三级航标管理实现智能化,形成一个完善的航标管理监督机制,降低了航标管理人员的劳动强度,确保了航标的发光率,使航标工作更好地为航运事业服务。

三、航标遥测及管理系统基本工作原理

基于《航标遥测遥控系统技术规范》(JT/T 788—2010)要求,目前航标遥测系统的设置已进入规范化阶段。

航标遥测遥控系统由监控中心、数据采集终端及通信系统组成,监控中心负责从航标数据采集终端获取航标运行信息,并对数据进行存储、显示、处理、报警、编辑、生成、存档、打印,最后报送航标管理所需的各类报表。监控中心可通过图像化人机界面,监视、查询、分析航标设备运行信息,并向各数据终端发送遥控指令,以检查、控制航标的运行状态,如图7-1所示。

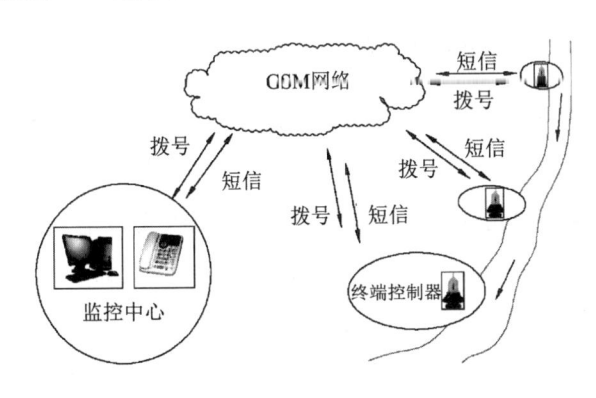

图7-1 遥测航标控制中心原理图

客户端通过LAN或WAN连接控制中心,查询、显示航标遥测控制信息,客户端的查询权限、查询内容、功能定位由控制中心设定。

目前我国已建成了覆盖全国的GSM数字蜂窝移动通信网,提供多种业务,主要有语

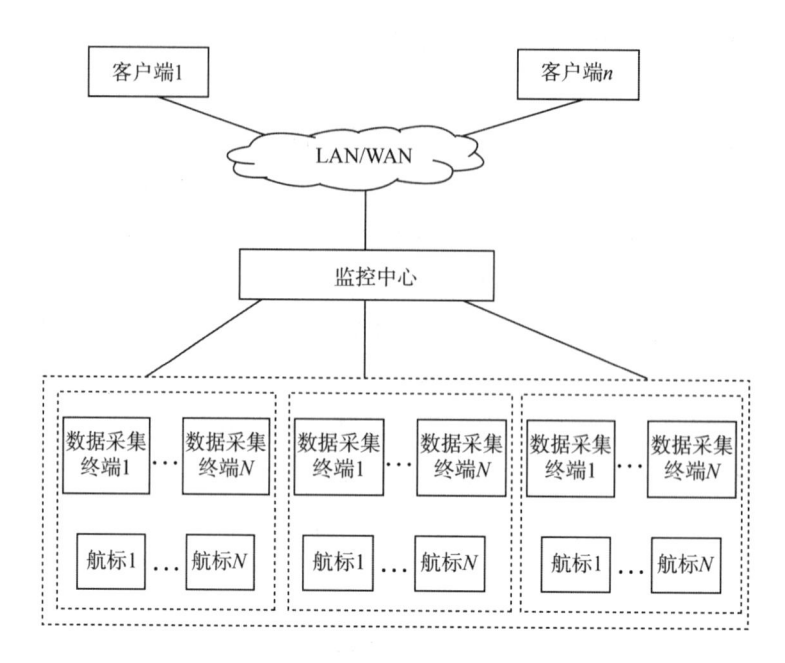

图 7-2　航标遥测遥控系统拓扑结构图

音业务、短消息业务、数据业务等。航标遥测遥控系统通过选择短消息(SMS)业务,利用信令信道传输,直接将需发送的信息加上目的地址发送到短消息中心,再由短消息中心发给对应接收的航标,航标在接收到信息后,将采集到的航标信息反馈给控制中心,如图7-2所示。该系统使用费用比较低廉,大量应用在内河航标遥测中,目前江苏省内正在使用的是江苏省内河航标遥测遥控系统,湖北蓝宇航标股份有限公司开发的终端设备将GSM、GPS均整合在航标中,将是航标新技术的发展方向。

四、航标遥测装置的基本构成

航标遥测装置由数据采集部分、中央处理器、GPS定位部分、GSM通信部分、语音部分、电源部分组成。

数据采集部分,将电池电压、充电电流、灯丝电流等模拟量,经模数转换成数字量,送入中央处理器,灯质、备用信息等数字量直接联中央处理器;GPS定位部分,采用GPS OEM板(由变频器、信号通道、微处理器和存储单元组成),其数据格式大多采用美国国家海洋电子协会制定的 NMEA-0183 通信标准格式,提供纬度、经度、高度、速度、日期、时间、航向及卫星状态等信息,我们这里关心经纬度、日期时间、高度信息,在不使用差分纠正的情况下,C/A码的定位精度达到 20 m(无 SA 码),通过串行口与中央处理器互联;GSM通信部分,采用GSM通信模块通过串行口与中央处理器互联;中央处理器,负责监测 GPS,GSM 模块数据由串行口发送过来的,中央处理器再根据

GSM 模块送来的用户信息作出相应的处理（语音查询，建立话音通道，发送语音信息；用户对终端的设置命令，对自身的参数修改；短信查询，将信息编码后以短信方式发给用户），中央处理器根据内建的实时时钟完成信息的自动上传，时刻检测航标状态，发现故障自动报警；电源部分提供给装置充分可靠的电能，太阳能板加装免维护蓄电池，使用低功耗器件，并采用休眠方式降低整机功耗。

五、航标遥测及管理系统的功能应用

航标遥测及管理系统具有的良好的技术经济性和技术先进性，是航标使用养护及科学管理的重要方向。航标遥测及管理系统能够通过航标管理控制中心轻松实现对航标灯下列状况的监测：

1. 航标主电池的电压；
2. 太阳能板的充电电流；
3. 发光体的灯丝电流，闪光周期，灯质的闪光次数，双丝灯泡及换泡机等备用状态；
4. 测浮标的经纬度位置；
5. 通过固定电话语音直接查询航标的当前状态；
6. 通过 GSM 移动电话短信功能直接查询航标的当前状态；
7. 按照设定的时间点自动向管理中心上报实时状态；
8. 按照设定的正常工作状态，可实现故障的自动报警。

根据各地航标执行的功能的不同，航标遥测还可增设 GPS 定位、撞击振动、水位等拓展遥测功能。

第二节　常见航标遥测故障及处理方法

航标遥测及管理系统在使用过程中可能由于设备故障（如：太阳能板、蓄电池、航标灯、电线配置不太规范，一些太阳能板、蓄电池年久容量衰减、电线老化，造成充电和储电不足）、通信网络故障、操作人员失误等，造成不能正常使用的情况，现将常见故障的原因分析和处理方法总结到表 7-1，供航标管理人员进行比较分析。

表 7-1 航标遥测故障及处理方法

序号	航标遥测装置故障现象	故障原因分析	处理方法
1	某座遥测航标用手机、电话机、电脑都无法遥测。其他航标遥测正常	直接拨该座航标 SIM 卡号码,如网络提醒已关机,查看近几天历史遥测数据:①电压下降,充电电流正常,说明航标蓄电池已损坏和失效;②电压正常,充电电流正常,灯电流正常,说明 SIM 卡损坏或电池被盗;③电压下降、充电电流很小,说明太阳板损坏或失效	故障①更换航标蓄电池;故障②将遥测装置 SIM 卡插到普通手机测试,用学生橡皮轻擦 SIM 卡金属表面排除其因长久使用金属被氧化故障,在排除蓄电池故障后,说明遥测装置损坏需送厂家维修;故障③更换损坏的太阳板
2	遥测航标用手机、电话可以遥测,但电脑无法遥测。查看遥测界面时,遥测装置处于断开状态	①管理软件设置有错;②微机机顶盒有故障;③微机机顶盒 SIM 卡欠费	故障①设置在连接状态;故障②将机顶盒 SIM 卡插到普通手机测试一下,正常说明机顶盒损坏;故障③充值
3	遥测航标时,电压正常,灯电流大小不正常,灯周期不稳定	遥测装置因人为接线错误,造成取样电阻烧坏	将遥测装置送厂家维修
4	遥测航标时,电压为零,灯电流、充电电流和周期正常	接线错误	恢复正常接线
5	遥测航标时,手机接收的是语音而不是文字	遥测装置中来电显示功能出错	将遥测装置送生产厂家维修
6	某座遥测航标用手机、电话机、电脑遥测,白天充电电流、蓄电池电压正常,晚上灯电流正常,但蓄电池电压下降幅度大,至黎明电压下降至航标灯无法正常发光,此时灯电流根据航标灯电路结构不同,有的正常,有的下降很多	查看近几天历史遥测数据:①电压正常,充电电流正常,说明航标蓄电池已损坏或失效;②电压正常,充电电流很小,说明太阳能板损坏或失效;③白天蓄电池电压波动大,说明电解液干涸	故障①更换航标蓄电池;故障②更换损坏的太阳能板;故障③添加电解液
7	遥测航标时,发现航标灯白天有电流,但闪光周期偏离正常值	航标灯有故障	更换航标灯
8	航标灯白天报警,通过遥测发现白天蓄电池电压偏高,晚上正常	太阳能板功率太大	匹配适当功率太阳能板
9	本地区有多座遥测航标用手机、电话机、电脑有时能够遥测,有时无法遥测	受本地区 GSM 通信网络影响	待网络恢复,将内置天线更换为外置天线

(续表)

序号	航标遥测装置故障现象	故障原因分析	处理方法
10	实时遥测部分航标时,返回数据有时快,有时缓慢,在节假日特别明显	受本地区 GSM 通信网络影响,或遥测航标所处是通信盲区边缘	无法处理或改数传频道遥测
11	遥测航标时,电脑不能接收到某座航标自动返回的数据,实时遥测时正常	遥测装置中时间功能模块不正常	将遥测装置送生产厂家维修
12	遥测装置白天有阳光时工作正常,晚上关机,或第一天关机,第二天工作正常	①蓄电池、太阳板、航标灯不配套;②蓄电池、太阳板性能下降,造成蓄电池容量下降和充电不足,导致电压变化太大,遥测装置休眠或关机	故障①检查和调整蓄电池、太阳板、航标灯工作参数;故障②更换失效蓄电池和太阳板

第三节　航标遥测系统的发展趋势与新技术应用趋势

基于 GSM 网络、5G 网络、物联网、北斗导航开发的遥测系统将会是航标遥测系统主要的发展方向。

在当前航运发展与物联网、云计算、大数据管理、新一代移动通信等现代信息技术深度融合的大趋势下,结合当前大数据分析和人工智能等前沿技术,开展航标智能化研究,对我国智能航道建设有着至关重要的作用。未来一段时间,将需要着重发展航标遥测遥控系统数据准确、终端在线、监测预警、资产管理和系统平台等 5 个方面的新技术。

目前重点推广应用方面有:双网络航标灯遥测遥控终端研制与应用;通过中国移动、中国联通的 GSM、GPRS 等通信网络,分别与航标管理用户的 GSM 航标遥测系统、GPRS 航标遥测系统、手机、电话进行数据交换;可编程逻辑控制器(Programmable Logic Controller,PLC)自动控制航标灯充电电压、放电电压在安全范围,有故障可自动保护和报警;利用无人机进行航标巡检及相关数据库的建设工作。

利用无人机搭载高清相机,采集视频与图片数据,回传至后台管理平台进行数据存储与分析,发现异常情况应及时下发处理,巡检效率能够提高至普通人工的 3~5 倍。

未来将是大数据、万物互联的时代,航标遥测必然向智能自检、数据库存储、智能分析、自主管控的方向发展。

思考题

1. 航标遥测系统的优点有哪些？
2. 遥测航标用手机、电话机可以遥测，电脑无法遥测，查看遥测界面时，遥测装置处于断开状态，如何处理？
3. 本地区有多座遥测航标用手机、电话机、电脑有时能够遥测，有时无法遥测，如何处理？

第八章 航标的基本法律知识

随着法治建设的发展和健全,航道系统在各级交通行政主管部门的领导下,把法治建设推到了很重要的地位。作为具体实施、执行、遵守国家和地方法律、法规、规章和规范性文件的基层,法治建设的主要工作是提高人的法制观念,鼓励群众认真学习法律知识,增强法律意识,做到守法、用法,宣传法律知识。

航道是交通运输的重要基础设施,在经济法律体系中已形成较完善的一项子体系,而航标作为航道的设施,也有了自己独特的法律体系,在我国现行法律中专门对某设施的管理和保护进行立法是不太多见的,因此可充分说明其重要性。

第一节 航标保护法律法规体系概述

航标受国家法律保护,这不是一句空话和口号。航标的产生和发展是与航运事业紧密联系的,是随着水运事业的发展而逐步发展和完善的。据考证,我国第一座航标始于元代至大四年(1311)由当时元朝海道府接受常熟船户苏显的建议,在刘家港(今太仓浏河口)的西暗沙嘴设置的2艘标船,后于公元1314年和1317年分别在长江和天津设置多座航标,直到清代和近代由朝廷和海关负责设置管理航标,这些充分说明,我国航标从设置伊始就是由政府管理航标事务的。中华人民共和国成立后,党和政府十分重视航运和航标事业,自1953年在吸取苏联内河航标经验制定《内河航标规范(草案)》至1993年修订发布国家标准《内河助航标志》(GB 5863—1993),再到2020年制定《内河航标技术规范》(JTS/T 181—1—2020),航标事业有了飞速的发展,这一切都离不开法律的保护。

航标保护是航道行政管理的最重要的工作内容之一。航标保护的法律条款是航标管理依法行政的直接法律依据,法律条款怎么规定的我们就怎么去操作,无论是管理机关还是管理人员或者是行政管理相对人都必须遵守,否则就是违法行为,都要承担相应的法律责任。因此说航标保护工作的好坏,直接关系到社会公众利益,这就是国家法律保护航标的根本所在。

第二节　航标保护法律法规体系构成

航标作为一种设施,在水上交通运输活动中具有特定的功能和作用,国家为其设置机构进行维护管理。航标作为一项主体,其主管部门在法律规定的范围内,行使行政管理职权,确立行政法律地位。航标作为财产,在社会活动中具有不受侵害的属性,财产所有人拥有财产保全的合法利益。因此,国家对航标立法的法律渊源,应涵盖其在功能作用的有效性、主体依法行政的合法性和财产不受侵害的民事法律关系的合理性,也是航标、航标管理和航标财产固有的法律关系。围绕着航标保护形成了一系列相关法律和部门规章。

一、航标保护相关法律

我国现行法律涉及保护航标的主要有以下几条。《中华人民共和国宪法》第十二条:"社会主义的公共财产神圣不可侵犯。国家保护社会主义的公共财产。禁止任何组织或者个人用任何手段侵占或者破坏国家的和集体的财产。"《中华人民共和国水法》第二十八条:"任何单位和个人引水、截(蓄)水、排水,不得损害公共利益和他人的合法权益。"《中华人民共和国民法典》第二百五十八条:"国家所有的财产受法律保护,禁止任何组织或者个人侵占、哄抢、私分、截留、破坏。"《中华人民共和国刑法》第一百一十七条:"【破坏交通设施罪】破坏轨道、桥梁、隧道、公路、机场、航道、灯塔、标志或者进行其他破坏活动,足以使火车、汽车、电车、船只、航空器发生倾覆、毁坏危险,尚未造成严重后果的,处三年以上十年以下有期徒刑。"《中华人民共和国航道法》第三十四条:"在通航水域上建设桥梁等建筑物,建设单位应当按照国家有关规定和技术要求设置航标等设施,并承担相应费用。"

二、航标保护相关法规

我国现行部门规则涉及保护航标的主要有:《内河航道维护技术规范》(JTJ 287—2005)、《中华人民共和国内河交通安全管理条例》《中华人民共和国航标条例》和《内河航标管理办法》等。随着航道法律体系的逐步健全和完善,航道保护的法律条款不断明确日趋完善,特别是1995年国务院发布的《中华人民共和国航标条例》和1996年交通部发布的《内河航标管理办法》更为详尽地对航标保护明确了法定义务、权利和措施以及法律责任。这是航标法律地位的充分体现。

三、航标管理主体

《中华人民共和国航标条例》第三条和《内河航标管理办法》第三条都把航标管理机关确立为航标管理和保护的行政主体,这标志着我国航标管理机构无论是任何组织形式,均取得依法授权的行政法律关系或者依法委托的行政法律关系。由于航标具有十分鲜明的个性和工作效能的特性,国家在相关立法中都有不同层次的阐述,加以规范。现代法律把航标作为依法保护的对象,国务院为航标单项立法,揭示了航标的个性和特性以及在社会活动中其法律地位的不可替代性。

四、航标保护法律内涵

航标财产的法律关系中既有民事责任也有刑事责任,民事责任主要表现为航标相关设施为国有财产,当国有财产受到侵害以后,侵害财产的个人或组织要承担民事法律责任,如果导致其他不法侵害的同样要承担刑事法律责任,包括刑法中破坏交通设施罪、渎职罪等,将通过刑事法律惩罚那些破坏航标正常使用的违法犯罪分子。

第三节 航标保护主要法律法规简介

航标立法工作依附于航道立法工作,从中华人民共和国成立以来从来没有间断和放松过。中华人民共和国成立以来在航道和航标的历史上有几次重大的立法经过,首先是1953年4月29日交通部颁布了《内河航标规范(草案)》,之后又于1955年和1959年两次修改颁布新的《内河航标规范》,1962年8月交通部发布了《交通部内河航标管理暂行办法》,1964年3月3日国务院发布了《国务院关于加强航道管理和养护工作的指示》,该指示的发布给航道和航标开创了一个新的发展局面。进入20世纪80年代航道和航标立法工作空前活跃,1983年9月2日全国人大常委会通过了海上交通行业的第一部基本法律《中华人民共和国海上交通安全法》,1985年交通部公布了《航道技术政策》,1986年发布国家标准《内河助航标志》(GB 5836—86)、《内河助航标志的主要外形尺寸》(GB 5864—86)两项,1987年8月22日国务院发布《中华人民共和国航道管理条例》,1993年重新修订发布了国家标准《内河助航标志》(GB 5863—93)、《内河助航标志的主要外形尺寸》(GB 5863—93)两项,1995年国务院发布《中华人民共和国航标条例》并于2011年修订,1996年交通部发布《内河航标管理办法》,2010年交通运输部发布《航标遥测遥控系统技术规范》(JT/T 788—2010),2019年交通运输部发布《内河电子航道图技术规范》(JTS 195—3—2019),2020年交通运输部发布《内河航标技术规范》(JTS/T 181—1—2020)。纵观上述,航标立法工作经过几代航标专家、工程技术人员和航标工作者的努力和辛勤劳动,从经验上升为法规文件,至今逐步形成了较为完善的航标法规体系,这在世界上也是不多见的。

为了让大家有所了解,下面将着重就现行的《中华人民共和国航标条例》和《内河航标管理办法》以及江苏省的《江苏省内河航标管理实施细则》进行介绍。

一、《中华人民共和国航标条例》简介

《中华人民共和国航标条例》(以下简称《条例》)于1995年12月3日发布施行,根据2011年1月8日《国务院关于废止和修改部分行政法规的决定》进行了修订。《条例》共有25条,没有分章,符合我国立法的文体原则。现将《条例》的具体条文作简单介绍。

《条例》的第一条非常简洁,只表述了立法的目的,即"为了加强对航标的管理和保护,保证航标处于良好的使用状态,保障船舶航行安全,制定本条例"。

第二条共分二款。第一款为适用范围,本条例适用于我国"领域及管辖的其他海域设置的航标",这里包含着两层意思,第一是适用范围包括军用航标、渔业航标和内河航标、海上航标,即适用种类,第二是适用范围包括我国领域内和领域外(公海)管辖的海域,即适用区域。第二款是航标的名词解释。

第三条共分二款。第一款是确定了航标的执法主体,解决了管理体制问题。我国的航标执法主体是交通行政主管部门,统称为航标管理机关,而且规定了交通部门(航标管理机关)所管理的航标不包括军用航标和渔业航标,同时确定了具体的航标管理机关的名称。"国务院交通行政主管部门负责管理和保护除军用航标和渔业航标以外的航标",其内容是国务院交通行政主管部门主管全国航标;"国务院交通行政主管部门设立的流域航道管理机构、海区港务监督机构和县级以上地方人民政府交通行政主管部门,负责管理和保护本辖区内军用航标和渔业航标以外的航标",其内容是指国务院交通行政主管部门设立的流域管理机构如长江航道局、上海海事局等机构和省、市、县交通行政主管部门主管本辖区的航标(除军用和渔业航标以外)。这又明确了统一管理、分级负责的原则,同时确定了上述机构为法规授权的执法主体。

第二款则专门对军用和渔业航标的主体也进行了依本条例管理的法规授权。

第四条具体规定了航标管理和保护的原则,在第三条中所明确的"统一管理、分级负责"的基础上增加了"专业保护与群众保护相结合"的原则。

第五条共有三款,规定了公民、组织有保护航标的义务。

第六条有二款。前款规定了航标统一设置的机构,后款是专用航标设置的规定,这里把军用和渔业航标的设置都纳入了专用航标的序列。

第七条规定了设置航标应执行国家有关规定技术标准。

第八条和第九条都是对航标设置规定了其目的的实现。其中第八条是针对航标管理机关的行为发生后,规定了向社会或有关部门的通报制度,也就是我们通常使用的航道通告的形式。

第九条规定了航标管理机关和专用航标单位的法定义务,必须履行。

第十条、第十一条、第十三条规定了社会(即"任何单位和个人")对航标的法定义务,包含了对异常航标的报告,不得进行影响航标工作效能的行为(灯光及音响混淆、建构筑物的建设和种植物)等,是航标保护的内容之一。

第十二条规定了工程建设如影响航标正常使用,施工单位或个人应履行的法定义务,同时设定了两种法律关系。条文里所述的"同意"就是行政管理当事人与行政管理相对人之间成立的行政法律关系,是必须履行的法定职责和法律义务,而"费用"的"承担"是在侵害航标财产所有人民事权利的前提下,侵害人应承担民事责任的民事法律关系。

第十四条专门对船舶航行对航标可能产生的不利影响作出规定,同时又是强制性国家标准《内河助航标志》在这方面内容的延伸。第二款规定了船舶触碰航标后的报告制度,也就是说如果船舶发生触碰航标后不报告,就是违法行为。

第十五条、第十六条和第十七条在确定航标保护的前提下,规定了具体的禁止行为条款。这三条又针对航标、航标辅助设施和航标工作效能分别规定了对其的禁止行为,即对危害航标的行为、破坏航标辅助设施的行为和影响航标工作效能的行为加以规范。其中第十六条第二款专门对航标辅助设施进行了较为详细的名词解释。

第十八条是本条例所设定的褒奖条款,对较为典型和应当褒扬的行为以一款三项的表述确立公民、法人(单位和个人)应当受到褒奖的权利。

第十九条至第二十四条是本条例的法律责任部分。条文从不同内容和不同层次规定了不同的违法行为应负的不同法律责任。例如第十九条规定了"违反本条例第六条第二款"的行为,即对专用航标擅自设置、撤除、移动或者改变状态的,由航标管理机关责令其改正的强制措施,但不适用其他处罚。第二十条虽然在违法行为内容上与第十九条不同,但违反行为的法律责任是相同的,同样也不适用其他处罚。第二十一条和第二十二条是针对违反第十四条、第十五条、第十六条和第十七条所规定禁止行为的行政管理相对人,应当承担的法律责任而设定的行政处罚。其中共设定了两种处罚和一种强制措施,即警告、罚款和责令改正,可单处也可并处的处罚方式。与此同时都规定了"造成损失的,应当依法赔偿"的民事法律责任。

第二十三条是对军用航标的法律责任的专门规定。其中可分为四层意思,第一必须是"违反本条例"的行为,第二必须是"危害军用航标及其辅助设施或者影响军用航标工作效能"的行为,第三是"应当处以罚款",第四是处罚"由军队的航标管理机构移交航标管理机关"实施。

第二十四条规定了违反本条例规定的违法行为,构成违反治安管理行为的和构成犯罪的分别由公安机关依据《中华人民共和国治安管理处罚法》给予更严厉的行政处罚和司法机关依据《中华人民共和国刑法》追究刑事责任的惩罚。

第二十五条是本条例的附则,规定了发布施行的日期。

二、《内河航标管理办法》简介

《内河航标管理办法》是1996年5月20日发布,自1996年8月1日起施行的国家行政规章,共分八章五十四条。

《内河航标管理办法》是1991年交通部委托长江航道局组织制定的,长江航道局于1991年5月组成《内河航标管理办法》起草小组,共五人,时年9月正式开展工作,1992年3月完成初稿,历时一年半时间的征求意见和修改,于1993年10月形成送审稿。当时的送审稿没有分章,共四十三条,主要是在1962年《交通部内河航标管理暂行办法》的基础上进行重修工作,同时交通部行业规范《内河航道维护技术规范》的编纂工作也在同步进行。1994—1995年《内河航道维护技术规范》(JTJ 287—94)和《中华人民共和国航标条例》相继发布施行,原《内河航标管理办法》送审稿的内容、条文、文体已经不适应现行法律法规的要求,加之交通立法工作正进入一个快速发展的阶段。因此,交通部重新对原《内河航标管理办法》送审稿进行了法理性的修改,1996年正式发布施行。历时五年的起草工作,起草人员和广大航标工作者付出了极大的辛劳,给航标管理竖起了一座里程碑。

《内河航标管理办法》(以下简称《航标办法》)第一章总则共四条,分条表述了立法目的、依据、适用范围、管理主体(体制)和管理的分工等内容。文体简洁流畅,在《中华人民共和国航标条例》(以下简称《航标条例》)和《中华人民共和国航道管理条例》(以下简称《航道管理条例》)所规定的框架内,从宏观上完成了对全国内河航标管理实行统一领导、分级管理、分工负责的原则要求。

第二章管理职责共五条,系统地设定了各级航标管理机构的法定职责,并授权制定本部门的具体职责,即第六条"各级航标管理机构应按第五条规定的基本职责,结合本部门的实际情况,制定本部门的具体职责"。第七条基层班组的基本职责的内容基本上是按长江航道局和部分省的管理体制编写的。部分航道管理部门对工作考核的最基层组织是班组,这与江苏省的情况有所不同,江苏省考核的最基层组织是县级航道管理站,这一条款的设定在我们基层航标管理工作中是同样要遵循的。

第三章航标配布共八条。航标配布是一项综合工程技术、规划计划、揭示功能和行政管理的工作,是航标设置和管理的首要工作,是不可有差错的细致工作。本章第十条规定了航标配布要满足经济发展需要。第十一条的规定是通过航标配布体现出利用自然水深保障航道通畅的要求。第十四条则规定了航标配布图的编制和审批程序。

第四章航标维护管理共十四条,是《航标办法》中篇幅最大,内容最多的一章,是航标管理机构对航标维护管理工作法定职责、义务和权利的行为规范。本章中规定了航标维护管理过程中重要的工作内容,例如第十八条授权各级航标管理机构制定相关的维护管理制度,第十九条和第二十一条规定应建立及时调整航标和异动报告制度,第二十二条规定必须建立和执行航标检查制度,第二十三条规定定期或不定期发布航道通告或航道通电,第二十六条规定建立航标质量保证体系和第三十条规定应建立安全生产规章制度等。这些都是我们的工作指南,只有认真做好航标维护管理工作,才能履行法定职责和义务,使法定权利不受侵害,更好地行使法定权利。

第五章专设航标的配布与维护管理共八条。这是"专设航标"这一名词首次在我国航标立法中使用,标志着"专设航标"作为航标名词在航标序列中以法律文体的形式正式确定。本章第三十二条、第三十四条规定了航标管理机构对专设航标的配布和管理负有行政管理职能,也就是"必须报经航标管理机构同意"和"接受航标管理机构的指导和监督"。第三十三条是对专设航标的名词解释。第三十六条、第三十七条专门规定了桥梁、闸坝工程建设中专设航标的设置、设置经费和管理,较系统地阐述了法定义务和应承担的法律责任。第三十九条授权航标管理机构制定"除桥梁、船闸外其他与通航有关设施的专设航标的管理办法"。

第六章航标保护共八条。航标保护是航标管理机构一项重要工作,本章所表述的条款是我们日常工作和行政管理的法律依据,是十分重要的章节,我们要认真学习,自觉运用。本章较《航标条例》细化,其中明确了第四十一条"航标管理机构在设置、移动或撤销航标时,任何单位或个人不得阻挠,干涉或索取费用",以保证航标管理的正常活动,第四十六条也明确了"当航道内发生沉船、沉物时,航标管理机构为保证船舶航行安全采取设标或其他措施所发生的费用由责任单位或责任人承担"。

第七章罚则共四条。在《航标条例》设定的处罚框架内规定的行政处罚种类为罚款,幅度为2万元以下。本章没有设定处罚程序和诉权条文,因此在操作时对违反《航标条例》和《航标办法》的行政管理相对人,必须符合《中华人民共和国行政处罚法》和《交通行政处罚程序规定》,并告知行政管理相对人其具有申诉的权利。

第八章附则共三条。由于我国内河有数千米航道与邻国交界,如黑龙江、乌苏里江、图们江、鸭绿江、额尔古纳河、澜沧江、北仑河等,这些河流大多数都与邻国签有航运等协议,因此本章第五十二条规定"国境河流的航标管理,按照我国与有关国家签定的协议执行"。反之,协议中没有涉及的内容仍应遵守本办法。

《航标条例》第三条把航标管理机关确立为除军用航标、渔业航标以外的航标管理和保护的行政主体。这标志航标管理机构在法律上均属于依法授权依法委托的行政法律关系。

航标管理的行政执法关系确立后,行政管理机构必须依法履行其法定职责和法律义务,因而设定法定职责,就是规范这一领域内各项行为。《航标条例》和《航标办法》从航标的设置、管理、维护和保护等方面设定的法定职责均视为法律行为,不得违反和不作为。

航标立法的根本目的是使航标得到有序管理和保护,它是通过依法行政这一主要法律手段实现的。由于航标作用于较广泛的社会活动,就有可能产生与这类社会活动相违背的行为,因此,当这类违背社会活动的行为发生时,就会干扰正常的社会活动,会对社会产生严重的不良影响。航标管理的立法、行政主体的确定、法定职责的设定都是围绕航标的依法行政来开展的,是我国社会主义法治建设的组成部分。

航标作为交通运输的一项设施,它具有公众性和社会性,是在某一领域中国家意志的体现。国家通过立法、设立机构进行管理,其目的是国家通过行政管理的手段来实现保护公众和社会利益。航标管理机构从技术上、资金上和行政管理手段上对航标进行管理,依法履行职责,依法行政,来保证国家利益的统一。

第四节　江苏省航标法律法规简介

截至 2021 年底全国内河航道通航里程 12.76 万 km。等级航道通航里程 6.72 万 km,占总里程比重为 52.7%,其中三级及以上航道通航里程 1.45 万 km,占总里程比重为 11.4%。

各等级内河航道通航里程分别为:一级航道 2 106 km,二级航道 4 069 km,三级航道 8 348 km,四级航道 11 284 km,五级航道 7 602 km,六级航道 16 849 km,七级航道 16 946 km。等外航道 6.04 万 km。

各水系内河航道通航里程分别为：长江水系64 668 km，珠江水系16 789 km，黄河水系3 533 km，黑龙江水系8 211 km，京杭运河1 423 km，闽江水系1 973 km，淮河水系17 500 km。

江苏是水运大省，截至2021年底共有内河航道总里程24 354.41 km，里程和密度均居全国之首。其中等级航道8 739.58 km，分别为：一级航道369.90 km，二级航道514.45 km，三级航道1 500.35 km，四级航道778.3 km，五级航道1 004.37 km，六级航道2 097.10 km，七级航道2 475.11 km；另有等外级航道15 614.83 km。全省设有通航船闸111座，属于交通部门管理的有52座，其余由水利部门管理。据江苏省交通运输厅官网统计信息，2021年江苏交通基础设施数据中，江苏省内河等级航道总里程已达到8 791 km，其中四级以上内河高等级航道里程3 254 km，省干线航道达标里程达2 419 km。

江苏省的航标管理最早始于20世纪50年代，当时的设标起点就略高于其他省，电气化程度也较高。因此，航标工作要求有较完善的管理体系，航标立法的愿望也就越来越迫切。1979年10月江苏省诞生了第一部系统的由省政府发布的航道行政管理法律规范性文件《江苏省航道管理办法》，从此我省的航道管理工作步入了法治化建设的新的阶段，航标管理在我省也有了可操作的法律依据。在这部法律规范性文件中航标管理用了四条的篇幅规定了航标建设、维护和保护的具体内容，第一次把航标管理作为航道行政管理的组成部分，对全国航道、航标界产生了很大的影响。

1988年12月江苏省交通厅航务局在修订1979年4月的《省内河航标管理办法》和贯彻1986年国家标准《内河助航标志》（GB 5836—86）的基础上，发布了《江苏省内河助航标志管理办法》。通过这次较大规模的立法，使我省航标管理真正迈上了法治化、规范化的道路。之后省交通厅又在1992年和1996年的二次重大立法中都把航标管理作为重要内容，加以规范和完善，2001年制定了《江苏省内河航标细则》，2013年制定完成《江苏省内河航标管理实施细则》，逐步形成了我省的航道管理法律体系，并通过立法促进了我省航标制式的改革和航标高新技术的开发和应用。

1998年初，江苏省交通厅和省航道局决定对航标管理进行第六次立法，省厅和省局领导对此次航标立法十分重视，亲自召开会议布置立法的具体工作，要求高起点、高标准、可操作，通过立法进一步促进我省的航标改革和发展。省航道局成立了起草小组，经过近半年的努力，形成了《江苏省内河航标细则（讨论稿）》，后续不断完善，先后在2001年、2013年进行修改完善，最终于2013年发布了《江苏省内河航标管理实施细则》（苏交规〔2013〕5号）。该细则是一部规范我省内河航标管理的规范性法律文件，依据交通运输部《内河航标管理办法》的规定，结合本省实际制定的。

《江苏省内河航标管理实施细则》（以下简称《细则》）共分七章三十四条，第一章总则，第二章航标管理职责、第三章航标配布、第四章航标维护、第五章专设标志、第六章航标保护、第七章附则。《细则》明确了航标管理主体，是根据我省现有航道管理体制设定的,充分体现了航标行政管理的主体法律地位。

依据主体地位的设定,第二章第六条明确了省级航道管理机构主要职责,第七条确定了市航道处、苏北航务处航标管理主要职责,第八条规定了县航道站航标管理的主要职责。

第三章航标配布中,依据《内河航标管理办法》第十四条第一款第一项的规定,新增加了我省航标配布的编制和审批制度。

第四章在航标的建设和维护管理方面,《细则》明确了对航标建设项目应实行招投标、工程监理制度,使之符合基本建设的法律程序。同时在本章明确了航道管理机构中应当配布专职航标管理人员。对航标的日常维护和检查的频率也做了详细的要求,其中航标的日常维护和检查应当做到每月查标四次,其中包括夜航一次。两次检查维护时间间隔一般为七日。辖区的航标全部采用固定式标志,并且采用太阳能电源的,其航标检查次数可减少为三次,其中包括夜航一次;航道全线使用航标遥控遥测系统的,航标检查次数可减少为每季度一次,但半年需夜航一次。遇汛期、暴风、雨雪等情况应当及时组织航标检查。航标遥控遥测系统应当每日白天和夜里各自动遥测航标一次。航标管理人员应当及时对有关数据进行处理分析。航标遥控遥测数据应当保存三年,航标维护正常率应当达到99%以上。

第五章为专设标志,第二十二条明确了专设航标的具体内含,第二十三至第二十五条对专设航标的建设、权属、费用、调整等做出了详细规定。

第六章航标保护中,明确了航标建设受到法律保护,任何单位和个人不得干涉、阻挠等。第二十八、二十九、三十条明确了涉及航标安全使用的禁止行为,三十一条明确了航标损毁或异常时,有关当事人具有主动报告的义务。

第七章附则,明确了省际航道的航标管理,按照本省与有关省、直辖市签订的协议和本实施细则执行。

新增的法律性条文有"专设标志"和"航标财产侵害赔偿"这两个方面内容。"专设标志"在我省的航道立法中是第一次使用,这是依据《内河航标管理办法》第三十九条的授权。"航标财产侵害赔偿"是一项民事法律责任,依据《中华人民共和国航标条例》第二十一条第二十二条的规定和《内河航标管理办法》第五十条第一款的规定,结合本省实际而专门制定的,确定了航道管理机构作为航标财产所有人拥有财产保全的合法权利的民事法律主体和航标财产侵害赔偿的处理的方式,包括:协商处理、事故调解和民事诉讼。

第九章 基层班组管理

第一节　基层班组管理主要内容

管理，就是按照一定的原则、程序和方法，有意识地指挥和协调人们为达到一定的目的而进行的社会活动。如果没有科学而严密的组织、控制和协调就无法进行社会生产。尤其是随着科学技术的飞跃发展，电子计算技术应用于管理的各个环节，成为决策和协调管理的主要手段，使传统管理发生了新的变化，即称之为现代科学管理。在当前条件下，可以说没有管理，就不可能有正常的生产秩序，更谈不上什么高速度、高效率、高效益，社会的一切活动就不可能正常进行。

一、航道(标)站的职责

1. 负责本单位辖区航标设置和日常维护。
2. 对管辖区的航道在突发极端天气或事故时有相应的应急预案，能够根据应急预案及时处置突发的航标事故，保障航标的正常使用率。
3. 详细掌握本单位辖区航道的水流条件、演变规律、航道尺度、碍航物位置及其碍航程度。及时采取调标、改槽等技术措施，保证航道尺度。必要时需向上级提出采取工程措施的建议。
4. 负责本单位辖区航标船艇、设备及设施的日常保养、定期维护和更换工作。
5. 根据航标配布图和航道变化，及时调整标志配布。
6. 辖区的疏浚、整治、清障等航道工程施工时，应与施工单位密切配合。

二、航标管理的主要内容

航道(标)站是一个直接进行维护工作的组织，也需要进行技术、财物和劳动人事等方面的管理，但它的管理是在上一级机构下达具体任务中进行的。它包含工作计划的分解、技术标准的执行、财物的合理使用和管理、劳动人事的分工安排，有被动的一面，即需完成指定性任务，也有主动的一面，即根据实际情况，积极主动、想方设法去出色地完成指定性任务。

航标管理的主要内容有：

1. 航标配布与设置；
2. 航道航标的日常维护、检查和测报工作；
3. 航标设备、船艇的使用维修、保养；
4. 作业计划和人员分工、劳动保护；
5. 各项规章制度的贯彻执行；
6. 原始记录报表的填写上报。

第二节　航标工作原始记录和统计报表

原始记录是根据航标工作在现场观察、测量到的实际情况记载下来的文字，水文情况，如水深、流态等；船舶航行情况，如航行时间、起讫点；航标异动情况，如数量、失常原因等。原始记录一般包括：航标工作船艇航行日志、轮机日志、航道站记事簿、航标维护情况记录、信号工作台记录、安全生产情况记录、扫床工作报告等。

原始记录应详细、准确、具体、及时，填写时应认真仔细、字迹清楚。

原始记录是航标及航标工作的文字反映，同时也是航标统计报表的依据，是航标工作研究、计划、管理最基础必不可少的资料。各航标基层单位都应有完整的航标原始记录，并妥善保存好。

原始记录的项目和表式由上级主管部门制定下发，由现场工作的航标工填写，按期收归基层单位保管归档。

一、航标工作船艇航行日志

航行日志为航标工作船艇每日航行、工作的记载，一年一本，一本为 350 页。每日记载一页，一般由当班驾驶员记载，年初领用，年末上交（见附录 C）。

航行日志的填写内容主要包括下列六个部分：

1. 气象水位观测；
2. 灯标失常情况；
3. 灯偏光情况；

4. 船舶航行及航道工作情况；

5. 航标数量及维护水深情况；

6. 浅滩水深情况。

二、航标工作船艇轮机日志

轮机日志主要记载机舱工作状态，每年一本，每本 350 页。由当班轮机员填写，年初领用，年末上交（见附录 D）。

轮机日志填写的内容主要包括下列三个部分。

（一）机舱内容记载

主要包括主机、副机、电站各部分的类型、数量、功率等主要指数，燃润料消耗定额等，本项内容记载为一次性记载。

（二）机舱部工具表

包括工具名称、规格类型、数量等，本项内容可为多次记载。

（三）每日记载内容

1. 主机、副机、电站的工作状态；

2. 燃润料消耗；

3. 运转情况；

4. 停泊整理情况；

5. 轮机值班员。

三、航道（标）站记事簿

航道（标）站记事簿为航道站的主要原始记录之一，一般由站长或副站长填写，也可指定专人填写，由航道站保存，如航道站撤销时则送交主管航道段保存。

航道（标）站记事簿填写内容包括：

（一）工作人员动态表

包括工作人员的姓名、职位，到职和离职日期等。

（二）法令规章登记表

包括领到日期、法令规章名称及文号或编号、份数、经领人签章等。

（三）工作检查记录

包括日期（月、日）、检查经过及对工作指示、检查人员签名等。

（四）航道探测记录

包括日期（月、日）、航道尺度（边深、中深、航宽）、水位等。

(五) 航标养护记录

包括日期(共 31 或 30 天,自每月的 1 日到 31 日或 30 日)、各类标志养护合计、航行标志养护记载(分各种标志载明)、信号标志养护记载(分各种标志载明)、专人标志养护记载(分各种标志载明)、关系尺水位、记录人签名、记事等。

(六) 航标失常记载

包括失常标位(名称、种类)、发现失常时间(日、时、分)、恢复时间(日、时、分)、失常原因及经过、损失器材(浮标、标缆、航标灯、航标电源、船舶消耗、折合金额)等。

(七) 扫床工作记录

包括扫床日期(月、日)、扫床范围(起讫、里程、宽度)、扫床深度或扫绳长度、当日水位、扫床方式、扫床结果(有无发现障碍物,障碍物一般情况)等。

(八) 营运船舶海事与站艇人员事故记录

包括出事日期(月、日、时间)、出事单位人员(船名或人员)、事故类别、发生地点、事故经过与损失情况等。

(九) 航标工作记事内容

当日预报水位等。

(十) 物资、设备、工具登记表

包括名称、规格、单位、上年存量、每月损耗及储存情况(按 12 个月载明新领、损耗、实存数)。

四、通行信号记录

通行信号记录为通行信号台指挥工作的记录,由信号值班航标员按实记载。

五、航标工作统计表

航标工作统计表是航标下级单位依据原始记录,按报表的格式要求归纳、整理、填写、报送给上级单位,供上级单位了解情况、进行分析研究、实行计划管理的表格。表格的样式由上级部门制定,填报的日期也是由上级主管部门规定,填写要求准确、字迹清楚,报送及时。

航标工作统计表分为旬报、月报、年报几种,如航道维护及浅滩水深旬报表、航标养护情况月报表、航标工作船艇使用情况月报表、航标维护材料消耗统计月报表、航标设备使用情况月报表等。

第三节　日常工作计划编制

航道(标)站的管理工作,是整个航道维护的重要一环,它的任务是根据上级下达的管理任务和要求,合理组织协调本站的人力、物力、财力等要素,保质、保量、按时、安全地完成各项任务,并努力达到消耗低、效果好的目的,做到有秩序、有计划地进行。因此,站里应根据实际情况将上级下达的任务和要求分解落实,编制出维护管理作业计划,即日常工作计划。

一、日常工作计划的作用

日常工作计划是维护管理计划的具体分解,是完成上级年、季、月度计划的一种最具体的计划形式,是组织、指导和维护正常工作秩序的重要手段。它一般以月、旬计划安排的形式出现,日安排则以维护工作会上下达的口头形式出现,任务分解落实到每一个成员,并提出明确的要求。具体作用包括以下几个方面:

1. 计划目标明确,每个成员对完成维护工作计划要心中有数,便于制订出个人完成计划的具体措施,以确保整个计划的完成;

2. 便于上级的检查和指导,对维护工作中存在问题,可进行相互协调和配合,从组织上保证计划的完成;

3. 便于建立良好的维护工作秩序,能相互督促、群策群力,发现和解决维护工作中的薄弱环节;

4. 有利于开展本站和站际间的劳动竞赛和总结评比。

二、计划编制的基本内容

1. 维护工作指标,航道维护尺度(含主航道、副航道、缓流航道等),即航宽、水深、弯曲半径、维护时间等;

2. 航标维护,主航道及其他航道维护的起讫里程,维护岸标和浮标座(天)数;

3. 船艇维护保养;

4. 航道和标灯巡检;

5. 航标设备维修保养；

6. 安全生产；

7. 人员休假安排；

8. 其他。

在编制计划时，首先要传达上级的计划，再根据上级计划，组织和发动群众进行讨论，最后制订出本站的工作计划。工作计划要具有严肃性、科学性和群众性，千万不能成为写在纸上，贴在墙上，不落实在行动上的一纸空文。

三、计划编制方法

编制方法主要是把维护工作任务、质量要求、工作内容、执行措施、完成时间、执行人员等主要内容列表（如表 9-1 所示）并公布。

表 9-1　日常维护计划表

站_____　_____年_____度

项目	维护航道		维护航标			工作内容及措施	执行日期	执行人	检查人
	起止地点	里程	岸标	水标	小计				

第四节　航标材料和设备管理

航标材料主要包括油漆、钢丝绳、铁丝、楠竹、杉木条、白棕绳以及船艇使用的燃润料等。

航标设备主要包括标志、标杆、浮具、灯器、电源及系留设备等。

对航标材料和设备在管理上既有相同也有区别。材料是易耗品，在使用中应精打细算，注意节约，做到物尽其用；设备从长远来看也是易耗品，会在长期使用中逐步自然或人为的损耗，因此在使用过程中重在维护保养，延长其使用寿命，使它长期保持正常状态，降低维护成本。

材料和设备的管理归纳起来，就是领、用、管、养四个方面。

一、请领计划

航标材料和设备的请领,涉及需用量的问题。对于需用量应有科学的计算,使其既能满足使用,又能留有储备不积压。需用量确定方法有两种。

1. 直接计算法

此法也称为定额计划法。它是以直接消耗定额和计划任务来计算需用量,因此比较准确。

计算公式:

$$需用量=计划维护工作量×单位材料消耗定额$$

例如:船艇燃润料即可按此式计算

$$年(月)柴油用量=年(月)用船小时×船艇马力×单位马力每小时耗油定额$$

2. 间接计算法

此法也称为综合统计平均计算法,如某站所需油漆、钢丝绳、罐锥体、灯器等的用量。由于这些材料受自然因素影响,较为复杂,难以计算出标准消耗定额,一般会根据以往3~5年的消耗量,取其平均值作为计划用量。这种方法不够准确,有待完善。

计算出计划用量后,根据材料和设备的使用寿命,易消损程度,再确定储备用量。一般情况下,对用量大、消耗大的物品,应做到既能应付特殊情况下的用量,又不致使物资积压浪费。

计划用量与储备用量之和即为总需要量。

请领计划的编制,各单位一般均有材料申领计划表(如表9-2所示)。一式三份,即财务、供应、留底,此表宜长期保存,逐步积累,可以作为今后测算定额的资料。

表9-2 材料申请计划表

_____站 _____年_____月_____日

材料名称	规格	型号	单位	上期结存数	本期申请数	核发数	实发数	附注

二、材料和设备的使用

使用是一门活的科学。同样一件材料或设备,在不同的单位、不同的人的使用下,它的结果可能完全不一样,有些可用几年甚至十几年,而有些则可能几个月就报废了。这方面成文内容不多,但经验往往不少,关键在发挥人的因素,厉行节约,用、管、养是紧密联系的,不能分开,现简述如下:

1. 按需用材、按材用材,不能大材小用、精材粗用,造成浪费,以发挥物尽其用的效能;

2. 加强设备的保养维修,全面贯彻"科学管理,合理使用,定期保养,计划维修"的原则,做到管好、用好、养好、修好,为优质、低耗创造条件。

3. 积极开展修旧利废、重复利用的工作,充分挖掘旧物资的潜力,发挥废旧物资的作用,尽量做到节约用料,以降低成本;

4. 对有些设备,一定按照操作规程和技术要求使用,不能不懂装懂,盲目蛮干,以免损坏材料和设备。

三、材料和设备保管

航标材料、设备多而复杂,除了领和用以外,保管是很重要的一环。一般站里均设有由航标工兼职的仓库保管员,由他负责全站物资的保管,站长起监督检查作用。

1. 物资验收

当供应物资时,应按申领表进行验收并签字。验收要及时,与收材料同时进行。验收同时要准确、认真。物资的品种、规格、型号、数量、质量均应逐项检查,核对并造册登记。

2. 物资保管

物资保管是物资管理的重要部分,站里物资多,品种规格不一,而仓库往往较小,因此必须做到:

(1) 分门别类存放,该上货架的一定要上货架,以免受潮、发生霉烂、锈蚀或氧化;

(2) 做到账、物、卡三相符,账卡数量准确,有实物可供查照;

(3) 库容应整齐、美观,物资按系列存放,货架有编号,货位有标签,做到见货知账页,见账知货位;

(4) 有严明的仓库保管制度和保管员工作职责。

四、材料和设备的保养

保养分为两个方面,一是使用中的保养,二是修理保养。

航标设备大部分均在露天或水下使用,很易损坏,因此务必加强保养,以延长设备的寿命,这也是维护工作管理的重要环节。因此各航道部门制定了若干规章制度和规定来保证设备的保养,比如规定标志多长时间进行一次清洗、油漆,规定标志船、灯船、浮鼓水下部分锈蚀清除、重新涂漆或予以修理的时间间隔等,这些规定是多年维护工作经验的结晶,一定要遵照执行。

五、航标设备(器材)修理计划的编制

航标器材(设备)的修理并非航道站能完全胜任的,比如灯器和通信设备就需要送仪

修组甚至厂方进行维修；标志船、浮鼓等需要电焊氧割的则一般由维修站维修，也有个别航道站具备条件的，可在本站进行。总之，若对技术状况不良的航标设备（器材）进行修理时，为了统筹兼顾，上下结合，合理安排，有必要制订计划，报送上级管理部门，以便统一安排和督促检查。修理计划列表编制（如表9-3所示）。

表 9-3　航标器材（设备）修理计划表

＿＿＿＿＿＿站

序号	名称	损坏部位及情况	修理要求	附注

填表人：＿＿＿＿＿＿　　　　　　　　　　　　　　　　＿＿年＿＿月＿＿日

第五节　航标船艇修理计划编制和检查验收

一、修理的目的和要求

航标船艇修理的目的是消除影响安全航行的因素，以保持船艇设备技术状况良好或基本良好。

航标船艇是进行航道航标维护的重要工具，其设备技术状况的好坏，直接关系到是否能维持航道正常乃至工作人员的人身安全的根本问题。因此加强船艇修理能保证良好的航道条件，使船艇处于良好的技术状态，这是我们广大船员的重要职责之一。在修理中必须坚持：

（1）坚持勤俭修船的原则，该修则修，该留则留，不应借修船之机，大拆大改或大搞生活设施；

（2）坚持贯彻执行"修造并举，以修为主"的方针，切实做到先维修后制造，先配件后主机，搞好船舶的修理和配件工作；

（3）努力缩短修理时间，船舶实行定厂保修、成套换修、局部换修、定型批量，船舶修理应逐步采用标准修理单表 9-4 和表 9-5，在修船中主动提供一切方便条件；

（4）保证修船质量，坚持质量第一，在修理过程中，船和厂方要密切协作配合，共同把好质量关。

表 9-4 轮（驳）修理单封面

船舶管理部门_____　　　批准人：_____　　　主修工程师：_____

修理种类		修理部分	
修理船厂			
预定修理时间	自____年____月____日起　　至____年____月____日止		
修理费预算			

船舶主要资料

船体：___长___宽___深　　　吃水前___后___

主要种类：_____型式___台数　　每台马力_____

船长：_____　　　　　　　轮机长：_____

大副：_____

表 9-5 轮（驳）修理单

项次	项目	损坏部位及情况	修复说明

二、修船类别工程范围和间隔期

这方面国家尚未统一规定，各河区、各单位均不一致，一般各自参照本单位标准执行。这里不做具体说明。

三、修理单的编制

1. 编写要简单明了，修理项目准确；

2. 船员平时无法拆卸检查，不能确定修理内容的项目（即隐蔽工程），只写上"拆装检查"后决定修理内容，但应约估需换部件的名称、规格、数量；

3. 对可以预制的部件（包括毛坯），应在修理单上绘制草图或由机务部门供应图纸，必要时注明需船厂派人上船绘制；

4. 船员自修的项目及需要的配件和材料，应另列清单报机务部门，不能混淆在厂修的修理单内；

5. 修理单一式四份，送机务部门审核。

四、船员自修范围

自修的目的是使船员通过自修实践,进一步掌握设备的结构、原理、性能,提高维修保养、排除故障的能力,提高科学管理水平。

凡进行修理的船舶,在编制修理单的同时,必须根据船员人数、技术能力和计划修期等情况,编出自修工程项目、配件清单,送机务部门审核。

五、修理前的准备及注意事项

1. 船舶进厂修理前的准备

(1) 按规定日期将编制好的修理单送交主管部门和船厂,重大工程事先请主管部门和船厂派人来船核对,并核实工程项目及范围;

(2) 自修工程项目所需要加工的零件应事先与厂方商定。

(3) 整理有关船体结构图纸和上次修理的测量记录,以备使用;

(4) 清除垃圾,整理全船杂物,将救生圈、救生衣等集中放妥;

(5) 清除油、煤舱的剩余燃料,打开待修舱室的门孔通风,搬走有碍物体;

(6) 放尽待修管系内的残水、残气及残油。

2. 船舶厂修期间的安全措施

(1) 防火

将船上的易燃、易爆物品集中妥善保存或搬走。在进行氧割或电焊施工时派专人携带相应的救火器材监视、检查。

(2) 防工伤

工作跳板系结要牢固,其宽度不小于 600 mm;高空、舷外及水上作业要系安全带;船与岸(或坞)相接的跳板应有栏杆,下面装安全网,夜间要有足够的照明。

(3) 防滑

机舱楼梯、花铁板上的油污要用木屑清除,冬天甲板结冰要及时铲除,使用梯子前应用橡皮之类防滑物将梯子脚扎好,以防滑倒。

(4) 安全用电

接岸电时应注意是否与船舶用电设备相符,防止接错而发生事故。

(5) 防盗

加强值班,防止被盗和破坏,以确保安全。

六、船舶的验收与试验

修船的质量检查与验收工作很重要,应指派专人对厂修工作、自修工作进行认真负责的检查。通常由大副或站长负责驾驶部修理工程的检查,轮机长负责轮机部工程检查。检查和验收工作不要等交船时一起进行,有些工程可在施工时检查,对不符合质量要求的应及时提出,以免完工后再返工,造成浪费和影响船舶出厂时间。

船体结构与设备的修理质量要求,应按照《长江水系钢船建造规范》和检验规程要求进行检查。

验船部门规定检验的项目,属于厂修的由厂交验,属于自修的由船员交验。

船舶修理完工后,应根据修理类别进行系泊或航行试验。

1. 系泊试验

系泊试验的目的是检查主机、轴承、船舶设备、附属机械以及管系等在修理后是否符合验船部门的要求,以保证航行试验的安全可靠性。

试验内容:主要包括主机、单机、电机、轴承、舵设备、锚设备、救生设备、消防系统、压载排水系统、助航设备及航行信号灯等的检查和试验。

主机系泊试验的时间,转速规定见表 9-6,船舶在做系泊试验前应注意码头水深,防止碰损车舵,注意码头的结构和强度,防止拉损码头。在试验过程中还应经常检查和加强系缆,防止断缆事故。

表 9-6 主机系泊试验表

序号	工况转速 n(以主机额定转速的百分数表示)	试验时间(h)			
		特别检验		中间检验	
		<220 kW	≥220 kW	<220 kW	≥220 kW
1	顺车 $n_H×(75\sim85)\%$	2	≥3	2	2~3
2	倒车 $n_H×(60\sim70)\%$	1/4	1/4	1/4	1/4

注:表 n_H 为最高转速。

2. 航行试验

航行试验是在出厂以前,经系泊试验正常后,再进行的船舶航行状态下的试验,其目的是进一步对主副机等进行全负荷试验,以检查机械装置和船舶操纵性能是否达到验船规范规定的质量标准和符合安全航行的技术条件。

试验的主要内容是对主机、副机、电机、轴承、舵设备、锚设备、救生设备、消防系统、压载排水系统、助航仪器及航行信号灯等的检查和试验。船舶操纵性能方面应进行测速试验、操纵试验、回转及惯性试验、抛起锚试验等。

(1) 舵设备的试验

① 主操舵装置:在船舶全速前进时,确定从 0°到一舷的 35°的转舵时间,对于流线型舵,测定从一舷的 32°转到另一舷的 32°的转舵时间。

② 备用操舵装置:在船舶半速前进时测定从一舷的 15°转到另一舷的 15°的转舵时

间。上述转舵时间,应不超过表9-7的规定。

表9-7 舵机测试时间规定表

舵机种类	船长(米)	操舵时间(s)	
		急流航段船舶	其他航段船舶
机动舵船	<30	≥12	≥20
	≥30	≥15	≥20
人力舵机	>30	≥20	≥30
	≤30	≥15	≥30
备用人力舵机		≥40	≥60

③ 测定主操舵装置转换到应急操舵装置的时间,应不超过30 s。电动舵机的转换时间不超过6 s。

(2) 锚设备试验

锚设备的试验应包括:抛起锚试验,检查抛、起锚效用和刹车装置的可靠性。其中:

① 机动锚机试验分别为单抛锚或双抛锚。双抛锚时,应先后将锚分别抛落入土,然后同时放链;双起锚时,应先后将锚自泥土中一一拔出,然后同时将锚绞起。双锚双起时,要防止左、右锚链绞在一起。

航行于长江急流航段的机动船,还应测定起锚时间,一般起锚速度不低于12 m/min(静水状态)。

锚链抛出未落土前,做刹车试验,检查刹车性能。锚落土,船舶微速倒车,锚链拉紧时,检查制链器效用。起锚时检查锚链在链盘槽内有无跳槽及扭转现象。

② 人力锚机,左、右锚链轮流进行抛、起锚。抛锚时锚链未落土前,起锚机做刹车试验,检查刹车效能。起锚时要求灵便、可靠,并检查防止倒转的锚齿及制链器效用。

系泊试验与航行试验在实际中进行的项目,由验船部门按规定结合具体情况进行。

船舶完工后,凡有重大添置改建和电路、管系移位的工程,船厂应在施工的基础上提供完整的图纸交船舶方妥善保管,可为今后修理提供资料。验收合格后,大副和轮机长分别对所修工程明细项目进行核对签证,最后由船长签署完工证明书作为付款依据。

第六节　航标作业安全

航标作业是多工种作业,包括水上作业、高空作业、起重作业、油漆作业、用电作业等,各单位根据各行业工种特点,结合本辖区和本单位的具体情况都制定有各项安全规章制度和安全生产操作规程以及劳动保护措施,每个航标工必须严格遵守执行,以保护人身和财产的安全。

下面仅就航标作业中安全注意事项作一般性介绍。

一、水上作业安全

(一)水上作业安全注意事项

1. 进行水上作业前和作业中都要密切注意天气的变化,尽可能避免在雷雨、大风、大雾中进行水上作业;

2. 要加强瞭望,密切注意水情和周围环境的变化,提前采取预防措施,避免危险事故的发生;

3. 要穿好救生衣,熟练掌握各种救生用具的使用方法;

4. 学会游泳,要求在静水中至少能徒手游泳 50 m;

5. 严禁酗酒,严禁酒后开船和作业;

6. 不准穿硬底鞋、高跟鞋、钉鞋、拖鞋等有碍安全的鞋进行水上作业;

7. 过档、行走、作业时,精神要集中,脚要踏实,手要攀紧,注意衣裤不要被勾挂;

8. 雪后或冰冻后一般不宜进行水上作业,如确需进行时,必须采取防滑措施;

9. 携拿工具或器材要紧牢,若需两人或多人同时搬运时动作要协调配合;

10. 在抛掷缆绳或松放链条时,要站在缆绳或链条的圈外,特别注意勿让缆绳或链条扯带。

(二)航标工作船艇出航和靠泊安全注意事项

1. 出航前应注意检查必要的工具,如篙竿、爪钩、测水竿、锚具、绞关、绳缆、消防救生设备等,是否齐备完好。

2. 开航外出作业时,船上不得少于四人。开航时舱面人员必须穿好救生衣,禁止穿硬底及钉钉或钉铁板的皮鞋、拖鞋、高跟鞋在舱面上作业。

3. 开航时执舵人员应注意四周情况，机器未回好、司机未回铃时不得鸣笛解缆，水深不足不能盲目用车。

4. 航行中应加强瞭望，注意避让过往船只以及渣草、漂木，查看标志标灯。

5. 当河道情况不明时，应探索前进并慢车行驶，江上有雾，辨别不清方向时，不得冒雾航行。

6. 不违章抢航，不在狭窄、急弯、滩险河段追越行轮或齐头并进。

7. 不允许不熟悉驾驶、轮机的人员单独操作。担负培训任务时，负责驾机的人员应对学习人员传授操作技术及注意事项，并亲自在旁实际指导。

8. 水上作业前应开会研究安全措施，统一指挥、明确分工、密切配合。

9. 暴风来临前及时选择避风泊地，严格坚守岗位，加强系缆，备车抗风。

10. 船艇靠泊时应注意选择泊地，避免靠泊在溪沟和可能发生垮岩、岸崩、落石的位置；靠泊时要探测水深，注意水位涨落，坝区下引航道要注意放水过船时产生的浮动水深变化，感潮河段要注意潮水的升降，防止搁浅、流船。

（三）浮标作业安全注意事项

1. 浮标作业前，应明确分工（如测水、丢锚、松缆等均应有专人负责），并将浮标属具（草袋、铁丝、钢丝绳、锚链、铁坠等）备齐，放在船上合适位置；

2. 浮标作业前，应详细探测航道，摸清水下障碍物和暗礁位置，以免船艇搁浅或触礁；

3. 船艇靠近浮标时，应慢车或停车，以防标缆缠住车叶或船艇压损标志；

4. 进行浮标作业时，船上人应站稳，测水人员要站在船栏内，以免船体波动，掉入水中；

5. 从事浮标作业的人员，必须穿好救生衣，听从船长的统一指挥；

6. 从事浮标作业的人员，严禁将脚踏在标缆上或放在标缆圈内，以防止投掷时产生危险；

7. 船艇应逆水停靠浮标，用篙挽钩挂浮标时应选择好位置，钩挂牢靠，以免船艇碰撞浮标或将浮标带离标位。

二、高空作业安全

（一）高空作业安全注意事项

1. 不要在雷雨、大风、雾雪等恶劣天气进行登高作业；

2. 酒后严禁登高；

3. 禁止穿硬底带钉易滑之类的鞋登高作业；

4. 登高作业时衣着要束紧，要系好安全带、手要抓紧、脚要踏实、思想要集中，还必须有人在地面配合和监护；

5. 登高作业必须携带的工具和小型物件，要用工具袋装好扣严，禁止用手携拿工具等攀登；

6. 登高作业时，地面人员不得站在作业人员正下方，以免掉落东西砸伤人；

7. 禁止两人同时攀登作业；

8. 登高作业前应对扶手、脚踏、攀梯进行试验检查，严禁使用松动或不牢固的设施。

（二）岸标作业安全注意事项

1. 装卸岸标时应轻拿轻放，防止梯蹬和标板被碰坏以及人被碰伤。

2. 木质岸标运往标位时，需四人用拷钩、木杠抬运。对铁质岸标，如路途平坦无荆棘阻碍通行，可两人肩扛运输，但要注意防止滑倒砸伤。

3. 竖立岸标前，禁止安装电池和标灯，以防立标时掉下摔坏灯具和砸伤下面的作业人员。

4. 梯形牌需在地面上制作完整后再与标杆搭接，禁止先将梯杆与标杆搭配后再钉梯板，以防高空操作不便，影响安装质量和摔伤人。

5. 竖立标杆时，禁止用支杆顶推标杆，以防失手，支杆掉落砸伤杆下人员。

6. 竖立标梯时，需在标杆顶端系单轮或双轮滑车，用绳索牵引与标杆搭配，禁止肩扛上标。

7. 放倒岸标时，先卸下灯具、电池。有风天要在逆风向标杆根部挖坑，徐徐放倒，不要猛力推放。

8. 标杆、标梯、支柱必须埋实、砸紧。对岸标各部位要经常进行检查修补和更换新标，防止登高作业时梯蹬断折，标杆倾倒，发生事故。

9. 登标作业一定要系好安全带，标下作业人员要戴好安全帽。

三、起重作业安全

1. 各种起重设备必须完好，安装必须稳妥，对被起重物件的捆扎、勾挂必须牢靠；

2. 起重作业要有人统一指挥、统一安排，并要有人在旁监护；

3. 起重作业区域内禁止闲杂人员进入；

4. 严禁站在起重物件的下方，同时也禁止站在起重物件所要经过的路线和将要下落的地方；

5. 要严格按照统一口令动作，不得随意操作。

四、油漆施工安全注意事项

1. 敲铲铁锈时，必须戴上防护眼镜，以免伤害眼睛。使用喷灯时，应注意通风，以免烧除漆皮时产生的一氧化碳气体影响人体健康，还应注意木面着火，易燃物品也应移开。

2. 皮肤经常接触稀释剂,表面脂肪会被它溶化引起红肿,手上沾上油漆会阻止毛孔的排泄,而有毒的油漆(如红丹漆和沥青漆)也会由毛孔吸入体内会引起中毒,因此,工作中应戴手套,工作完毕要立即洗净。

3. 在舱内如涂刷红丹漆和沥青漆等含毒性的油漆时,应该进行通风,并且要有二人以上同时工作。当工作人员感觉头晕时,就应立即到外面休息,呼吸新鲜空气,然后再进去工作,以防中毒晕倒舱内。

4. 油漆干燥过程中,一方面吸收氧气,一方面放出二氧化碳。因此,即使是面积较大的舱室,在油漆未完全干燥前,也应禁止在舱内睡觉,以免中毒。

5. 在油漆施工场地禁止使用明火,同时沾过油漆和松香水的抹布和棉纱头不能乱丢,应该放在规定的地方,因为它会自燃引起火灾。

6. 在船底涂刷沥青漆时,工作人员必须戴上口罩手套,并应站在上风头,从下风头开始涂刷油漆,避免毒气吸入体内引起中毒。

五、用电安全

(一)用电安全常识

1. 进行作业前必须对所使用的电压、电流以及电气设备的安装位置了解清楚;
2. 所有的电气设备绝缘必须完好;
3. 不要在响雷闪电的天气作业;
4. 进行电气操作时必须按规定穿着胶鞋和戴皮制绝缘手套;
5. 电气线路要按照规定安装合格的保险丝;
6. 在安装或修理电线和电气设备时,一定要停电作业,在拉开的闸刀上挂上"有人作业,严禁合闸"之类的警牌,如果开关距离远,应派人看守,以免旁人误合闸;
7. 对电线线路和用电设备要定期检查其状态及绝缘程度,一旦发现异常,要立即进行检修或更换。

(二)电焊安全技术

1. 预防触电的安全技术

(1)电焊机下部要铺设木板,电焊机的间距不小于 0.5 m,二次线的架设要整齐,绝缘良好,防止砸断、压坏和烧损;

(2)电焊机外壳应有防护性的接种线,以免由于漏电而造成触电事故;

(3)电焊机与外电路的一次接线,一般应由电工进行,二次线由电焊工进行连接;

(4)推拉闸刀开关时,一般应戴好干燥的皮手套,并把头部偏斜一些,以免推拉闸刀时遭受电弧的烧伤;

(5)焊钳的手柄、皮手套、工作服和胶鞋等应避免潮湿;

(6) 在潮湿的地方工作时,应穿上胶鞋或用干燥的木板垫脚;

(7) 在圆筒或其他金属容器内部工作时,脚下应垫好绝缘物,身体应避免与焊件接触;

(8) 在光线很暗的地方或夜间工作时,所使用的手提灯,其电压不得超过 36 V;

(9) 更换焊条时,身体应避免与焊件接触,在特殊场合,可将焊条放在面罩上更换;

(10) 停止焊接时,要将电源开关拉开,中断工作时,焊钳要放在安全的地方,严禁接地短路;

(11) 遇有人触电时,应迅速切断电源开关,及时进行抢救,抢救时切勿用手或脚去接触触电者;

2. 预防弧光和金属飞溅的安全技术

在电弧焊接过程中,电弧会产生红外线、紫外线及亮度很强的普通光线,这些光线对于人体的健康有着不同程度的影响。同时熔化金属的飞溅、烧热的焊件都可能使焊工受到烧伤或造成重大的火灾事故,因而在操作过程中,必须采取下列安全措施:

(1) 在工作时,必须穿好工作服,戴好工作帽、手套、脚盖和面罩,工作服不要束在裤腰里,并把纽扣扣齐,脚盖应捆在裤脚筒里;

(2) 在工作地点周围,严禁放有易燃或易爆物品,在高空作业时,焊件下部需用铁或石棉板搭设安全保护棚,以防焊接时由于金属熔滴落下,引起火灾或烧伤其他人员;

(3) 在工作地点周围,应尽可能放置屏板,在引弧前应观察了解周围的环境情况,以免弧光伤害其他人员;

(4) 焊工或其他人员发生电光性眼炎时,可用冷敷法减轻疼痛,并及时到医院治疗,注意休息,很快就会痊愈。

3. 预防有害气体烟尘中毒

手工电弧焊时会放出各种烟尘和气体,焊接黑色金属时烟尘主要由铁、硅、锰等氧化物和氟化物所组成,放出的气体主要是氮的氧化物(NO_2、NO)、二氧化碳及某些金属蒸气(如锰蒸气);焊接有色金属时将会产生一些有毒的铜、锌和铅的氧化物烟尘。焊工长期呼吸这些烟尘和气体,对身体健康是有害的,因此要求采取如下措施:

(1) 凡电焊作业区,空气中含锰最高允许浓度为 0.000 3 mg/L(以二氧化锰计),如超过应采取排锰措施,并适当控制低氢型碱性焊条的使用,推广选用低尘、低毒焊条;

(2) 电焊作业区,应考虑全面的或局部的机械通风,并应站在上风头操作,特别是焊接有色金属时,一定做好排除烟尘工作;

(3) 在容器内焊接,应轮换作业,注意劳逸结合,保持适当的休息;

(4) 电焊工应进行定期的身体检查,以便及早发现病情并能及时治疗。

4. 预防爆炸及其他伤害事故的安全技术

(1) 严禁在没有采取可靠的安全技术措施时,冒险焊接内部有压力的密闭容器设备。

(2) 当焊补曾经盛放过各种易燃物品的器具时(如油箱等),焊前必须彻底洗刷干净,用火焰在桶口试一下,确信安全可靠,才能焊接。

(3) 在容器内部工作时,应在出口处设置焊接电源开关,并设监护人员,禁止一人操作;内部照明采用安全电压,一般不超过 36 V;通风采用低压轴流式单相 36 V 的 150～180 W 风机;焊工要穿干燥的工作服和绝缘鞋,并站在干燥的木板或橡胶板上工作,防止触电,严禁将漏气的焊炬带入容器内,以免混合气体遇明火产生爆炸;应有两人轮流工作,相隔一段时间外出呼吸新鲜空气。

(4) 搬翻焊件和清除熔渣时,应戴好手套和平光眼镜,以防烫伤。

(5) 在安装工地多层作业时,应戴好安全帽。

(6) 夏季工作时,要注意防止高温中暑(施工作业场所其散热量每小时超过 20 kal/m^3 或室温经常在 35℃以上视为高温作业),应采取防暑降温措施。

5. 高空作业安全技术

(1) 3 m 以上高空作业时,必须使用标准的安全带,并将安全带系紧固定牢靠。

(2) 使用符合安全要求的梯子,搭好跳板及脚手架。要站稳把牢,谨防失足摔伤。

(3) 在高空作业时,软线要扎在固定架上,切勿背在身上进行焊接。

(4) 高空作业时,辅助工具如钢丝刷、尖头锤、焊条等应放在工具袋里。更换焊条时,焊条头不要随意往下扔,以防砸伤或烫伤下面的工作人员。

(5) 在高空接近高压线或裸导线时,必须停电或采取可靠安全措施,经检查确认无触电可能时,方准工作。电源切断后,应在电门开关上挂上"有人工作,严禁合闸"的标牌。

(6) 高空作业时,应设监护人,密切注意焊工的动态。电源开关设在监护人附近,遇有危险情况时,应立刻拉闸,并组织营救。

(7) 患有高血压、心脏病、癫痫、不稳定性肺结核者及饮酒后的工人不宜从事高空作业。

思考题

1. 基层航标管理班组的日常主要工作内容有哪些?
2. 航标维护工作的基本内容有哪些?
3. 航标管理时涉及安全作业有哪些方面?
4. 船艇作业时如何保障人员安全?
5. 灭火的方法有哪些?

第十章 航标水手作业

第一节　缆索具

一、缆索具的一般知识

航标作业和航标艇上使用缆索具的地方很多,例如浮标的标缆、加固岸标的牵索、船舶系泊用的带缆、拖带用的拖缆等。

缆是绳、索、缆的总称,通常把粗大的绳索称为缆,小的叫作绳,短段的专用绳叫作索。

缆索具按材料分,有纤维绳、钢丝绳等;按结构分,有三股绳、四股绳、八股绳等;按搓制方法分,有拧绞绳、编织绳、编绞绳等;按用途分,有首缆、尾缆、动索、静索、撇缆绳、测深绳等。

(一)纤维绳

1. 纤维绳的种类、特征、用途

常用的纤维绳有:化纤绳、白棕绳、白麻绳、油麻绳、棉麻绳等。

(1)化纤绳(俗称尼龙绳):多采用锦纶、尼龙、维尼纶、乙纶、丙纶等合成纤维搓制而成。其特性是重量轻、强度大,有较好的柔韧性、浮性和伸缩性,不怕潮湿、虫蛀、一般酸碱和油,遇火不蔓延,离火自灭,能够绝缘。缺点是使用时易滑,超过工作强度后易变形,温度超过 60 ℃以上时,则发软影响强度。目前多用于浮标缆及暂时性的捆绑之用。

(2)白棕绳:用热带出产的剑麻、野芭蕉等纤维制成,纤维好的呈乳白色,一般的是浅黄色。它的特点是柔软,重量较钢丝绳轻,有相当的浮性和伸缩性。缺点是受潮后易膨胀(约比原绳大 20%～30%)、发硬、易滑。目前多用作船舶甲板上的滑车绳、带缆或拖缆。

(3)白麻绳:用麻纤维制成,在各种纤维绳中,其强度最大(约比白棕绳大 1/10),但它容易吸收水分,发生腐烂,温度过高又易变脆。故船上一般只用直径 25 mm 以下的白麻绳,用作室内的捆绑、梯子扶手或帆布镶边等。

(4)油麻绳:用麻纤维在柏油中浸制而成。其特点是不易吸收水分,不易腐烂,但浸油后索质变脆,弹性减小,强度比同等的白棕绳约小 1/5,且柔软性减低,冬天易僵硬。目前多用于暴露在风雨中的动索及各项杂用。

(5) 棉麻绳:用经防腐处理的棉、麻纤维单独或混合搓制或编织而成。其特性柔软、光滑,不易扭结、松散,但伸缩性、防腐力及强度均较弱。目前多用作计程仪绳、测深绳、旗绳等。

2. 纤维绳的量度

纤维绳的粗细,是指它的直径或圆周的大小。用公制时应量它的直径,单位是毫米。用英制时应量它的圆周,单位是英寸。

纤维绳的长度,以米制为单位量度。纤维绳每捆的长度一般为 200 m,也有 220 m 为一捆的。

3. 纤维绳的强度

缆绳受力逐渐增加到破断时所承受的拉力叫作破断力,也是绳索的极限强度。

缆绳在其绝对安全范围内工作时所受的力叫作使用力。通常使用力为破断力的 1/6。

使用时,对纤维绳的强度还须做如下考虑:

(1) 缆绳的新旧:在使用旧绳时,要酌情考虑缆绳的新旧程度(新绳在仓库里放置 2~3 年,强度大约要降低 1/5~1/7);

(2) 缆绳的干湿:潮湿缆绳的强度比干燥缆绳的小,一般为干燥缆绳的 75% 左右;

(3) 是否有接头:缆绳破断经过插接后,它的强度将会降低大约 1/6~1/10;

(4) 是否有急骤升降的情况:如果用在急骤升降的地方,强度应按原来的 1/2 考虑。

4. 纤维绳的保养

纤维绳寿命的长短与保养好坏关系很大,在使用中应注意以下几点:

(1) 通过导缆器,码头边沿或其他物体时,应在摩擦部位包垫旧帆布或圆木,以免摩擦。

(2) 纤维绳潮湿后会收缩发硬,干燥后又伸长,所以在雨天、雾天、下雪天必须将拴紧的缆绳放松。船舶系在有潮汐影响的码头,要及时收放系缆,以免拉紧破断。

(3) 沾有海水或泥沙的纤维绳须用淡水洗净后晒干。若外表干燥,但绳仍坚硬,这是内部仍潮湿的现象,必须等待干透,绳子变软,才能收入库。库存时应注意通风,库内温度以 15~18 ℃ 为宜。此外,还应防止与酸碱等化学品接触,以免纤维腐烂变质,缩短使用年限。

(4) 纤维绳禁止超负荷使用。

(5) 暂时不用的缆绳应将其绕于缆车上,如盘放在甲板上应在缆绳下垫上木板,加上帆布盖好。

(二) 钢丝绳

钢丝绳是用钢丝拧成股，再用股拧搓成绳，通常绳与股的拧向相反。为了使钢丝绳柔软具有防腐能力，在每股中和绳中夹有用不含酸或碱的油料浸透的萱麻或白棕纤维为芯子。钢丝绳的优点是体积小、强度大、经久耐用。

1. 钢丝绳的种类及用途

根据结构的不同，钢丝绳通常分为硬钢丝绳、半硬钢丝绳和软钢丝绳。

(1) 硬钢丝绳：由6股钢丝制成，每股中间夹芯是钢丝，其6股钢丝中间的夹芯也是钢丝，它是同规格的钢丝绳中最坚固，强度最大的一种。船舶上多用来做护桅索、支索、烟囱支索等静索。硬钢丝虽硬度较大，但使用不便，一般常用的型号有 6×7、6×12，直径一般为 6~40 mm。6×7 是指钢丝绳的结构用6股搓成，每股有7根钢丝，这种钢丝绳绳丝少而粗。

(2) 半硬钢丝绳：由6股钢丝中间夹一根油麻芯制成，没有硬钢丝绳坚硬，但质料较好，绳丝较细，根数较多，所以强度和硬钢丝绳差不多，但其柔软，适用于经常活动的、对抗拉强度要求高的地方，如系缆、吊货索、吊艇索、标缆等。结构为 6×19、6×24 (指6股19丝或6股24丝)。

(3) 软钢丝绳：除在6股钢丝中间夹一根油麻芯外，每股中间也夹有油麻芯。在钢丝绳中强度最小，但重量较轻且较柔软，使用方便，多用做吊货索、系缆、拖缆、标缆等。常用的规格有 6×30、6×37，直径一般为 7~40 mm。

2. 钢丝绳的量度

钢丝绳的量法有两种：国产的钢丝绳，量它的直径，单位为毫米。进口的钢丝绳，量周长，单位为英寸。若钢丝绳的股数是整数，如 3×37 的钢丝绳，则量其圆周长度，以求出直径。

钢丝绳质量可按照下列公式计算：

硬钢丝绳 1 m 质量(kg) $=0.00035\times C^2$；

软钢丝绳 1 m 质量(kg) $=0.0003\times C^2$；

式中：C——钢丝绳的圆周长，mm。

3. 钢丝绳的规格

钢丝绳的规格是以股数、每股丝数及油麻芯的根数、钢丝绳的直径大小来表示。表示方法如下：

硬钢丝绳：7×7，ϕ9.5 mm；

其中：7为股数；7为丝数；ϕ为直径符号；9.5为直径参数。

半硬钢丝绳：$6\times37+1$，ϕ20.5 mm；

其中：6为股数；37为丝数；1为油麻芯数；ϕ为直径符号；20.5为直径数。

软钢丝绳:6×30+7,φ30.1 mm;

其中:6 为股数;30 为丝数;7 为油麻芯数;φ 为直径符号;30.1 为直径数。

在开启新钢丝绳时,常遇到有如下编号:

6×37+7—24—170—1—甲—镀—右同;

其中:6 为 6 股;37 为 37 丝;7 为 7 股麻芯;24 为直径;170 为抗拉强度(170 kg/mm^2);1 为1类;甲为甲等;镀为镀锌;右同为向右搓同一方向。

4. 钢丝绳的使用保管注意事项

(1) 钢丝绳不可扭结过度,否则会使其变形,油麻芯外露,内部产生空隙,易吸收水分而锈蚀,且各股间会吃力不均,使其强度降低,甚至因此使有些钢丝折断,工作时易将手刺伤。故系钢丝绳的系缆桩、羊角和卷筒均不能太小,卷筒直径应为钢丝绳直径的 12~18 倍。系缆装置的直径亦不应小于钢丝绳直径的 8 倍。

(2) 防止磨损:钢丝绳经常摩擦之后会发热而断丝,使用时对摩擦部位应垫以木头或帆布,必要时还要在帆布上涂油。钢丝绳绕上卷筒时应一圈圈排列整齐,不能任意交错。

(3) 钢丝绳的伸缩性比纤维绳小,如在使用中受力过猛过大容易发生突然崩断,所以在使用时应使钢丝绳缓慢受力。

(4) 定期上油,上油前先在日光下晒 1~2 天,再用钢丝刷将灰垢和铁锈刷净。

(5) 钢丝绳不用时应盘好或绕在钢丝绳车上,罩上帆布罩子,以免灰尘、水分浸蚀。

二、绳结

绳缆打结、连结、系绑的形式和方法,称为绳结。绳结在航标作业和船舶作业中使用广泛,如加固标杆、系泊浮标,起吊、拖带浮标,固定设备或货物,登高或舷外作业、救生,船舶系泊等。对绳结总的要求是:适合需要、牢固可靠、系解迅速、操作方便、外形整齐美观。

(一) 绳结的种类

常用绳结有:单结、互接、缚着、结节和插接五种。

单结是利用绳子的一端打结的结法,常见的有反手结、穿圈结、咬索结、绞辘结、双绞辘结、缩短结、立桶结等。

互接是将两索或一索的两端互相接着,常用的有缩帆结、一垂结、双垂结、双跨结、双圈结、大索结等。

缚着是将纤维绳缚于圆柱、圆环时所用的结法,锚结、圆材结、拖材结、轮结、大锚结、二结、丁香结等结法都属于缚着结法。

结节是在绳索端头或中央部分结成结子的结法,它多用于绳缆本身索股拆开来打结,节的下方用小绳扎住,如绳头节、握绳节、端止节等都是结节。

插接是将两索坚固地连接起来,或是用一条绳子的索头插接成圆环,其结法有圆插接、短插接和长插接等。

(二) 常用绳结

常用绳结有:平结、缩帆结、丁香结、"8"字结、圆形结、拖木结、单编结、双编结、单套结、双套结、立桶结、杠棒结、天篷结、系缆活结、艇罩结、止索结、扎绳结、扎绳头、撇缆活结、缩短结、架板结、架板活结等。

(三) 纤维绳插接

纤维绳插接要求迅速、牢固、紧密、平整,并要注意节约。

插接时一般使用的工具如图 10-1 所示。

木笔:用来穿开索股,使索股空隙扩大,便于绳索穿插。

水手刀:用来割断绳索或棉帆线。

木槌:用来敲平插接处,保持索股紧密、平整。

图 10-1　木笔、水手刀、木槌

纤维绳插接有:绳头反插接、琵琶头、短插接、长插接、八股编绞化纤缆插琵琶头、八股化纤缆双股插琵琶头、八股编绞化纤缆短插接。

(四) 钢丝绳插接

钢丝绳插接要求牢固紧凑,常用的插接工具有:钳工锤、铁笔、钢凿或斩斧、油麻绳和棉帆线、卷尺或木尺。

钢丝绳常用的插接法有眼环接(琵琶头)和短接两种。它的起头法常用的有"二四""三三""一五"三种。

三、索具

(一) 卸扣

1. 用途与种类

用途:用以连接缆绳、锚链和其他索具。

种类:最常见的有圆形卸扣和马蹄形卸扣(图 10-2)。除了这两种以外,还有供静索两端夹紧用的卸扣和用来连接各节锚链用的特种卸扣(图10-3)。

图10-2　　常见卸扣

图10-3　　特种卸扣

2. 使用中的注意事项

卸扣在使用中应注意其强度状况,受力过大会使其变形,以致销子卡死。带螺纹的销子,应注意保护好螺纹使之不受损坏。卸扣的销眼和销子应该经常加油(牛油)使其润滑不易生锈,发现锈蚀应立即刮除。

(二)钩

1. 钩的用途和各部位名称

钩是起重时在滑车上或绳索上吊挂重物用的,使用比较方便、迅速。

钩由钩把、钩背和钩尖组成,如图10-4所示。

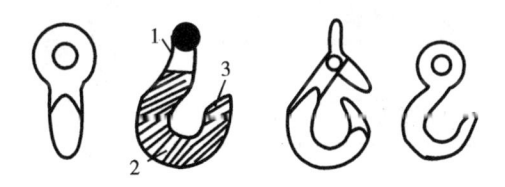

1—钩把;2—钩背;3—钩尖

图10-4　　钩的各部位名称

2. 钩的种类

(1) 普通钩:又可分为正面钩、侧面钩两种。

正面钩:它的钩尖和钩把的眼环中心是相对正的,这种钩的使用最为广泛。

侧面钩:它的钩尖和钩把的眼环边相对正。

(2) 旋回钩:钩可以向任何方向转动,使绳索不会因为所吊货的转动而发生纠缠。

(3) 牵索钩:一个侧面钩的钩背部分有一个固定的小环,环上拴一绳索,牵动这根绳索,可以将所吊的物体移动到所需的地点卸落。

(4) 抱钩:由两个正面钩互抱而成,使用时因两钩互抱,所吊物体不会因为摆动而脱落。

(5) 弹簧钩:钩把部分装有铁片,利用弹簧的力量,使钩尖和钩把之间保持紧密闭合,所吊物体不易脱落。

(6) 滑钩:由一个钩和链环组成,链环上套有一个小环,使钩尖同链环能紧合在一起,这种钩比较牢固,解开也比较快,一般用在对牢固性要求较高且关键时刻能迅速解开的地方,如固定缆绳、固定桅的支索和栏杆索等。

(a) 普通钩　　(b) 羊角安全钩　　(c) 奥式羊角抓钩　　(d) 旋转吊钩　　(e) 羊角钩　　(f) 吊环

图 10-5　各种钩

3. 钩的使用注意事项

(1) 钩在甲板上使用时,如有斜度,必须使钩尖朝上,如果钩尖朝下,往往会因为钩受力而移动,使钩尖滑出而发生危害(图 10-6)。钩在使用时,受力的部分应保持在钩背的中心部分,否则易将钩折断。

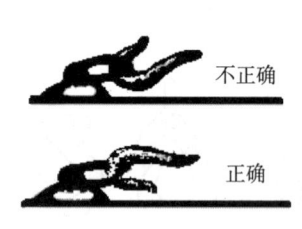

图 10-6　钩的正确使用

(2) 钩上如挂有物体,应用小绳将钩背与钩尖之间扎紧,以免物体滑脱。抱钩由于构造特殊,小绳扎在钩把之间。

(3) 吊挂重量较大的物体时,不可用吊货钩,以免将钩拉直,必须改用卸扣,因为卸扣的强度比钩大 6 倍。

(4) 钩的大小是量它的钩背的直径,用毫米做单位。钩背部分吃力最大。

(5) 旋回钩如果因生锈而转动,可将旋转部分涂一点润滑油,必要时可用喷灯烧除。

(三) 甲板眼环的构造和松紧螺丝

1. 甲板眼环的构造和用途

浮标和船舶甲板上为了便于系拴缆绳和其他工作需要，装置许多眼环，这些眼环根据构造的不同，分为眼板和眼环，如图 10-7 所示。

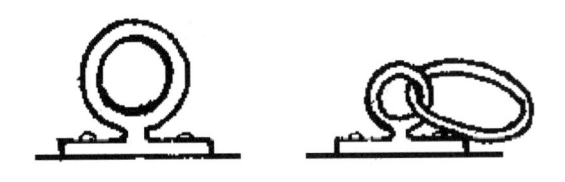

图 10-7 眼 环

眼板：眼板是一块有眼的铁板，用铆钉或电焊连接在船舷的边缘板，或连接在舷墙的撑柱上，供拴系桅支索等使用。

眼环：根据构造的不同分为固定眼环和活动眼环。活动眼环就是在固定眼环上加一个可以活动的圆环。眼环用于挂钩及各种动索上，如千斤索、滑车绳、带缆绳等。

2. 松紧螺丝

又名花篮螺丝，它是供拉紧静索、舵艇、栏杆等使用的。松紧螺丝由螺丝套筒和螺杆组成，其两端有钩、环、卸扣和活钩等用来连接的装置（图 10-8）。两根螺杆为倒顺螺丝，使用时，转动套筒，螺杆即可松出或改进。松紧螺丝分为开式和闭式两种。为了防止松紧螺丝生锈腐蚀，影响正常使用，必须经常上油。

图 10-8 松紧螺丝

(四) 索头环、套环和紧索夹

1. 索头环

分为叉头索头环(A 型)和环头索头环(B 型)两种，如图 10-9 所示。

A型　　B型

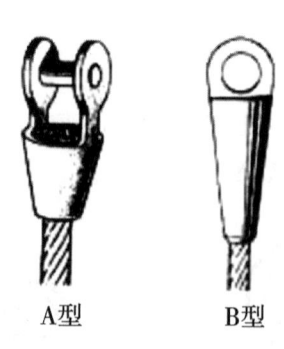

图 10-9　索头环

索头环中央有一通孔,前大后小成圆锥形,将钢丝绳一端由底部穿入孔内,并将钢丝散开,随后注入合金溶液(一般是铅、锡等易熔合金)使钢丝绳与环相连接并凝固成一体,其作用与钢丝绳插琵琶头相同,但更方便而且坚固,因此一般都用于静索上,如桅支索的两端等。

国产索头环上铸有标志代号,以表示索头环的型号与强度。例如:A6CSC5－59 或 B2·1CSC5－59,其中 A 或 B 为索头环型号,6 或 2·1 是索头环强度,单位为吨;CSC5－59 为产品专业分类号。

2. 套环

又称心环或嵌环。套环是由金属制成的铁环,有圆形(用于纤维绳)和锥形(用于钢丝绳)两种(图 10-10),用来插琵琶头时嵌在眼环里,防止绳缆因弯曲过度或摩擦而损坏。

套环上铸有标志代号,用来表示套环的型号和强度。

图 10-10　套　环

3. 紧索夹

也称夹紧卸扣或夹头。它是用于临时连接钢丝绳以代替插接,或临时将钢丝绳端头做一琵琶头,方便使用。钢丝绳的主要部分应紧夹在紧索夹的底座一面,以使绳端部分能压紧而防止滑脱,如图 10-11 所示。

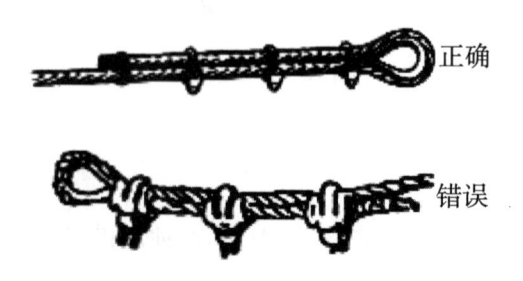

正确

错误

图 10-11　紧索夹

四、帆布

（一）帆布的种类和用途

帆布有棉帆布和亚麻帆布两种，亚麻帆布较轻软、抗水且抗腐蚀性能也较强。

棉帆布又分为厚帆布和薄帆布（细帆布）。帆布的厚薄，取决于它的每一经纬线线股中含几根纱，和这些纱的支纱号。纱的支纱号越小纱越粗，支纱号越大纱越细。如果经纬线股纱的根数越多，纱的支纱号越小，则帆布越厚，反之，帆布越薄。

厚帆布分1—7号，都采用10支纱。其中1—3号多用于暴露在风雨中的天幕、罩套、帆布水桶、救生筏、救生圈等；4—7号多用于不暴露在风雨中的罩套、通风筒、下层天幕、消防水龙带等。

薄帆布分21—26号，其中21—23号采用10支纱，24—26号采用21支纱。通常用于缝制救生衣、工作服、手套、艇帆等。

（二）帆布的保养

1. 帆布受潮后易霉烂，应保持通风和干燥。

2. 帆布制品遇到酸、碱后要及时用淡水清洗；污损的帆布用肥皂水洗后，再用清水漂洗，晒干后才能收藏。

3. 帆布及其制品要注意防止落上火星，以免着火。

4. 帆布遇水后会收缩，因此张紧的天幕打湿后应适当放松绑绳。

5. 帆布制品破损后要及时修补，以防扩大。

6. 洗涤帆布时应平铺在平板上，切不可放在格子板上或铁质器物上，以免沾锈后破烂，待其洗净后再高挂晾晒。

第二节　测水深

船艇航行、航标设撤都需要准确掌握水深。因此，测水深作业是航标水手必须掌握的基本技能之一。

常用于测水深的仪器有测深杆、测深锤、测深仪三种。

(一) 测深杆

在水深 5 m 以内的浅水区可以使用测深杆测水深。

测深杆用优质竹篙制成,长 3～5 m,全杆用不同颜色的漆逐段画出长度标记(图 10-12),自杆底起,下半段涂以黑漆,每隔 0.1 m 画一道白圈,圈厚 1～2 mm,整米部位画一道黄圈或绿圈(单米部位画黄圈,双米部位画绿圈,或相反),圈厚 1～2 cm 左右,上半段每隔 0.1 m 交替刷上白漆和红漆,一般以三白两红为宜。

测深杆测深一般有平移、斜浮、旋转三种方法。水深由垂直插至河底的测深杆长度标记上直观读取。

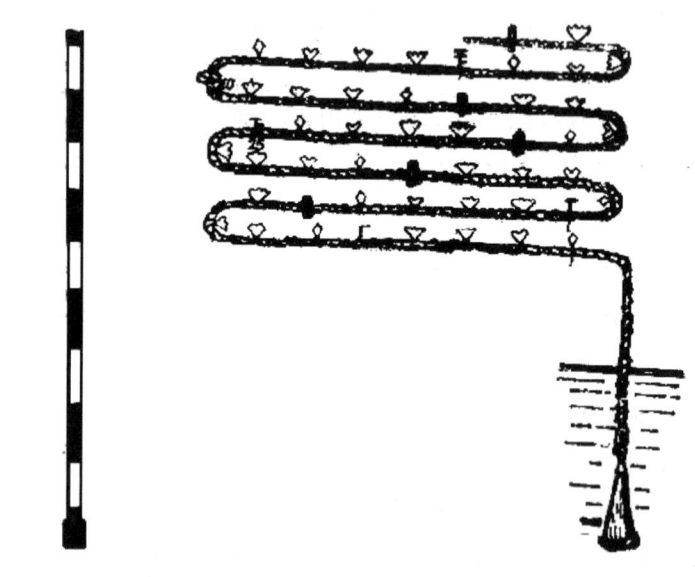

图 10-12　测深杆　　　　图 10-13　测深锤

(二) 测深锤

测深锤又叫测深砣,当水深大于 5 m 或不便于用测深杆测深时,使用测深锤(图 10-13)。

测深锤由测锤和测绳组成。测锤有空心塔式和空心六边形台柱体两种,重量有 3～9 kg 几种规格,锤顶安有铁环,与测绳相接,接头处护以金属片,以防磨损。测绳材料有麻、棉、包皮电线、尼龙绳等,直径 6～8 mm。

测绳上从锤顶铁环孔起,用不同颜色的布条分段结扎表示长度,以便测量时读取水深。

利用测深锤还可以对河床底质进行了解。在锤底空心处涂上黄油,将锤甩入河底,根据粘连结果来判断底质,也可凭借测锤的触觉来大致判断。

(三) 测深仪

1. 测深仪的测深原理

测深仪是利用超声波在不同介质面反射的原理制成的,所以又称之为回声测深仪,简称测深仪。在离船艉约 1/3～1/2 船长处安装发射换能器 S,然后起动开关,将超声波发射到河底，再由河底反射到接受换能器 E，根据超声波在水中传播的时间和速度，测深仪将自动换算成水深显示出来。

2. 测深仪的安装方法及注意事项

(1) 换能器的安装：换能器是声电互换的元件，由两个晶体元件组成，一主发射，一主接收，外装有导流金属壳，形似鸭脚，俗称鸭脚板，壳顶与一圆铁管相连。

换能器有舷外挂装式与船底固定式两种安装方式。目前采用舷外挂装式较多，其原因是该方式安装、卸取简便，受杂声干扰和水流气泡影响较小。

换能器的安装要求如下：

① 安装位置离船艏 1/3～1/2 船长处为宜。安装太靠前，易受航行水浪影响，安装太靠后，易受机舱电机干扰。

② 安装时换能器底板应与水面平行，最大倾角不宜超过 3°，对于长方形换能器，要使长边与船轴平行。

③ 换能器的吃水深度应以测量准确、使用安全为原则。吃水深，虽效果好但易碰撞河底（或礁石），反之吃水太浅，虽安全，但效果差，因此应根据实际情况来决定。在一般情况下，换能器的吃水深度可根据测艇大小而定，小机动船可取 0.3～0.7 m，大型机动船可深至 1 m 以上，非机动船可酌情装得浅些。

④ 对于大功率换能器，一般采用船底固定安装的方式，并由专门厂家进行。

(2) 主机的安装：条件良好的船艇可将仪器安装在驾驶台或专门的工作舱内。对不具备条件的船艇，只能就船的条件选择较为适当的位置临时安装仪器，工作完成后再将仪器撤走。

在安放仪器时必须注意以下几点：

① 安放仪器的场所，应尽量避免被水溅湿，以防仪器受潮；应远离电瓶一类带酸碱液的设备，以免使仪器被有害气体腐蚀损坏；应尽量远离机舱，以避免强烈震动和电磁干扰。

② 仪器安放稳固，不应安放不当或受船体震动、颠簸而坠落摔坏。

③ 安放位置不能干扰驾驶但要便于相互联系；场所应宽敞，光线明朗，但又不致射眼刺目。

3. 测深仪使用注意事项

测深仪的型号很多，使用时应按说明书操作，但不论何种测深仪，在使用时均应注意下列事项。

(1) 安装检查：使用前应检查测深仪安装是否牢固，是否符合要求，否则应予以加固或改正。

(2) 电源与接线：主机至电源、换能器等外路导线应尽量简短，电源线径粗细与载荷、内阻有关，一般应不小于 2 mm，屏蔽线必须接地，接线极性须与主机一致。在用 12 V 或

24 V 直流电时,不能超过仪器工作电压额定值的±5%。在一般情况下,仪器用电源应与船上共用电源分开,以免电气干扰或弄错极性。如果用发电机直接供电,必须附加整流装置。特别应注意的是,晶体锗管测深仪是以正极接地,而船用蓄电池多为负极接地,故供电前应将电池的地线卸掉,使电池对地绝缘,否则会造成仪器内部短路,烧坏部件。采用蓄电池供电时,应注意有的蓄电池虽空载电压符合要求,但加载电荷后却降压很多,这样将会影响仪器正常工作。

(3) 电机转速测定:电机转速正确与否,直接决定着仪器的准确程度,故测深前应对电机转速进行测定和调整。测深仪一般都有测定转速的装置,测速前,将计数器的数字归 0,启动仪器,待机运行稳定后拨动测速开关,同时计时,并量取水温,作为调整仪器转速的依据;待 1～2 min 后,关闭测速开关,在计数器中读取数值,即为测得的电机转速。不同水温时的对应转速,可查阅仪器说明书所列数据,或查取当时水温的相应声速(淡水),并按下式计算:

$$应有转速 = 设计转速 \times \frac{实际声速}{设计声速}$$

当仪器转速与当时水温的应有转速之差大于±1%时,应对仪器转速进行调整,调整办法按各仪器说明书进行。

(4) 调整发声记录线(简称发声线):记录纸上发声线到回声线的间距,代表换能器底到河底的深度。如在同一深度上,移动记录纸上发声线,则回声线也保持同一间距移动。根据这一性能特点,便可将发声线位置作适当调整,使能在读深标尺上读出以水面起算的水深,以减少水深换算的麻烦。这种方法,就是将发声线位置调整到换能器吃水深度位置,将读深标尺的 0 点作为水面,从而读得水面以下深度。例如换能器吃水深为 0.6 m,只要将记录纸上发声线(前缘)调整到读深标尺 0.6 m 的地方,则回声线在标尺上的读数是水面到河底的深度。

(5) 仪器显示深度校核:测深仪显示深度是否正确,可用测深杆加以校核,方法是选择河底平坦,水深在 3～5 m 处,船艇缓慢行驶,用测深杆在换能器旁量取水深,并与测深仪显示的深度加以比较,当两者的误差不大于 0.1～0.2 m 时,则认为测深仪所测深度符合要求,否则应找出原因,或对测深仪的水深进行改正。

(6) 记载事项:测深前应在记录纸上做好必要注记,以供查考,如测区名称、任务、日期、换能器入水深度、水温、调定的笔盘转速、发声线调定位置的尺码、显示深度的校核情况等。测深工作开始后,还应记下断面号及船艇走向,当水位或潮汐涨落明显时,每段面的起测时间都应标记清楚。每一断面中的测点,为了醒目,可逢 5 点、10 点按住按钮时间稍长些,使之成为粗线。

(7) 换挡掌握:测深时应注意记录上的深线变化,尤其陡深陡浅时更应及时换挡;换挡后的第一条定点线,要标明挡序或应加的读深值;最末一挡测深,如水深超出记录范围而回声线仍很清晰,则可纳入第一挡作为延伸记录水深。

(8) 灵敏度掌握:仪器的灵敏度不宜调得过高,以无两次回声线或略有深浅为合适,以免引起干扰。记录针的长度以能触压记录纸为度,针体与纸应成 30°~50°倾角。

(9) 监视工作:值机时,要经常倾听仪器运转声音是否正常;要时常监视电压,看是否符合工作电压要求;还应随时注意发声线的线位,如发生线位移动,应及时调到准确位置上。

3. 仪器保养

(1) 仪器储放场所必须保持干燥,以使仪器不受潮湿和酸碱有害气体等腐蚀。仪器不使用时必须将主机箱内外擦拭干净并罩以罩套。

(2) 仪器必须保持清洁,每次工作完毕应将记录笔架、记录标尺、记录纸的导电板等部位清洁干净,因记录时击穿纸面而产生的灰末,用毛刷清理。电机和传动齿轮每一年应清洗一次(长效润滑的滚珠轴承例外)。电机整流子可用零号细砂纸轻力擦亮,槽内积聚的炭精粉末,用硬毛刷剔刷干净。

(3) 仪器机械传动中有摩擦的部位,如齿轮、蜗轮、铜瓦等,应定期上润滑油。

(4) 换能器应防止摔打碰撞,以免损坏晶体。换能器的工作面应保持干净、无油污和其他黏附物,换能器的引线不宜过度扭折或受锋利器物割压,以免断线或损坏。

第三节　系泊

船舶或浮标依靠缆绳、标缆等系结在码头、锚、沉锤或其他固定处,使其在一定水域范围内保持相对稳定,被称为系泊。

一、系泊设备

系泊设备主要包括缆绳、导缆装置、缆桩、缆车、绞缆机械、锚设备、沉锤、标缆等。

(一) 缆绳

缆绳包括钢丝绳、链索、植物纤维绳和人造纤维绳四种。钢丝绳常用的规格有(6×24+7)与(6×30+7)两种,选用抗拉强度为 140 kg/mm² 的柔韧镀锌材料;使用植物纤维绳或人造纤维绳时,其周长不应小于 63 mm。

(二) 导缆与系缆装置

导缆装置通常是由铸铁制成，焊接或铆接在船舶的舷边，其作用是使缆绳经过船舷到船外时，尽量减少磨损且不会因为急剧弯折而增加缆绳所受的应力。

1. 导缆装置

导缆装置包括：

(1) 导缆孔：开设在系缆桩外向的舷墙上，但不能正对系缆桩，而是互相偏移一段距离，使系缆不能自由移动，如图 10-14 所示。

图 10-14　倒缆孔

(2) 导缆钳：又称导缆口，设置在只有栏杆而无舷墙的舷边甲板上，此外在船艏和船艉的舷墙板上，除导缆孔外还必须至少装一对导缆钳。导缆钳的形状有普通导缆钳和单滚、双滚、三滚导缆钳，如图 10-15 所示。有滚的导缆钳比无滚的好，因为其在缆绳通过时能减少摩擦，有利于缆绳的保养。

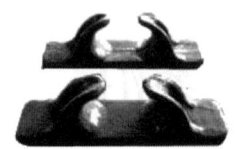

图 10-15　导缆钳

(3) 导缆滑轮与导缆饼：由于导缆孔(钳)与绞盘的卷筒不能成一直线，为便于绞收缆绳，可在适当的地方安装底座，上设较厚的滚轮(导缆滑轮)或直径较大而稍扁平的滚轮(导缆饼)，用来导引缆绳，如图 10-16 所示。

图 10-16　导缆滑轮与导缆饼

2. 系缆装置

在导缆装置附近都设有系缆桩,系缆桩用铸铁或钢板装焊而成,从形式上区分,有单柱、双柱、单十字或双十字形等。船上一般用双柱系缆桩,码头上设单柱系缆桩,十字形系缆柱多用于中、小型船上,双船浮标和单船浮标在船艏艉焊装铁环用于系缆。

3. 卷缆车

卷缆车又称缆车,供卷存缆绳用。船上所用的缆车分为钢索(钢丝绳)缆车和麻索(麻缆)缆车两种。

卷存缆绳时,应将缆绳的一端琵琶头用细索绑在缆车卷筒上,并有次序地卷上,不能用卸扣固定。缆车有手摇柄,收缆时摇动手柄收缆,松缆时用脚踏刹车来控制速度,不用时用帆布罩盖好。

4. 绞缆机械

绞缆机械有锚机卷筒、电动绞缆机和绞盘,其作用是收缆绳或锚链。

绞盘俗称绞关,是船舶绞缆机械中常见的一种,其滚筒安装在垂直轴上,两头大,中间逐渐收小,便于绞收船缆。

绞盘可分为人力、蒸汽和电动三种,人力绞盘又分为推棍式和摇柄式两种,以推棍式最为常见,如图 10-17 所示。

图 10-17 推棍式人力系缆绞盘

5. 系缆附属用具

(1) 制缆器,是用铁链链条式纤维绳或尼龙绳特制的制缆用具,分为止索链和止索绳两种。一般装设在船艏艉的系缆桩上,用来暂时制止缆绳溜出,以便换缆上桩。止索链专用于制止钢丝绳缆,止索绳则用于制止纤维绳或尼龙绳。

(2) 撇缆绳:撇缆绳是用来传递带缆的专用索具。因船舶所用的带缆都较笨重,不能直接送上码头、拖轮等,所以采用撇缆绳引送带缆。撇缆绳是旗绳或化纤绳(周长19～25 mm)制成的,长度约30～50 m,其一端用插接法制成一个小眼环,另一端系结一只撇缆头。撇缆头有几种:有的用绳索编制撇缆头结;有的用硬橡皮制成;有的用帆布制一小袋,里面装满细沙或其他较重的粉末,外面再用油麻绳编结一层外皮。

(3) 碰垫:俗称靠把。当船舶与码头或两船相碰撞前,需要用碰垫来缓冲一下,可起到保护作用。大型的碰垫用橡皮、圆木或塑料制成,小型的碰垫外面用纤维绳编制,里面填充软木或棕丝等软性物料。

(4) 防鼠挡(或防鼠隔):以塑料或金属薄板制成的圆形或伞形挡板,挂牢在船岸之间的带缆上,用来防止鼠类沿缆绳来往。

(5) 防水挡板:船舶系泊在码头或船舷有驳船时,视情况应用防水挡板来阻止船上排出的污水。

(三) 锚设备

锚设备可保证船舶在水上安全生产,也是系泊航标的重要设备,主要由锚、锚链、起锚机械及附属设备组成。

1. 锚

锚是锚设备中的主要组成部分,用铸钢或锻钢制成,它有尖硬的锚爪能抓住泥土,产生巨大的抓力,使锚在泥土内固定不动,可以通过锚链或锚缆系留船舶或浮标于一定水域内。常用的锚有杆锚、无杆锚、四齿锚,如图10-18所示。

有杆锚以海军锚为代表。海军锚的构造由锚环、横杆(又称锚杆)、固定销、锚臂和锚爪等主要部件组成。横杆的作用是当锚卧底,横杆一端着地时,锚链拉动横杆迫使锚翻转,横杆平卧,锚臂垂直,一锚爪着地,当锚被继续拉动时,横杆使锚臂保持垂直,迫使锚爪插入土中产生抓力。海军锚结构简单,便于保养,其抓力较大,一般为锚重的3～8倍,最高可达12～15倍。海军锚的缺点是使用不方便,抛设后有一锚爪露出土外,可能缠绕锚链,在浅水中可能损伤船底,故只在水深流急的地点系泊大型船舶或灯船时才使用。

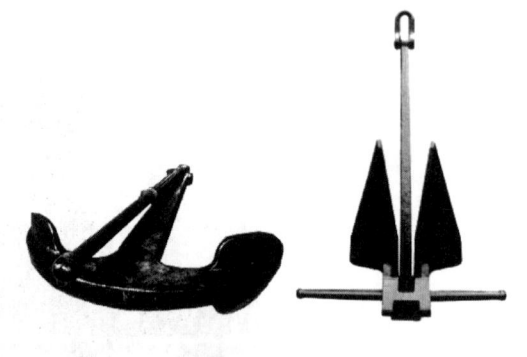

图 10-18 锚

无杆锚以霍尔锚为代表。霍尔锚的优点是收纳方便,因无横杆,可直接收存在舷边链孔处,不占甲板面积;双掌抓土,在浅水时船舶没有吃锚危险,也不会缠住锚链。

四齿锚又称四抓锚,属无杆锚一类,具有良好抓土性能,能迅速而可靠地抓入土中,结构简单,保管容易,常用于中、小型航标工作船艇或系泊灯船、浮鼓和船体浮。

2. 锚链

锚链是用于连接锚与船艇或浮标的链条。根据《浮标锚链》(JT/T100—2005)标准,整条锚链由若干链节组成,使用时一节的长度不够,可用连接链环或连接卸扣将两根或几根链节连接起来使用,如图10-19所示。

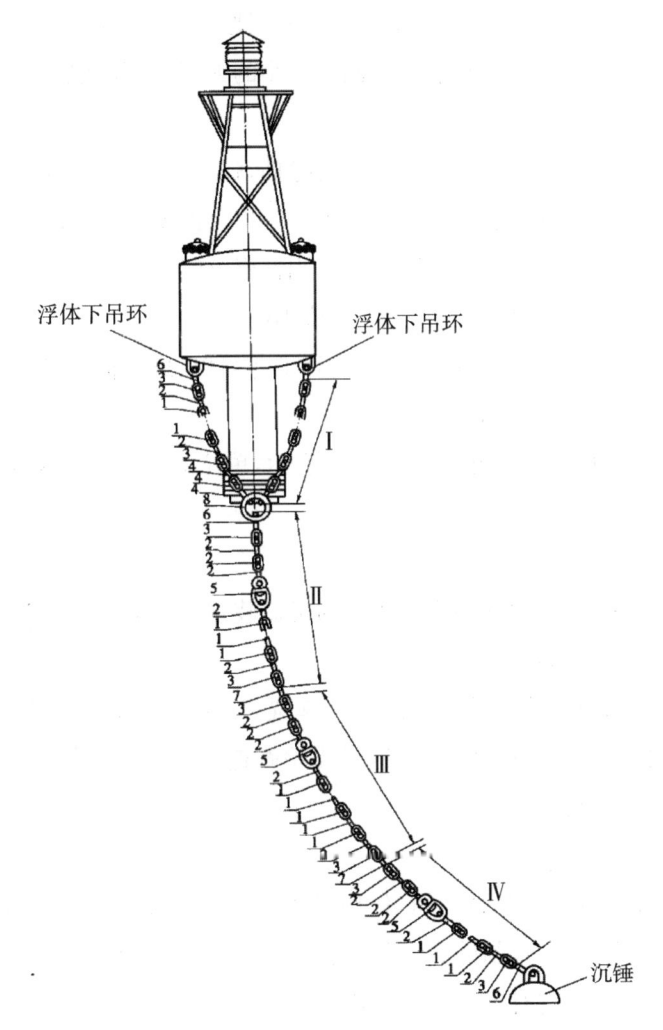

1—普通链环;2—加大链环;3—末端链环;4—加粗链环;5—转环;6—末端卸扣;7—连接卸扣;8—圆令;
Ⅰ—马鞍链节;Ⅱ—短链节;Ⅲ—半链节;Ⅳ—全链节

图 10-19 锚链的连接

链节按其所处位置不同,分为锚端链节、中间链节和末端链节。锚端链节是与锚相连接的那部分锚链,其中装有一个转环,防止锚链打扭,然后用链端卸扣将其与锚环连接。安装链端卸扣时应将开口一端朝向锚的方向,以防在收绞锚链时卡在舷边链孔的唇缘上;中间链节由普通链环组成,装在锚端链节与末端链节之间;末端链节装在锚链的最后一节上,其中也有一个转环,转环的栓应朝向锚链的中央。系泊有尾管的浮鼓末端链节常用马鞍链,它的作用是使浮鼓在水中保持平衡,防止锚链绞缠尾管。马鞍链的适用长度,以不与浮鼓尾管相碰为准。

锚链的连接,以系泊浮鼓为例。

锚节是用一个一个链环接起来的。链环从外形上分为有挡链环和无挡链环两种;按制造方法则分为锻造链环、铸造链环和焊接链环三种。

有挡链环在链环中间有一撑挡,它比同样大小的无挡链环的强度大 20%,同时能避免锚链扭缠,防止磨损。

无挡链环一般是椭圆形的钢环,中间没有撑挡,强度比较小,且容易发生绞缠。

锻造链环是制造锚链的老旧方法,由于容易产生松挡现象,近来已少采用。

铸造链环由钢水浇铸而成。它的强度高、刚性强、变形小、耐磨性好、无松动现象,使用年限一般比锻造锚链多一倍,但工艺复杂,成本高。

焊接链环由圆钢弯曲焊接而成。这种链环工艺简单、成本低。随着电弧焊技术的发展,焊接链环已得到广泛的使用。

链环的大小是以环在连接处截面直径 D 表示,单位 mm,普通有挡链环的长为 $6D$,宽为 $3.6D$。

3. 起锚机械

起锚机械是专用于抛、起锚和收绞锚链的机械装置。按动力可分为人力、蒸汽、电动和液压四种;按外形可分为卧式和立式两种。

内河航标工作船艇几乎都采用立式人力起锚机,又称立式推关,俗称绞关。其结构简单,养护容易,抛锚时不需作特别准备,只需检查逆爪方向及链轮的离合情况,但其起锚时全靠人力推动,劳动强度大。

4. 制链器

制链器设置在锚机与锚链筒之间,作用是将锚链夹住,防止锚链滑出并减轻锚机的负荷。制链器主要有:闸刀式制链器、螺旋式制链器和链式制链器。

(1) 闸刀式制链器,它有一个支架,架上装一根活动的闸刀,一端是固定支点,另一端套在另一边支架上(如图 10-20 所示)。使用时把闸刀向上提,链就向下滑出;要制止时,将闸刀向下就可以把链制住,再扣在边上,插上栓子,即可制止锚链下滑。闸刀式制链器构造简单、工作可靠、操纵方便。

(2) 螺旋式制链器,它利用松紧螺丝来松紧两边支架,达到放出或制止锚链的目的。它的特点是工作可靠,使用方便,但止链动作较缓慢。

图 10-20 闸刀式制链器

(3) 链式制链器,又称钩形制链器,由一个链钩、一个伸缩螺丝和一段短链条组成,用卸扣固定在甲板上。使用时将钩挂在锚链上,然后上紧伸缩螺丝,即可将锚链拉住。

5. 锚设备的检查和保养

(1) 锚的检查与保养

锚最易受损的部位是锚爪、锚冠和销子。锚爪易发生裂纹,锚冠突角易磨损,销子易松动。另外还应检查锚爪的转动角度与灵活性,锚环有无裂损。锚的保养主要是做清洁工作,如清洗污泥,清除缠绕在锚上的水草杂物等。当发现有严重损坏时,应送厂修理并换上备用锚。

(2) 锚链的检查

锚链和卸扣长期使用后可能发生裂纹、变形、磨损及结构松动,因此检查时应针对下述情况进行。

裂缝检查:用手锤敲打每一个链环和卸扣,听其声音是否清脆,有无沙音,如有沙音则应仔细找出裂缝所在。

变形检查:测量环和卸扣的长度,有挡环的长度若超过原长7%,无挡环或卸扣的长度超过原长度的8%,就不能再使用。

磨损检查:检查环与环的接触处和链与锚链筒的接触处,一般用卡尺量直径,如发现比原直径减少1/8时,就需换新。

结构松动检查:锻造链的挡易松动,连接链环和卸扣的销子易松动或铅封脱落,因此需逐个检查。

通过检查发现损坏超过限度时,连接链环和卸扣可直接换新,链节中的链环应将其割去,用连接链环或卸扣代替。损坏不太严重时,则做好记录,待厂修时更换,并且每节锚链的标志应保持清晰完整。

(3) 锚链的保养

链条如果生锈,可用火烧,再用榔头敲击,使铁锈脱落,然后用钢铁刷刷干净。火烧除锈后趁其尚未冷却,用链钩勾住链子的一头,逐段地从煤焦沥青中(加热融化了的)拖一边,待沥青表面不粘手时,再全链拉直,以提高沥青的附着力。在上沥青时需注意:避免热沥青沾水爆溅伤人,不可在沙土上进行;融化的沥青会排出有害气体,因此上沥青时应在通风良好的露天场所进行,人要站在通风处进行操作。

(4) 人力起锚机的保养

① 抛锚、起锚、绞缆时,要注意防止止链、缆突然受力过猛而使锚机轴心弯曲变形。各种系缆不可直接系于锚机以免损坏锚机。

② 应经常清除绞盘逆爪间槽内的杂物,特别是冬季要防止冰块冻满涧槽而失去止逆作用。

③ 应经常清洗运动部位,加注润滑油,并经常检查各部件是否有弯曲或磨损。

(四) 标缆

连接沉锤(或锚)和浮标体的系结链索称为标缆。常用的标缆有锚链、钢丝绳、化纤绳等。标缆的长度根据设标地点的水深和流速大小来确定。一般情况下,标缆的长度为水深的 3～5 倍,在水流急的地方,标缆取长一些,流速小水深较浅的地方,标缆可取短一些。

(五) 沉锤及其他

在浮标布设之中除了使用锚外,还可利用沉锤和其他物体起到锚的作用系留浮标,常用的有锚石、标桩、石鼻、铁环等。

1. 沉锤

沉锤有混凝土和铸铁的两种。混凝土沉锤制造简单且较经济,使用较为广泛。沉锤重约 100～200 kg,适用于灯船、双船标及大的浮鼓装置。

2. 锚石

锚石可以用天然条状石块略加修改即成,也有将它打一个通眼以便系缚标缆的。小型锚石多用于三角浮标、棒形浮标,大的锚石可使用在水深较大处的浮鼓和灯船上。锚石的重量在 25～150 kg,可以根据所系留的浮标选择。

如需将锚石抛在较平坦的礁石上面,为了防止锚石移动或滑走,可趁礁石露出水面时,在礁石上预布"排桩":在礁石上按半圆形每隔 30～40 cm 打一洞眼,共约十余个,每个洞眼栽上高出石面 40～50 cm 的坚实木桩一根。设置浮标时,将锚石抛在排桩内,便可防止锚石移动。

3. 标桩

标桩一般设在水位涨落幅度较大的河段,有木桩、铁桩、水泥桩等多种,桩位选择在标位附近的礁石或河床上。

木桩采用埋设的方法,预先在礁石上打一洞眼,注入混凝土,再打入木桩,待混凝土干结牢固后便可使用。

铁桩用楔入法,当礁石露出水面时,在选定的桩位上打一洞眼,洞眼内打入一段杉木,杉木顶与洞眼顶相平,然后在杉木的中央打入带有铁链的铁杆,铁杆高出洞顶 50～60 cm,铁链长 1～1.5 m。遭遇洪水时只要勾挂到铁链就可以拴系标缆。铁桩在有的地方又称牛鼻。

水泥桩用埋砌法。它本身就是一座标志,一般只漆油漆,不设航标灯。

4. 石鼻

趁礁石露出水面时,选择石上一个适当位置穿凿一个可以穿过标缆的洞眼,这个洞眼就叫石鼻,需要时可用于拴系船艇或浮标。

5. 铁环

在礁石上打一洞,将直径 16 mm 的圆钢绕成的圆环用水泥浇注在石洞内,以备拴系船艇或浮标。

二、系泊方法

(一) 船艇系泊方法

按照所采用的系泊设备,船艇系泊方法主要分为带缆系泊、锚系泊、打桩系泊等。

1. 带缆系泊

依靠缆绳及导缆设备使船艇停靠在码头、趸船等处所采用的方法,称作带缆系泊。

(1) 带缆的布置:船艇系泊于码头时,按码头的情况、船艇的长度以及天气、水文等实际需要,决定使用缆绳多少及其布置的方式。图 10-21 为带缆的布置图。

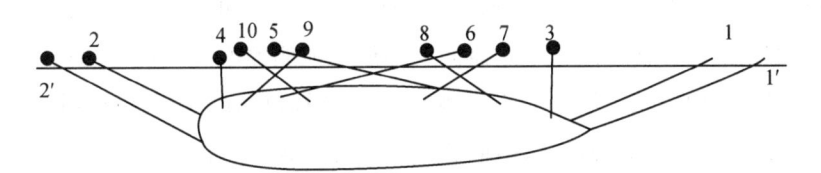

1、1'—船艏缆;2、2'—船艉缆;3—船艏横缆;4—船艉横缆;5—船艏倒缆;6—船艉倒缆;7—船艏前倒缆;
8—船艏后倒缆;9—船艉后倒缆;10—船艉前倒缆

图 10-21 带缆的布置

船艏缆,是从船艏向前伸出的头缆。当船舶受到船艏方向来的风、流影响时,船艏缆可控制船舶向后移动,同时可使船艏贴近码头。

船艏倒缆,是由船前部向后伸出的缆绳。它的主要作用是辅助和加强船艏缆,并可使船艏贴近码头旁。

船艉倒缆,是由船后部向前伸出的缆绳。它的主要作用是辅助和加强船艏缆,并可使船艉贴近在码头旁。

船艉缆,是由船艉部向后方伸出的缆绳。当船受到从船艉方向而来的风、流影响时,可控制船舶向前移动,同时使船艉贴近码头。

船艇停靠码头时,一般需要两根以上的艏、艉缆。在吹开风(横向船艇靠码头一舷的风)厉害时,一般可加带艏、艉横缆,以防止船艇向舷外移动。

(2) 系、解缆的顺序

① 系缆

一般情况下,系泊时首先带船艏的缆绳,晚些带船艉缆。平流或逆流靠泊码头时,一般都先带船艏缆,而后带其他各缆绳。吹开风靠码头时,先带船艏缆,再横缆,最后倒缆。船间系泊时先带前倒缆和船艏缆,然后带其他各缆。

上述顺序不是一成不变的,应根据当时当地的实际情况适当部署。

② 解缆

一般在离码头时,只留船艏缆和船艉倒缆。吹拢风离码头时只留船艉倒缆,吹开风只留船艏缆和前后倒缆。顶流离开码头时只留前横缆和船艉倒缆。顺流离开码头时只留船艏倒缆及后横缆,其他缆绳可预先收进。

2. 锚泊

当船艇漂浮在水面或靠抵自然岸坡时,为了抵抗风流的影响,防止船艇被推移,通常采用抛锚的方法来使船艇泊定。

(1) 锚泊的方法

锚泊的方法主要有单锚泊和双锚泊两类。

① 单锚泊

锚泊时只抛一个艏锚或一个艉锚的方法称作单锚泊。单锚泊的方法适用于在广阔无流或缓流的水面,天气较好,又不妨碍同一锚地其他船停泊时,或本船只作短时停泊时采用。抛锚时应抛向上风一侧或上流一侧的锚,避免锚链与船舷板摩擦受损。

单锚泊方式抛、起锚都较灵活,但回旋范围大,占用锚地面积也大。

② 双锚泊

锚泊时在船艇的左右或前后方向各抛一个主锚的方法称为双锚泊。当风压、流速较大,河床地质差,为控制船艇偏荡和增加船艇系留力量,或者在狭窄锚地为减小船艇因风、流影响而偏荡及回转的范围时,可采用双锚泊。

双锚泊按其抛锚的形式又分为八字锚、一字锚和艏艉锚三种。

a. 八字锚

从船艏向前方抛出两个艏锚,抛锚后两链似八字,故称八字锚。这种锚泊形式因能增加船艇的系留力,多在流速较大或河床底质差的锚地采用。抛锚后两链的夹角应在 30°~60°,具体视船身偏荡情况而定,偏荡不大,夹角应小,偏荡较大,夹角亦增,但不宜过大。

b. 一字锚

自船艏抛出两个锚,一向前,一向后,抛锚后,两链成一字,故称一字锚,又称抛船艏前后锚。这种锚泊形式大都在有潮汐影响或风向、流压变化较大,且锚泊面积较小的情况下采用。

c. 抛艏艉锚

在船艇艏艉各抛出一个主锚称抛艏艉锚。这种锚泊形式多用于水域宽度受到限制,不允许船艇自由回转的环境下。

(2) 锚地

锚地指的是抛锚的地点。抛锚前后应选择合适的锚地,以免因锚地不良直接影响锚泊安全。选择锚地应注意以下几点：

① 水深适当，水下无障碍物，使船艇锚泊后能有足够的安全活动范围；

② 流压底、水势平稳的缓流区域；

③ 河床底质以黏土最好，泥沙次之，沙砾石最差；

④ 不能在航道中，以免影响其他船航行；

⑤ 远离装卸危险品的码头和过江电缆通过处；

⑥ 长时间锚泊的锚地，还须能避风防浪；

⑦ 有明显的岸上标志供随时测定船位，以便判断有无走锚。

(3) 锚链长度

抛锚时，放出锚链的长度，应根据河床底质好坏、水的深度、风力大小和流速强弱而定。一般情况下，在水深 20 m 以内抛出的锚链长度约为水深的 4 倍，如风力、流速较大，则可放出 6～8 倍。

3. 打桩系泊

打桩系泊是指船艇需要临时泊岸而岸边又无码头时，派人上岸打进一组与系船缆成一致方向的专用木桩供船艇系泊使用的方法。

4. 其他系泊方法

山区河流多属石质河床，船艇可利用天然地物，如大石、石鼻、大树等作临时系结点，将细船绳直接拉至地物处系结牢固，用卸扣连接起来，既方便省力，同时又可以补偿锚的抓力不足，从而达到稳定船位的目的。

(二) 浮标系泊方法

浮标系泊按方式的不同有直接系泊和加接定位浮系泊两种。

1. 直接系泊法

与船艇锚泊方式相同，将浮标、标缆、锚（沉锤、锚石、草包等）连接在一起，用船艇载运到设标地点进行抛设。直接系泊法多用于河面宽阔、水流平稳的河段。

2. 加接定位浮的系泊法

在流速大、航道狭窄、浮标容易被船舶碰撞的河段，采用加接定位浮的方法。该方法，浮标和沉锤不直接用标缆连接，而是中间加入一个定位浮。它的优点是增加了浮标的漂浮力，防止因水流过急造成浮标的下沉或歪斜。

定位浮一般采用具有浮力的木质浮棒。在水流湍急的河段，为了加大浮标的漂浮力，可使用菱形浮。

3. 其他系泊方法

(1) 桩系泊法

按照桩埋设时间又分为预埋桩法和打桩法。预埋桩法在山区石质河床使用较多，有用排桩的,也有矮桩的。排桩的优点是当锚石抛入排桩内后不易被急流冲走;矮桩上预先系有标链,设标时只需将标缆与标链相连接,使浮标牢固地拴系在矮桩上。排桩和矮桩都必须在礁石露出水面时预先埋设。

(2) 石鼻系泊

将浮标标缆系结在石鼻或铁环上的方法。

(3) 横流设标系泊

当水流方向与被淹没石梁成一定角度时,浮标往往因水流冲击,不易保持在给定的标位。在这种情况下,可采用下列方法。

① 加装舵板:在浮标尾部安装一块与水流成一定角度的木板,使浮标头部向航道中偏转,借水流作用使浮标接近航道边缘。

② 双锚石设标:除主锚石外,再利用一个约 20～30kg 小锚石,将浮标牵往近航道一侧有足够水深的地方。如标位处水流较急,应把标缆系于浮标前系缆环上;如水流缓,可系在浮标尾部,标缆的另一头系于小锚石上,抛设在水下陡坎一边。

第四节　消防、救生、堵漏

一、船舶消防

因为船舶在水上活动独立,其具有结构特殊、受空气对流影响强烈、地方狭窄、施救困难等特点,一旦发生火灾则会造成严重损失,所以每艘船舶必须配备良好的消防设备,每个船员必须具有丰富的消防知识和熟练的防火救火技能。

(一) 火灾的原因及预防措施

1. 火灾的原因

船上失火的原因很多,但大部分都是由于疏忽大意而引起的,一般有:

(1) 由于疏忽大意,随手乱丢未熄灭的烟头或火柴棍等引起燃烧成灾;

(2) 在严禁烟火处吸烟、用火造成火灾;

(3) 使用油灯、蜡烛不慎,引燃它物成灾;

(4) 电线绝缘不良,发生漏电引起火灾;

(5) 舱内温度过高,使燃料或易燃物发生自燃或爆炸引起火灾;

(6) 浸过油类的棉纱等物,因温度升高产生自燃成灾;

(7) 氧割、电焊作业时,预防措施不到位或未装防火设备造成火灾;

(8) 用纸或布当作电灯罩引起燃烧;

(9) 烘炉、火炉放火不严造成火灾;

(10) 用油灯、蜡烛灯明火查看爆炸物、易燃易爆气体等引起爆炸、燃烧;

(11) 在炉灶煎油或使用油炉不慎引起火灾;

(12) 油漆时使用明火或在储藏室内用火烧烤漆桶引起火灾等。

2. 火灾的预防措施

船舶对火灾的发生,应"以防为主,以消为辅",事先做好思想准备和物质准备,每个船员应充分认识火灾的严重性,严格遵守规章制度。船舶预防火灾的措施有下述几个方面:

(1) 禁止在船艇装有易爆易燃品时随意点火吸烟;

(2) 油漆舱、油舱要注意通风,进入时不得使用明火照明及吸烟;

(3) 沾有油污的木屑、破布、废纸、棉纱等应及时处理,不得乱丢和随意堆放储存,防止自燃;

(4) 烟头、火柴棍要随手熄灭,放在注水的烟灰缸里,不能随地乱丢;

(5) 船上不准私自存放易燃易爆物品,禁止任意燃烧纸或燃放鞭炮;

(6) 不准任意接拆电气设备和私自拉线装灯,不得用纸或布包灯泡;

(7) 使用炉灶时必须有人守候,不得随便离开;

(8) 不允许躺在床铺上吸烟;

(9) 要经常清理烟囱上的烟垢,机舱、泵间积存的油污;

(10) 修船进行电焊、氧割作业时,应派专人携带消防器材守护,工作完毕后要不断检查、巡视;

(11) 若发现有微烟或热空气外冒,或嗅得有电线橡皮或塑料的焦臭气味时,应立即报告值班人员,检查火源,以防意外;

(12) 严格遵守各港埠的防火规章和执行船上的防火措施。

(二) 火的种类和灭火方法

按照燃烧的性质,火分为三类:

1. 普通火(甲类火),是由各种固体燃烧产生的火,如木材、棉花、纸张、煤炭等着火。这种火不仅在物质表面燃烧,而且能深入内部,故火被熄灭后经常还有余烬或火种,施救时主要用水浇注并确保余烬彻底熄灭,防止复燃。

2. 油类火(乙类火),由各种油类、脂肪燃烧所产生的火,如汽油、柴油、油漆、酒精、动植物油脂等。这种火只限于表面燃烧,有爆炸危险。施救方法可采取隔绝空气,如使用卤化物灭火剂、泡沫灭火剂或蒸汽等,但不可用水浇,因水重油轻,油浮在水面上,反而会使燃烧的油被冲到别处而扩大火灾的范围。

3. 电气火(丙类火),由电器、电料等漏电而引起的火灾,或由于前述两种火灾燃烧而引发的火灾。这种火灾的特点是有触电的危险,因此施救时首先要切断电源,在电源未切断前,不能用水浇,以免触电。

物质的燃烧自爆或爆炸,都必须具有三个条件:

① 可燃烧的物质;② 一定的温度;③ 空气(或氧气)。灭火总的来说就是使燃烧的物质失去其燃烧的条件而熄灭。灭火的方法可分为下述五种。

1. 窒息法

这种方法是使用一种不助燃的惰性气体如二氧化碳、氮气、四氯化碳、蒸汽等喷到火上,以隔绝或冲淡燃烧物质四周的氧气,使物体不能继续燃烧;或用不燃烧的物质和沙子、石棉布、浸透水的毛毯等覆在火上。对于液体燃料的火灾则可用泡沫将火覆盖,以断绝其空气来源,或者把火场的门窗、通风装置及其他空气通路关死,以限制火场的通风条件,减少或隔断其氧气的来源,这些都可达到灭火的目的。

2. 冷却法(灌注灭火法)

用水浇火能起灭火的作用,这是因为水有冷却火源的效果,使燃烧物不再产生可燃的气体而熄灭。

3. 抛弃法(排除灭火法)

这种方法就是将燃烧物排除。例如一块油布着火,可以将它迅速丢入河里,排除了火种,使火无法蔓延,这就属于抛弃法。

4. 隔离法

将可燃物质和火焰隔离,把火控制在一定范围内,如将火场附近的可燃物质搬走,用泡沫灭火剂在火场附近可燃物上施放一层足够厚度的泡沫覆盖面,也能起到隔离作用。

5. 化学中断法

用化学物品使可燃气体发生转化来阻止火焰燃烧连锁反应的进行,从而使火熄灭。

(三) 常用消防设备

船舶的消防设备可分为固定消防系统及消防用品。

固定消防系统有:水灭火系统、卤化物灭火系统、空气泡沫灭火系统、二氧化碳灭化系统等四种。

消防用品有各种手提式灭火机、大型泡沫灭火机、卤化物液体灭火机、消防水桶、砂箱、太平斧、手提防火灯、铁杆和铁钩等。

根据内河航标船艇消防设备的配备情况,这里只介绍水灭火系统、泡沫灭火机、消防水桶、砂箱、太平斧等。

1. 水灭火系统

水适合扑灭固体物的燃烧,可使燃烧物迅速冷却至着火点以下,但不能用于遇水后会产生可燃气体的物质(如电石和金属钾、钠等)和油类火或电气火(电源未切断前)。

水灭火系统由消防泵、消防水管、消防栓、消防水带和水枪等组成。

2. 手提式泡沫灭火机

手提式泡沫灭火机是一个金属圆筒,内置一个圆筒形玻璃瓶胆。金属圆筒内盛有碳酸氢钠(小苏打)和泡沫剂的水溶液,泡沫剂主要是钠石灰或甘草溶液等药品,玻璃瓶胆内盛硫酸铝的水溶液。玻璃瓶胆口有一用弹簧压住的弹簧盖,平时内外两种溶液不能混合,使用时松开弹簧盖,将筒倒置,两种药品(剂)混合起化学作用产生二氧化碳泡沫从喷嘴中喷出。为了使药物能喷射均匀,使用时可将灭火机略微摇动,则泡沫能喷射得更远,其标准射程为 12 m,使用持续时间约 1.5 min。泡沫灭火机不可挂在温度很高的地方,冬天应给予保暖,喷嘴应经常疏通;灭火机内的溶液每年必须检验;灭火机的容量不少于 9 L,且不大于 13.5 L。

使用过的泡沫灭火机可进行自行换药。换药时要将药剂全部用完后才能打开。筒盖打开后,把金属圆筒内的玻璃瓶胆取出,用清水洗干净圆筒和瓶胆,并将筒盖和弹簧盖的铁锈擦干净,然后再装药。泡沫灭火剂分甲药和乙药两种,甲药是碳酸氢钠 0.65 kg,还有一小瓶泡沫剂 0.15 kg。方法是,配置时将碳酸氢钠倒入磁盆内,加入清水 6 kg,用木棒调匀,使它全部溶化后,再把泡沫剂倒入调匀,然后倒入金属圆筒内。乙药是硫酸铝 0.9 kg,加温水 0.95 kg,在盆内调匀,并用过滤器过滤后,倒入玻璃瓶胆内,一般加至溶液面离玻璃瓶胆口约 3 cm 为限,不能太满。两种药液分别装好后,将玻璃瓶胆外面擦干净,放入金属圆筒内的环形瓶架上,盖好筒盖,最后用字牌写明换药日期挂在灭火机上。手提式泡沫灭火机的药剂有效期为　年。

3. 消防水桶

消防水桶俗称太平桶,是为了防止水灭火系统出水有困难时应急使用。消防水桶平时应装满水,不能做别的用途,桶内漆白色,桶外漆红色,写明"消防水桶"字样。消防水桶以镀锌铁皮或木质材料制成,配有适当长度的系索一根,放在专用的架上。

4. 砂箱

黄砂对于小型油类火扑灭有效,砂箱设置在燃油燃料的锅炉舱、厨房及甲板等处。砂箱的容量,应不小于 0.03 m³。砂箱外漆红色并写明"黄砂"字样。黄砂必须干燥,应每三个月检查一次,如发现结了硬块就要晒干或换新。

5. 太平斧

太平斧是为了在救火时拆卸或清除障碍物用的,平时安放在固定而容易取用的地方,不能随便移作其他用途,斧柄一般都漆成红色。

6. 铁扦与铁钩

铁扦与铁钩都是为了清除救火障碍和火种,切断火源或从火场中取出物件而设置的。

（四）船艇火灾的施救

船艇应定期举行消防演习,使每个船员熟悉防火布置中各人应负的职责,做到一旦发生火灾,全船能有组织地以最快速度消灭火灾。火灾发生时的施救方法主要有如下几点。

（1）船艇在航行中如果嗅有烟火异味或某处高温热浪外冒,应立即通知驾驶室查明烟火热浪异味的来源,针对火灾的性质、燃烧物质的特性、火势大小情况、火场周围环境,趁火势不大之前采取正确灭火方法加以扑灭。同时应发出救火警报,动员全体船员投入救火战斗。

（2）若船艇载有其他乘客时,船员除积极灭火外,应采取措施维持秩序,防止乘客骚动,并准备好安全输送乘客离船的措施（如穿上救生衣,准备舢板随时可以下水）。如果火势继续扩大,将危及乘客安全时,应立即护送乘客离船。

（3）航行中起火一般应停止前进,将火源地点转向下风（背风）方向,尽可能驶靠岸边,以便必要时进行救援工作。船艇如确需航行,航速不宜过大,以免增大火势。

（4）施救时要注意:关闭一切通到火场或由火场通出来的通风装置,无论使用哪一种灭火机和救哪一种火,救火者应尽可能站在上风处;在火场附近容易燃烧的东西,尤其是各种能引起爆炸的物件应迅速搬开,必要时可抛入河中;必要时切断电源,但必须有手电筒等照明设备;必要时使用太平斧、铁扦和铁钩等消防用品将火场附近建筑物砍伐拉倒以免火势蔓延;如果施救的时间过长,喷水过多,应注意把船上的积水排出舷外,最好一边抽水施救,一边随时排水。

（5）若火灾范围很大,火势猛烈,估计我船无力单独扑灭时,可急电附近港口派船来救援,并请航经我船旁的来船协助施救。此时来船应在我失火船的上风,以船艏顶住我船的船腰（切勿两船平行贴靠）,带上两根船艏缆,然后进行施救。

（6）火灾扑灭后,要仔细检查火场及其附近火是否已完全熄灭,要防止复燃;电线等电气设备要详细检查后才能通电。

（7）船艇应将火灾发生及扑灭的全过程详细记入记录簿中（如航行日志等）,作为以后进行分析研究灭灾的资料。

二、船舶救生

船艇若发生严重海事,或遇到有人落水,或援救遇难船舶时需抢救人员脱离险境,必须进行救生工作。救生工作是船舶安全工作的一个重要组成部分,要求船舶驾驶人员熟悉船艇的救生设备,掌握救生的操作技能。

内河船舶的救生设备有救生艇、救生划子、救生圈、救生衣、救生浮具等,内河航标船艇一般只设救生划子、救生圈、救生衣。

1. 救生圈

救生圈是为救助落水人员临时使用的最简单的救生浮具,用塑料或软木制成环状,再包上帆布或塑料。救生圈表面漆橙黄色或红白色,四周装有救生用的把手绳,把手绳的长度为救生圈外径的 4 倍。

救生圈需能在淡水中浮起 14.5 kg 的铁块达 24 h 并经 10 m 高度的投入试验后没有损坏或永久变形才算浮力合格。救生圈置于各层甲板两舷易取用处,不得作永久的绑扎。

救生圈的检查与保养要求如下:

(1) 每三个月检查一次,如发现有裂痕、腐烂、损坏,应立即修理或换新;

(2) 每年检验浮性一次;

(3) 凡不合格的救生圈,不能留在船上,以防紧急时误使用;

(4) 救生圈必须放置在固定而易取之处,不得缚牢或任意移动,一般应置于甲板两侧栏杆处、驾驶台和救生艇甲板上;

(5) 救生圈应写明船名及编号。

2. 救生衣

救生衣是内河船舶必备的救生工具。救生衣穿着方便,能支持落水人员的头部保持露在水面,等待援救。

救生衣用不受油影响的软质闭孔泡沫塑料和木棉及经验船部门认可的其他材料制成。从式样方面可分为木棉双浮袋式、六浮袋背心式、带领背心式,从使用方面可分成人用、儿童用等。救生衣应做好如下几个方面检查保养:

(1) 每三个月进行一次检查,如有损坏应立即修补;

(2) 必须保持清洁干燥,每一个月晒一次;

(3) 发给每个船员的救生衣,应放置于自己的床铺附近,救生衣的号码必须与船员编号相同,不可系牢或锁在箱柜内或堆集一处,更不得作其他用途,工作场所按值班工作人员数放置救生衣;

(4) 备用救生衣应指定专人负责保管;

(5) 救生衣受潮后,不可放在炉旁、暖气片及蒸汽管上烘烤,以防布质发脆,应晒干或晾干;

(6) 每年抽出一部分进行浮性检测;

(7) 凡不合格的救生衣,不得留置船上,以免紧急时误使用。

三、船舶堵漏

船舶行驶在江河上,可能因碰撞、搁浅、触礁、爆炸等事故造成船体破损,致大量水灌入船体内部,引起船舶沉没,造成国家财产和人民生命的严重损害。堵漏是船体发生破漏时,阻止江水进入船体内的一项抢险措施。当船体发生破漏时,应立即将船艇开往岸边或浅区,减少进水量,同时一边排水一边找破漏部位,采取正确的方法进行堵漏。

(一)破漏部位的判断

一般可根据以下办法来观察再进行分析而确定:

(1)观测船体发生的纵倾或横倾来判断破损的部位。

(2)加强定时量测工作,从而判断破损的位置和程度。

(3)观察舷外水面是否有油渍外渗,可用于判定油舱是否漏水。

(4)静心倾听漏水声音,也可判断出漏洞的部位。

(5)如果根据声音听不出,也不知何舱破漏,则可用全速前进的办法:当漏水量增加时,漏洞应在船首部位;水量不增,则漏洞在船尾部位;增加缓慢,则在舷侧。

(6)船舶搁浅或触礁时,损坏部分多在水下部位,尤其是在船尾与舭部的为多;船舶碰撞时,则破损部位在水线部位较多,尤其是在船首与舷侧两旁。

(7)必要时可组织人力,掀开盖舱板,派人进行检视。

(二)堵漏方法

1. 小孔堵漏法

小孔是指二、三寸以内的孔洞。堵塞小孔,有以下三种方法。

(1)木塞堵漏

若小孔比较规则,可制作木塞,塞住漏孔,锤打结实即可。木塞应用木质轻软的木料制造,以便堵塞严密。

(2)木塞裹布堵漏

若孔洞不太规则,可用浸过油漆的破布或老棉絮包裹木塞,再堵塞严实。

(3)木塞木楔堵漏

遇孔洞不规则,可先将木塞适当塞牢,再用大小不同的木楔裹浸漆破布或老棉絮塞满空隙。

2. 裂缝堵漏法

将小木楔片和浸漆麻布用锤子顺次打进缝内塞牢。单打木楔片时,用力应恰当,轻了塞不严,堵不住漏水,重了可能使缝胀裂,裂缝延长,若船上有钻孔工具,则可先在裂缝端头钻一小孔,该孔称止裂孔,然后再填塞裂缝和小孔。

3. 破洞堵漏法

堵破洞的方法很多,下面介绍几种常用的方法。

(1) 麻袋堵洞法

用麻袋一只,将袋底拔出破洞外,用浸漆破布、麻絮、棉絮等填入袋内,当袋底比破洞大时,用绳索将袋口扎紧,并向内拉,绑紧在舱内支柱上,则可堵住大量进水。

(2) 堵漏板堵漏法

堵漏板是一块约1.5 m见方的铁板,在板的一面距边约15～30 cm处,装置一圈橡皮垫,并在中央焊一索眼,另外在板边焊一索眼即成,如图10-22所示。

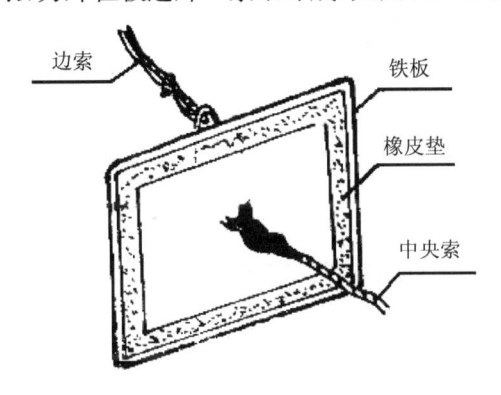

图 10-22　堵漏板堵漏法

堵漏板的使用:先用一根引绳,一端结一木块,从舱内用撑竿将木块从破洞中推出去,当木块捞动后,把引绳与板中央索连接,再从舱内收进引索,并将索引入破洞拉进舱内。同时放铁板边索,将板从舷外松至破洞口,使洞口全部包在橡皮垫以内,然后将中央索拉紧,绑在舱内支柱上。

(3) 螺丝钩堵漏法

螺丝钩有T形、L形、J形等几种。螺丝钩的使用方法:取两块一寸厚左右的木板,铺上垫料(可用棉絮、枕头等),根据破洞的大小,在板与垫料上的适当位置钻眼,用螺丝钩穿过眼子,并钩在洞外船壳上,再用螺帽旋紧,如图10-23所示。

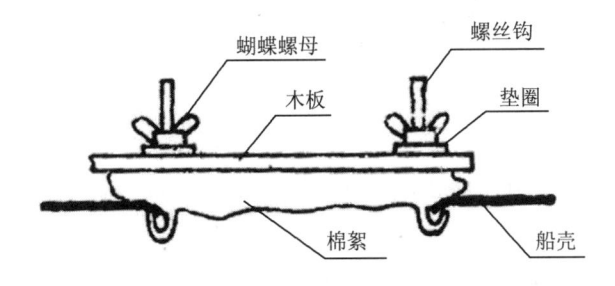

图 10-23　螺丝钩堵漏法

(4) 堵漏毡堵漏法

堵漏毡的构造:取至少 2 m 见方的厚帆布两三块,叠缝在一起,一面缝以浓密的绳条,称麻面。四周用白棕绳镶边,绳的四角做有索眼。一个索眼接小铁链,称底索,相对的一角接管制索,管制索上做与拓绳同样的深度记号,其余二角接前、后张索,如图 10-24 所示。

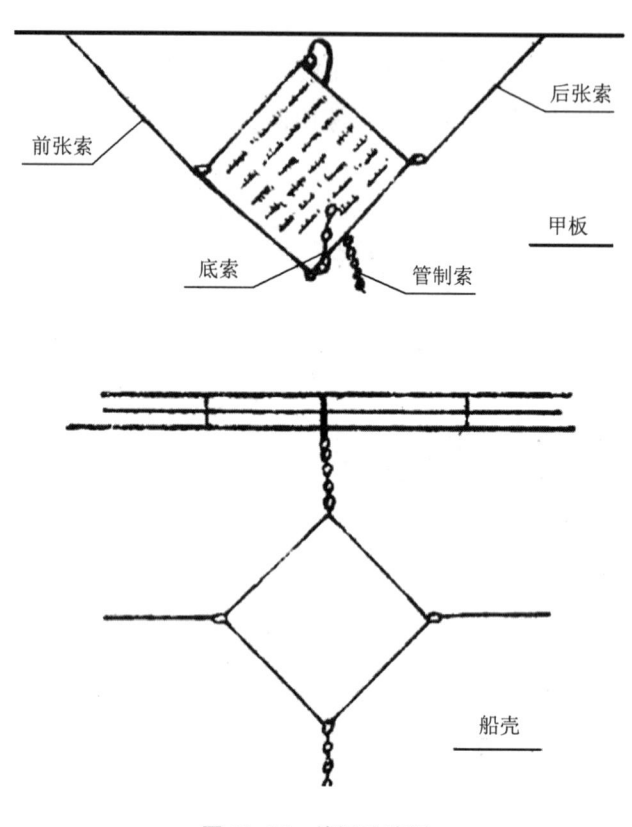

图 10-24 堵漏毡堵漏

堵漏毡的堵漏方法:将毡抬到破洞一舷的甲板上,麻面向上,底索放毡上,管制索放毡下,前后张索由舷侧绕达船首尾,由缆孔穿入,系在缆桩上。另外,用一根链条自船首绕过船底,自两舷侧移至破洞处,一端用卸扣与底索连接(若船上无链条,那么用一根绳索中段系两个水柘代替也可),在他舷绞收链条,同时松动管制索,毡即被拉入水中,到达破洞时,系牢管制索并收紧,收紧底索和前后张索并系牢。这样,麻面便紧贴在破洞的船壳上,堵住大量进水。

当船舶水线下发生破洞,应同时采取收船、堵漏毡堵漏、排水等措施,这些方法能有效保障船舶安全。

堵漏毡从舷外封堵,操作较易,同时利用水压压紧,效果亦好。若一时没有堵漏毡,也可用两块帆布中夹棉絮替代。

(5) 支撑堵漏法

在破洞处,填上棉絮,再压上木板,然后用木方撑紧。支撑方式按破洞位置和船内纵横结构的具体情况而定。支撑时应注意的是,支撑柱两端要以面连接,不能以线连接,否则撑不紧固。

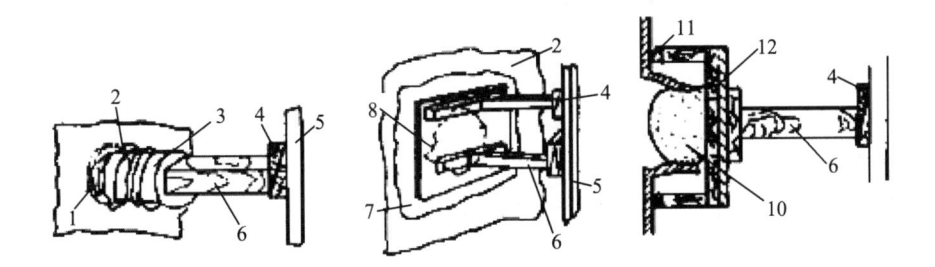

1—破口;2—麻絮;3—木塞;4—木楔;5—辅助支柱;6—支柱;7—床垫;8—堵漏板;10—填料;11—软边;12—堵漏筒

图 10-25 支撑堵漏法

(6) 水泥堵漏法

水泥堵漏是目前船艇上广泛采用的堵漏方法,不仅适用于上述几种裂缝,而且对于舱角、角铁等难以填塞的破漏亦能解决。水泥凝固后,有良好水密和一定强度,可维持船舶正常航行,直至计划修理时修理。

水泥堵漏前,应尽可能先把破漏用上面讲的方法堵塞,并把积水排出后再进行。

水泥箱的制作:按破漏处的船体形状,用木板做一个合适的木框,利用舱内纵横结构将木框固定。

水泥的调配:应用 425 或 525 标号优质水泥。水泥:粗砂:盐或碱约为 1:1:1。粗砂的作用是使水泥凝固后结实不裂,盐或碱的作用是使水泥快干。几种材料和水调拌均匀即可。

调好的水泥倒入箱内,若加入的水较多,可将干料和多余的水直接在箱内调和。当水泥倒入箱内时,可能会有渗水外冒,把水泥冲走,因此可择水势弱处先填,并逐步包围,使成一股水(也可能收不住成两股水)时,用节竹筒斜插进去,把水引出箱外,而后将箱内水泥拍实使不存气泡,待 24 h 水泥凝结,再用木塞裹老棉絮把洞堵死即可。

第五节　起重设备

起重设备主要有：滑车、滑车组、吊机、扒杆等。

一、滑车

滑车是一种简单的起重工具，可用它吊放货物。根据选用滑车的不同，有的可以省力，有的可以改变用力的方向。如果将滑车组成滑车组，则既能改变力的方向，又能省力。

（一）滑车的构造

滑车主要由车壳、车带、滑轮、轮轴、挂钩等组成，如图10-26所示。

图10-26　滑车的构造

（二）滑车的种类

（1）按制作材料分为木滑车和铁滑车两种。木滑车的车壳是木制的，滑轮由铁梨木、镀锌的铁或铜制成，受力较小；铁滑车的车壳是用钢铁制成的，能受相当大的力。

（2）按滑轮数目分为单轮滑车、双轮滑车、三轮滑车和四轮滑车等。

（3）按构造形状和附件不同分

① 开口滑车：车壳一边于绳孔处开一活门，上装活动搭扣。使用时，先把搭扣拉开，

将滑车绳的任意一段从开口处套入绳孔,扣上搭扣,插入销子,即可使用。这种滑车多用来改变绳索牵引力的方向。

② 旋转滑车:车带与车壳连接处制成可旋转360°的滑车。

③ 眼环滑车:其挂钩制成眼环形状。

④ 卸扣滑车:其挂钩用卸扣代替。

(4) 按使用效果分

① 定滑车:用滑车组吊放货物时,位置固定不动的滑车。定滑车在工作中可以改变用力方向,但不能省力。

② 动滑车:用滑车组吊放货物时,位置和货物一起移动的滑车。动滑车在工作中可以省力,但不能改变力的方向。

(三) 滑车配绳的比例

滑车选配的辘绳大小应恰当,以使受力得当,滑车和辘绳不易损坏。一般比例如下:木滑车所配的辘绳多数是纤维绳,其辘绳的周长与滑轮直径的比为1∶2;铁滑车所配的辘绳是钢丝绳,如选软钢丝绳,其绳的周长与滑轮的直径比为1∶5,如为硬钢丝绳,其比为1∶7。

二、滑车组(绞辘)

用滑车索把两个滑车串联起来的一组滑车,称为滑车组,也称绞辘,在吊起货物或重件时使用,以达到省力和改变用力方向的目的。

(一) 滑车组各部的名称。

滑车组的组成如图10-27所示。

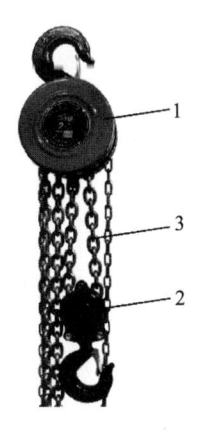

1—定滑车;2—动滑车;3—辘绳

图 10-27 滑车组

(1) 辘绳:贯穿在滑车上的绳索;

(2) 根端:辘绳缚在滑车上的一端;

(3) 力端:辘绳用力拉的一端;

(4) 定滑车:固定在某处不动的滑车;

(5) 动滑车:随吊物体上下移动的滑车。

(二) 滑车组的种类

1. 滑车组(又称绞辘)以两个滑车中滑轮的总数来命名,可分为如下几种(如图10-28所示)

图 10-28　滑车组的种类

(1) 二轮滑车组

用一条辘绳穿过两个单轮滑车,一个滑车固定在某处,为定滑车,另一个吊放重物,为动滑车,可省力2至3倍。

(2) 三轮滑车组

用一条辘绳穿过一个单轮滑车和一个双轮滑车,它的根端结在单轮滑车上,力端由双轮滑车引出,可省力3至4倍。

(3) 四轮滑车组

用一条辘绳穿过两个双轮滑车,可省力4至5倍。

(4) 五轮滑车组

用一条辘绳穿过一个双轮滑车和一个三轮滑车,它的根端结在双轮滑车上,力端由三轮滑车引出,可省力5至6倍。

(5) 六轮滑车组

用一条辘绳穿过两个三轮滑车组成,可省力6至7倍。

2. 车组可按用途和装置场所命名

一般有：吊艇绞辘、轻便绞辘、大型绞辘等。

3. 机械差动绞辘

又称铁链滑车，俗称神仙葫芦，是构造复杂的金属滑车。它的种类很多，但一般构造不外乎是带有链齿的滑轮，用一条铁链作为滑车绳来转动滑轮，链条是封闭的。较常见的一种是：下面为单轮滑车，上面是两个直径不同的滑轮，铸成一体。

机械差动绞辘的特点是省力倍数大，结构坚固，吊举物体平稳，工作安全，松手后重物不会倒滑，适宜在较小的舱室进行起重工作。缺点是上升的高度有限，上升速度慢，费时间。

4. 联合滑车组

以一组滑车组为动滑车，连接在另一副滑车组的力端上组成联合滑车组。省力的倍数为两副滑车组省力倍数的乘积，可以用来起吊重量很大的物体。

（四）滑车的使用和保养

（1）辘绳不宜过粗或过细，过粗会与外壳摩擦，增加拉力又损坏辘绳；过细，强度小且容易脱出滑轮的导槽，卡在滑轮与外壳之间，从而引起危险。

（2）起重时，要注意滑车受力各部，不仅要检查滑车本身是否坚固，还要确认受力不可超过滑车属件负荷，如钩或转环的起重负荷。

（3）对滑车轮、轴、轴承，应经常加油润滑，定期检查保养，防止起重时发生事故。

（4）起重时滑车发生"吱吱"响声，是缺油摩擦所引起，应立即拆下滑车，分解检查并清洗，加油后再用。

（5）拆卸滑车时，有时轴钉或衬套不易取出，应用木楔垫好，才能再用铁锤敲打，否则轴钉头部扩张，将不能复原。

三、吊架

吊架一般采用旋转式吊架，安装在航标工作艇的船首部，能绕着垂直于甲板的轴线旋转。吊架的安装大多是配有立式承座，把吊架下端插在里面，能左右360°的旋转。吊架的上部弯成规定的跨距，以保证浮标能安全摆出船首和降落。吊架的首端装有卸扣，用于挂着吊标纹辘。吊架的首端还装有固定铁环，用以系牵绳，牵绳用来掌握转动方向和固定吊架。辘绳一端穿过绞辘勾挂浮标，另一端绕在吊架中部的转轮上，转轮由手摇齿轮控制，手摇齿轮上装有防止转轮倒转的棘爪或刹车轮，并安有摇手把。当摇手把往前推，其上的齿轮牙便与转轮上的齿轮咬合，把棘爪打起，摇动把手即可收紧辘绳吊起浮标，再用牵绳将吊架旋转到一定位置，松开辘绳，即可放下浮标。

四、扒杆

扒杆用于岸标设置，由两根略短于标杆的坚实木杆扎成。上端用螺丝拴住或用绳索捆紧，两木杆交成约 40°角。扒杆上部安装一个绞辘，辘绳穿过绞辘，拉动辘绳便可掌握标杆的起落。

思考题

1. 航标维护船艇上水手的基本工作有哪些？
2. 如何测水深？有哪些设备？
3. 水上作业安全要注意哪些方面？

附录 A 耗电量的计算

日耗电量的计算

$$E = \frac{t_1 + t_2 + t_3}{T} \times D + F$$

式中：E 为日总耗电量（Ah）；t_1、t_2、t_3 为每闪光明秒，经冷丝系数修正；T 为闪光周期（s）；D 为每日平均时数（一般取 14 h）；F 为闪光器于换泡机号电脑量（一般取 0.20 Ah/d）。

附表 A 冷丝系数修正表

灯泡电流(A)	触点闭合时间(s)												
	0.1	0.2	0.3	0.4	0.5	0.6	0.7	0.8	0.9	1.0	1.5	2.0	2.5	3.0
0.25	0.05	0.08	0.10	0.13	0.15	0.18	0.20	0.23	0.25	0.28	0.40	0.53	0.65	0.78
0.46	0.08	0.13	0.17	0.22	0.26	0.31	0.35	0.40	0.45	0.49	0.72	0.95	1.18	1.41
0.50	0.10	0.15	0.19	0.24	0.29	0.34	0.39	0.44	0.49	0.54	0.79	1.04	1.29	1.54
0.55	0.10	0.16	0.21	0.27	0.33	0.38	0.44	0.49	0.55	0.60	0.88	1.15	1.43	1.70
0.70	0.12	0.19	0.26	0.33	0.40	0.47	0.54	0.61	0.68	0.75	1.10	1.45	1.80	2.15
0.77	0.13	0.21	0.29	0.37	0.45	0.52	0.60	0.68	0.76	0.83	1.22	1.60	1.99	2.37
0.92	0.15	0.25	0.24	0.43	0.53	0.62	0.71	0.80	0.89	0.99	1.45	1.91	2.37	2.83
1.00	0.17	0.27	0.37	0.47	0.57	0.67	0.77	0.87	0.97	1.07	1.57	2.07	2.57	3.07
1.15	0.19	0.31	0.43	0.54	0.66	0.77	0.89	1.00	1.12	1.23	1.81	2.38	2.96	3.53
1.40	0.24	0.38	0.52	0.66	0.80	0.94	1.08	1.22	1.36	1.50	2.20	2.90	3.60	4.30
2.00	0.32	0.54	0.74	0.96	1.15	1.36	1.56	1.76	1.96	2.16	3.16	4.16	5.16	6.16
2.03	0.33	0.55	0.77	0.96	1.17	1.37	1.57	1.77	1.98	2.18	3.19	4.21	5.22	6.24
3.00	0.50	0.82	1.12	1.42	1.73	2.03	2.33	2.63	2.93	3.23	4.73	6.23	7.73	9.23
3.05	0.50	0.84	1.16	1.46	1.77	2.08	2.38	2.69	2.99	3.30	4.82	6.35	7.87	9.40
5.00	0.81	1.37	1.90	2.40	2.90	3.40	3.90	4.40	4.90	5.40	7.90	10.40	12.90	15.40

例：某航标灯用 10.3 V、1 A 灯泡，闪光周期 0.5+1+0.5+1+0.5+6.5＝10 s 求日总耗电量。

查 1 A，0.5 s 的冷丝系数修正表可知：

t_1、t_2、t_3 ＝ 0.57 s

$$E = \frac{0.57 + 0.57 + 0.57}{10} \times 14 + 0.2 = 2.6 \text{ Ah/d}$$

如用 12 V，200 Ah 电池可供天数

$$d = \frac{200}{2.6} = 77 \text{ d}$$

附录 B　灯光射程表

黑夜，眼睛照度为 $0.2~\mu\text{lx}$，光源背景无干扰。

光强	射程(km) T=0.74	射程(km) T=0.85	光强	射程(km) T=0.74	射程(km) T=0.85	光强	射程(km) T=0.74	射程(km) T=0.85
1	1.0	1.1	110	5.5	7.1	2 200	11.0	15.8
2	1.4	1.5	120	5.6	7.2	2 400	11.2	16.1
3	1.6	1.8	130	5.8	7.4	2 700	11.4	16.5
4	1.8	2.1	140	5.9	7.6	3 000	11.7	16.9
5	2.0	2.3	150	6.0	7.8	3 500	12.0	17.5
6	2.1	2.4	160	6.1	8.0	4 000	12.2	17.9
7	2.2	2.6	170	6.2	8.1	5 000	12.7	18.8
8	2.3	2.7	180	6.3	8.3	6 000	16.1	19.5
9	2.4	2.9	190	6.4	8.4	7 000	13.5	20.0
10	2.5	3.0	200	6.5	8.5	8 000	13.8	20.5
11	2.6	3.1	220	6.7	8.8	9 000	14.1	21.0
12	2.7	3.2	240	6.8	9.0	10 000	14.3	21.4
13	2.8	3.3	270	7.0	9.3	15 000	15.2	23.0
14	2.9	3.4	300	7.2	9.6	20 000	15.9	24.1
15	3.0	3.5	330	7.3	9.8	30 000	16.8	25.8
16	3.1	3.6	360	7.5	10.0	40 000	17.5	27.0
17	3.2	3.7	400	7.7	10.4	50 000	18.1	28.0
18	3.2	3.8	450	7.9	10.6	70 000	18.9	29.4
19	3.3	3.9	500	8.1	11.0	100 000	19.8	31.0
20	3.3	4.0	550	8.2	11.3	150 000	20.8	32.8
25	3.6	4.3	600	8.4	11.6	200 000	21.5	34.1
30	3.8	4.6	650	8.6	11.8	300 000	22.6	35.9
35	4.0	4.8	700	8.7	12.0	400 000	23.3	37.2
40	4.1	5.1	800	8.9	12.4	500 000	23.9	38.3
45	4.3	5.3	900	9.2	12.8	700 000	24.8	39.9
50	4.4	5.5	1 000	9.4	13.2	1 000 000	25.7	41.5
55	4.6	5.7	1 100	9.6	13.5	1 500 000	26.8	43.5
60	4.7	5.8	1 200	9.8	13.8	2 000 000	27.6	44.9
65	4.8	6.0	1 300	9.9	14.1	3 000 000	28.6	46.8
70	4.9	6.1	1 400	10.1	14.3	4 000 000	29.4	48.2

(续表)

光强	射程 $T=0.74$	射程 $T=0.85$	光强	射程 $T=0.74$	射程 $T=0.85$	光强	射程 $T=0.74$	射程 $T=0.85$
75	5.0	6.2	1 500	10.2	14.5	5 000 000	30.0	49.4
80	5.1	6.4	1 600	10.3	14.7	7 000 000	31.0	51.0
85	5.2	6.5	1 700	10.5	15.0	10 000 000	31.9	52.8
90	5.3	6.7	1 800	10.6	15.2			
95	5.4	6.8	1 900	10.7	15.3			
100	5.4	6.9	2 000	10.8	15.5			

附录 C 航标工作船艇航行日志

年　　月　　日　　星期　　　　　　　　　　　　停泊地＿＿＿＿　第＿＿＿＿航次

① 气象水位观测

观测时间	观测地点	天气情况	风向	风力	水位站名称	水位	+−

② 标、灯失常情况

标号		
失常	前	后
失常原因		

③ 灯偏光情况

标号		
	前	后
	原因	

④ 船舶航行及航道工作情况

地点（起／讫）	时间（起／讫）	航行	航道检查	查灯	航标工作	时间运用简要说明
本日合计						
累计						

⑤ 航标数量及维护工作情况

| 标号数量＼项目 | 岸标 |||||||| 浮标 ||| 标灯 ||||| 简要说明 |
	导标	过河导标	首尾导标	过河标	接岸标	桥涵标	鸣笛标	水深信号	通航信号	管标线	合计	浮标红	浮标白	船标	棒标	合计	岸标干电红	岸标干电白	岸标陆电红	岸标陆电白	浮标	合计	
航标总数																							
增设																							
取消																							
移动																							
换新																							
流失																							
补设																							

⑥ 浅滩水深情况

标号	水深（左／中／右）	航宽	浅滩变化及标识移动前后说明：

附录 D 航标工种船艇轮机日志

轮机值班员姓名	值班时间	主机	每分钟转速	机油压力	机油温度	出水温度	离合器	工作油压力	润滑油压力	润滑油温度	冷却温度	启动系统 蓄电池电液比重	启动系统 空气压力	发电机 电压(V)	发电机 电流(A)
		左					左								
		右					右								
		左					左								
		右					右								
		左					左								
		右					右								
		左					左								
		右					右								

近日燃润料消耗记录						近日运转情况		
品名	前存量	新领量	消耗量	结存量	航线		
柴油(kg)					航行里程		km
机油(kg)					近日运转时间	时	分
					运转时间累计	时	分

主机及挖泥机械和管系情况	停泊整理情况

主管部门意见	

附录 E 中华人民共和国航标管理条例

中华人民共和国航标条例

第一条 为了加强对航标的管理和保护,保证航标处于良好的使用状态,保障船舶航行安全,制定本条例。

第二条 本条例适用于在中华人民共和国的领域及管辖的其他海域设置的航标。

本条例所称航标,是指供船舶定位、导航或者用于其他专用目的的助航设施,包括视觉航标、无线电导航设施和音响航标。

第三条 国务院交通行政主管部门负责管理和保护除军用航标和渔业航标以外的航标。国务院交通行政主管部门设立的流域航道管理机构、海区港务监督机构和县级以上地方人民政府交通行政主管部门,负责管理和保护本辖区内军用航标和渔业航标以外的航标。交通行政主管部门和国务院交通行政主管部门设立的流域航道管理机构、海区港务监督机构统称航标管理机关。

军队的航标管理机构、渔政渔港监督管理机构,在军用航标、渔业航标的管理和保护方面分别行使航标管理机关的职权。

第四条 航标的管理和保护,实行统一管理、分级负责和专业保护与群众保护相结合的原则。

第五条 任何单位和个人都有保护航标的义务。

禁止一切危害航标安全和损害航标工作效能的行为。

对于危害航标安全或者损害航标工作效能的行为,任何单位和个人都有权制止、检举和控告。

第六条 航标由航标管理机关统一设置;但是,本条第二款规定的航标除外。

专业单位可以自行设置自用的专用航标。专用航标的设置、撤除、位置移动和其他状况改变,应当经航标管理机关同意。

第七条 航标管理机关和专业单位设置航标,应当符合国家有关规定和技术标准。

第八条 航标管理机关设置、撤除航标或者移动航标位置以及改变航标的其他状况时,应当及时通报有关部门。

第九条 航标管理机关和专业单位分别负责各自设置的航标的维护保养,保证航标处于良好的使用状态。

第十条　任何单位或者个人发现航标损坏、失常、移位或者漂失时,应当立即向航标管理机关报告。

第十一条　任何单位和个人不得在航标附近设置可能被误认为航标或者影响航标工作效能的灯光或者音响装置。

第十二条　因施工作业需要搬迁、拆除航标的,应当征得航标管理机关同意,在采取替补措施后方可搬迁、拆除。搬迁、拆除航标所需的费用,由施工作业单位或者个人承担。

第十三条　在视觉航标的通视方向或者无线电导航设施的发射方向,不得构筑影响航标正常工作效能的建筑物、构筑物,不得种植影响航标正常工作效能的植物。

第十四条　船舶航行时,应当与航标保持适当距离,不得触碰航标。

船舶触碰航标,应当立即向航标管理机关报告。

第十五条　禁止下列危害航标的行为:

(一) 盗窃、哄抢或者以其他方式非法侵占航标、航标器材;

(二) 非法移动、攀登或者涂抹航标;

(三) 向航标射击或者投掷物品;

(四) 在航标上攀架物品,拴系牲畜、船只、渔业捕捞器具、爆炸物品等;

(五) 损坏航标的其他行为。

第十六条　禁止破坏航标辅助设施的行为。

前款所称航标辅助设施,是指为航标及其管理人员提供能源、水和其他所需物资而设置的各类设施,包括航标场地、直升机平台、登陆点、码头、趸船、水塔、储水池、水井、油(水)泵房、电力设施、业务用房以及专用道路、仓库等。

第十七条　禁止下列影响航标工作效能的行为:

(一) 在航标周围 20 米内或者在埋有航标地下管道、线路的地面钻孔、挖坑、采掘土石、堆放物品或者进行明火作业;

(二) 在航标周围 150 米内进行爆破作业;

(三) 在航标周围 500 米内烧荒;

(四) 在无线电导航设施附近设置、使用影响导航设施工作效能的高频电磁辐射装置、设备;

(五) 在航标架空线路上附挂其他电力、通信线路;

(六) 在航标周围抛锚、拖锚、捕鱼或者养殖水生物;

(七) 影响航标工作效能的其他行为。

第十八条　对有下列行为之一的单位和个人,由航标管理机关给予奖励:

(一) 检举、控告危害航标的行为,对破案有功的;

（二）及时制止危害航标的行为，防止事故发生或者减少损失的；

（三）捞获水上漂流航标，主动送交航标管理机关的。

第十九条 违反本条例第六条第二款的规定，擅自设置、撤除、移动专用航标或者改变专用航标的其他状况的，由航标管理机关责令限期拆除、重新设置、调整专用航标。

第二十条 有下列行为之一的，由航标管理机关责令限期改正或者采取相应的补救措施：

（一）违反本条例第十一条的规定，在航标附近设置灯光或者音响装置的；

（二）违反本条例第十三条的规定，构筑建筑物、构筑物或者种植植物的。

第二十一条 船舶违反本条例第十四条第二款的规定，触碰航标不报告的，航标管理机关可以根据情节处以2万元以下的罚款；造成损失的，应当依法赔偿。

第二十二条 违反本条例第十五条、第十六条、第十七条的规定，危害航标及其辅助设施或者影响航标工作效能的，由航标管理机关责令其限期改正，给予警告，可以并处2000元以下的罚款；造成损失的，应当依法赔偿。

第二十三条 违反本条例，危害军用航标及其辅助设施或者影响军用航标工作效能，应当处以罚款的，由军队的航标管理机构移交航标管理机关处罚。

第二十四条 违反本条例规定，构成违反治安管理行为的，由公安机关依照《中华人民共和国治安管理处罚法》予以处罚；构成犯罪的，依法追究刑事责任。

第二十五条 本条例自发布之日起施行。

附录 F　内河航标管理办法

内河航标管理办法

（交通部令 1996 年第 2 号）

第一章　总　则

第一条　为加强航标管理，保持航标的正常状态，提高航标维护质量，依据《中华人民共和国航标条例》（以下简称《航标条例》）、《中华人民共和国航道管理条例》（以下简称《航道管理条例》）及国家其他有关规定，制定本办法。

第二条　本办法适用于江河、湖泊、水库、运河等内河通航水域的航标管理。

第三条　航标管理实行统一领导，分级管理的原则。国务院交通行政主管部门设立的航道管理机构和县级以上地方人民政府交通行政主管部门（以下称航标管理机构）负责航标管理工作。

第四条　跨省、自治区、直辖市的航道，除交通部直属管辖的外，其航标的设置和管理，应按行政区划分工负责，也可通过协商确定管理范围。

省界河流的航标管理应通过协商由航运量大的省、自治区、直辖市交通主管部门设立的航标管理机构负责。

第二章　管理职责

第五条　航标管理机构对航标管理的基本职责是：

（一）负责宣传、贯彻、执行上级各项指示、规定；

（二）制定航标工作规章制度，督促、检查贯彻执行情况；

（三）负责编制和审定航标维护工作计划，提出实施措施；

（四）掌握航道特征、水情变化及碍航物分布情况，保持航标的正常状态，并发布航道通告；

（五）定期检查航标，指导和帮助基层班组工作；

（六）编制航标船艇及设备维修保养计划，并组织实施；

（七）收集整理航标技术资料，分析航标维护质量，总结航标维护管理经验；

（八）参加评审本辖区与航道有关的拦河、跨河、临河建筑物及其他水上工程的航标设施建设项目和审定航标配布图；

（九）参与航标新材料、新结构、新工艺的研制、鉴定和推广使用；

（十）按规定对违反《航标条例》、《航道管理条例》及其实施细则和本办法中有关航标保护条款以及其他有关规定的行为进行处罚。

第六条 各级航标管理机构应按第五条规定的基本职责,结合本部门的实际情况,制定本部门的具体职责。

第七条 基层班组的基本职责是:

(一)贯彻执行航标技术规定和安全生产制度,完成辖区航标维护计划;

(二)负责航标的设置、维护和通行信号的揭示;

(三)掌握航道变化,及时调标、改槽;

(四)按规定测报航道尺度,并向上级报告航道情况,及时提出辖区航道内需要采取工程措施的建议;

(五)负责航标设备及船艇的管理和日常维修保养工作;

(六)做好航标维护和信号台工作记录,按时填报报表;

(七)对损害航标设施的行为予以制止,并向上级报告;

(八)对漂移、流失、损坏的航标,必须及时恢复。不能及时恢复,应发布航道通电,通报船舶和有关单位。

第八条 航标管理机构应根据需要配备航标工作船艇及维护航标的设备。

第九条 基层班组的管辖范围、人员编制、船艇及主要设备的配备等,按部颁《内河航道维护技术规范》的规定执行。

第三章 航标配布

第十条 内河航标的配布按国家标准《内河助航标志》的规定执行。航标配布类别应根据航道条件及航运需要,通过技术经济论证确定。

第十一条 航标配布应充分利用自然水深,符合航道尺度的规定,做到标位正确、灯质可靠、颜色鲜明、视距足够。

第十二条 干、支流汇合口河段和通海河口段的航标配布应注意连贯、衔接,明确航道的方向与界限。

第十三条 航标配布应注意航标间的有效结合,充分发挥岸标的作用,保证同侧相邻航标之间所标示的航道界限内有规定的维护水深。

第十四条 航标配布图的编制与审批按以下规定进行:

(一)按一、二类航标配布的航道应编制航标配布图,按三类航标配布或配布重点标的航道,可根据实际需要自行规定。

(二)航标配布图由航标管理机构编制,编制应征求驾引人员及港监等部门意见,编制方法与内容按《内河航道维护技术规范》的规定执行。编制后必须报上级航标管理机构审批或备案。属基建性的航道,其航标配布图按基建程序编报审批。

（三）航标配布图应根据航道变化定期修改。

（四）封冻河流航标配布图按年编制，报上级航标管理机构审批。

第十五条 变更航标配布图，及调整固定标位的重点航标时应报上级航标管理机构批准后执行，并通报有关单位。

第十六条 航标设置应以批准的航标配布图为依据，做到所设航标位置正确，结构良好，安装牢固，稳定可靠。

第十七条 航道内碍航物情况不明，或枯水期变化频繁的浅滩航道及石质河床，在设标前应视情况组织全面或重点扫床。

第四章 航标维护管理

第十八条 浅、险航道或重要河段，应根据需要建立值班守槽制度，以加强航标的维护管理，具体办法由各级航标管理机构自行制定。

第十九条 航道突变或航道内出现新的碍航物时，基层班组应立即采取调标措施并向上级及有关部门报告，对变化频繁的浅滩航道，应根据航道实际情况自行调整航标。

第二十条 设立通行信号台控制船舶单向通航时，应制定通行信号台控制指挥办法；当一个控制河段设置二个或二个以上信号台时，必须明确其中一个为指挥台，负责该河段通航的统一指挥。

第二十一条 航标管理机构应建立航标异动报告制度。设置或调整航标后，应进行定位或位置校核。

第二十二条 航标管理机构必须建立航标检查制度，并督促执行。航标检查实行日常检查和定期检查，检查内容和周期按《内河航道维护技术规范》的规定执行。

第二十三条 航标管理机构应定期或不定期发布航道通告或航道通电，及时向船舶和有关单位通报航标情况及有关注意事项。

第二十四条 航标管理机构负责编制年度航标维护计划，对计划的执行情况必须进行检查，并总结上报；遇特殊情况需要调整计划，应上报审批。

第二十五条 航标管理机构应建立健全航标技术和统计资料档案，统一制定航标工作原始记录和统计报表，并按时填报，定期整理，归档保存。

第二十六条 航标管理机构应制定航标维护质量标准及检查办法，建立航标质量保证体系。

第二十七条 航标管理机构应每年进行航标质量考核，主要内容包括航标维护正常率、设标座天、航标技术状况和航标使用效果。

第二十八条 航标管理机构应制定航标设备的管理制度，并按《内河航道维护技术规范》的规定进行维修保养。

第二十九条　航标设备应选用定型产品,并应有一定的储备量。储备量可根据设备的使用量、消耗量以及易损程度由航标管理机构确定。

第三十条　航标管理机构应建立健全安全组织和安全生产规章制度,定期开展安全检查,基层班组应配备安全设备,并指定专人负责保管。

第三十一条　基层班组发现或获悉船舶、排筏发生海事后,应赴现场了解航道、航标情况,并做好记录,及时向上级和有关单位报告。

第五章　专设航标的配布与维护管理

第三十二条　在通航河流上配布专设航标,必须报经航标管理机构同意。

第三十三条　本办法所称的专设航标是指:

(一)建设和管理单位为保障拦河、跨河、临河建筑物施工期间及建成后的安全和船舶航行安全所设置的航标;

(二)企事业单位为本单位生产需要而开辟的航道、锚地及生产作业区域内所设置的航标;

(三)船舶所有者或经营者按规定为标示沉船、沉物的位置和其他原因设置的航标。

第三十四条　专设航标的管理应按本办法和《内河航道维护技术规范》执行,并接受航标管理机构的指导和监督。

第三十五条　委托航标管理机构代设、代管专设航标时,委托方必须提供与设标有关的技术资料,签订委托代设、代管的协议,负担航标设施和维护管理的费用。

桥区水上的航标,其维护费由桥梁管理单位和航标管理部门各负担全部维护费用的一半。

第三十六条　修建桥梁、闸坝时,建设单位应按国家有关规定设置航标,其有关经费列入工程总概算。

在特殊河段建设桥梁,经论证需要增设的航标及其他设施,可由航标管理部门与桥梁建设单位协商确定,并由桥梁建设单位负责建设。

第三十七条　桥梁施工期及桥梁建成后,桥区水上航标的维护管理,桥梁建设、管理单位宜委托航标管理机构负责。桥涵标及桥柱灯由桥梁管理单位自行维护管理,也可委托航标管理机构维护管理。桥梁管理单位自行维护管理桥区水上航标时,必须执行以下规定:

(一)要按国家标准《内河助航标志》、《内河助航标志的主要外形尺寸》和《内河航道维护技术规范》及本办法的有关规定编制航标配布图报航标管理机构审批;

(二)根据需要设立维护管理桥区航标的机构,按航标管理机构的要求对航标进行维护和管理。确保桥区航标与主航道标志的衔接,保证航道畅通;

（三）变更通航桥孔或调整桥区航标配布时，必须报航标管理机构同意，并通知有关部门和承担航标管理机构发布航道通告的费用；变更通航桥孔时，桥梁上的桥涵标及桥柱灯应与水上航标同步调整。

第三十八条 船闸信号标志由船闸管理单位负责设置和管理。船闸上、下游引航道和与之衔接段的航标，船闸管理单位宜委托航标管理机构负责设置和管理。如船闸管理单位自行设置和管理，则必须按本办法第三十七条规定的原则执行。

第三十九条 除桥梁、船闸外其他与通航有关设施的专设航标的管理办法，由航标管理机构根据辖区航道的具体情况按本办法的原则自行制定。

第六章　航　标　保　护

第四十条 航标是船舶安全航行的重要助航设施，受国家法律保护，任何单位或个人不得侵占、破坏。

第四十一条 航标管理机构在设置、移动或撤销航标时，任何单位或个人不得阻挠、干涉或索取费用。

第四十二条 在航标设施的保护范围内，不得种植影响其工作效能的竹、木、高杆作物及水生物和设置渔簖、渔栅、渔网等；不得堆放物件或修建建筑物和其他标志。对影响航标发挥正常工作效能的灯光，应妥善遮蔽。

第四十三条 在进行与通航有关的设施建设及其他施工作业时，需移动或拆迁航标，必须经航标管理机构同意，其移动或拆迁费用由工程建设或管理单位承担。

第四十四条 禁止下列危害航标的行为：

（一）盗窃、破坏、哄抢、侵占航标；

（二）非法移动、攀登、涂抹航标；

（三）向航标射击、投掷物品；

（四）在航标上攀架物品、拴系牲畜、船只、渔捞器具、爆炸物品等；

（五）其他损坏航标的行为。

第四十五条 船舶、排筏碰撞航标后，其所有人或经营人必须立即报告就近航标管理机构和港航监督机构。

第四十六条 当航道内发生沉船、沉物时，航标管理机构为保证船舶航行安全采取设标或其他措施所发生的费用由责任单位或责任人承担。

第四十七条 航标管理机构要加强对航标的维护管理，积极开展保护航标的宣传，依靠地方政府，组织开展群众性的航标联防工作。

第七章 罚 则

第四十八条 对违反《航标条例》、《航道管理条例》及其实施细则和其他法律、法规及本办法规定行为的单位或个人,航标管理机构有权责令其纠正违法行为,并视情节的轻重给予处罚。

第四十九条 对违反本办法第三十二条和三十四条规定的,航标管理机构有权责令其调整、关闭或者撤销该航标。

第五十条 对违反本办法第四十条、第四十一条、第四十二条、第四十三条、第四十四条规定的,航标管理机构有权责令其停止违法活动、限期恢复原状、归还原物;造成损失的,航标管理部门应责令其赔偿损失。

对构成违反治安管理条例行为的,由公安机关依照《中华人民共和国治安管理处罚条例》予以处罚。

第五十一条 对违反本办法第四十五条规定造成航标损毁的,应按损失情况赔偿,航标管理机构可以视情节轻重,给予2万元以下的罚款;造成事故的要承担法律责任。

第八章 附 则

第五十二条 国境河流的航标管理,按照我国与有关国家签定的协议执行。

第五十三条 本办法由交通部负责解释。

第五十四条 本办法自一九九六年八月一日起施行。交通部一九六二年八月发布的《交通部内河航标管理暂行办法》同时废止。

附录 G 江苏省内河航标管理实施细则

江苏省交通运输厅关于印发《江苏省内河航标管理实施细则》的通知

苏交规〔2013〕5 号

各市交通运输局、苏北航务管理处：

为了加强航标管理，充分发挥航标的助航作用，提高航道的通航质量，根据国务院《航标条例》、《江苏省航道管理条例》、交通运输部《内河航标管理办法》、《航道养护管理规定》等法律法规规章的规定，结合本省实际情况，省厅制定了《江苏省内河航标管理实施细则》，现印发你们，请认真组织学习并贯彻执行。

附件：江苏省内河航标管理实施细则

江苏省交通运输厅
2013 年 7 月 2 日

附件

江苏省内河航标管理实施细则

第一章 总 则

第一条 为了加强航标管理，充分发挥航标的助航作用，提高航道的通航质量，根据国务院《航标条例》、《江苏省航道管理条例》、交通运输部《内河航标管理办法》、《航道养护管理规定》等法律法规规章的规定，结合本省实际情况，制定本实施细则。

第二条 本实施细则适用于本省行政区域内内河航道航标的规划、建设与管理。

长江航道、军用航标和渔业航标的管理按照国家有关规定执行。

第三条 省交通运输主管部门主管本省航标管理工作，其所属的省航道管理机构具体负责本省航标的行业管理。省交通运输主管部门所属的京杭运河苏北段航道管理机构（以下简称苏北航务处）、设区的市交通运输主管部门所属的航道管理机构（以下简称市航道处）、县（市、区）交通运输主管部门所属的航道管理机构（以下简称县航道站）和有关船闸管理单位具体负责其管辖范围内航标管理工作的组织实施。

第四条 县级以上地方人民政府交通运输主管部门所属的航道管理机构(以下简称航道管理机构),应当加强航标管理,建立健全航标检查与考核、档案管理等航标保障制度,定期开展航标业务教育和培训,做好航标工作的安全生产、劳动保护、环境保护和社会保障等工作。

鼓励研究开发、推广应用经济实用的航标新技术,提高航标管理与维护技术水平。

第五条 本省内河航标的质量标准应当符合国家标准《内河助航标志》《内河助航标志的主要外形尺寸》、交通运输部《内河航道维护技术规范》《航道养护管理规定》的规定。

第二章　　航标管理职责

第六条 省航道管理机构航标管理的主要职责:

(一)制定全省航标管理规章制度,检查、考核航标维护和管理质量;

(二)编制和审定全省航标建设、维护计划,提出实施措施;

(三)审定全省等级航道的航标配布图和航标的移位、拆除及设置。

第七条 市航道处、苏北航务处航标管理的主要职责:

(一)依据航标工作的规章制度和管理权限,定期检查和考核辖区内航道的航标工作;

(二)编制年度航标工作计划及其航标工程建设与养护计划;

(三)根据辖区内航道特征、水情变化及碍航物的分布情况,审核县航道站报送的等级航道的航标配布图,审定等外级航道的航标配布图,并根据上述情况及时设置或者调整航标,发布航道通告;

(四)收集和整理航标技术资料,评定航标维护质量,建立航标工作台账和档案,及时、准确地填报航标统计报表;

(五)审查许可权限范围内与通航有关设施的专设标志配布图和设置,并报省航道管理机构备案;

(六)加强航标备品、备件等设备管理,完善航标管理应急机制,适时组织应急演练。

第八条 县航道站航标管理的主要职责:

(一)负责辖区内航标的设置、维护和保护;

(二)编制辖区内的航标设置方案和维护计划,报上一级航道管理机构批准后实施;

(三)根据辖区内航道特征、水情变化及碍航物的分布情况,编制航标配布图,报市航道处审核;

(四)审查许可权限范围内与通航有关设施的专设标志配布图和设置,并报市航道处备案;

(五)制定航标管理应急预案并报市航道处备案;

（六）收集和整理航标技术资料，总结航标管理经验，建立航标工作台账和档案，及时、准确地填报航标统计报表；

（七）依据有关法律法规查处航标管理中的违法行为。

第三章 航标配布

第九条 按照国家标准《内河助航标志》规定，本省航标配布的类别为重点航标配布，可配布必要的指向牌。

第十条 确定航道左、右岸的原则为：按水流方向确定河流的上、下游，面向河流下游，左手一侧为左岸，右手一侧为右岸，对水流流向不明显或者各河段流向不同的河流，按下列顺序确定上、下游：

（一）通往海口的一端为下游；

（二）通往主要干流的一端为下游；

（三）河流偏南或者偏东的一端为下游；

（四）以航线两端主要港埠间的主要水流方向确定上、下游。

第十一条 航标配布应当通过经济技术论证，满足通航条件以及航运需要，充分利用自然水深，符合航道尺度，做到标位正确，灯质、标色准确，满足视距要求。

航标配布应当注意航标间的有效结合，充分发挥岸标的作用。

第十二条 干、支流汇合河口段航道和通海河口段内河航道的航标配布应当注意连贯、衔接，明确航道的方向与界限。

京杭运河苏北段干、支流汇合河口段的航标配布由支流航道所辖地市航道处负责，并与苏北航务处协调配布。

第十三条 航标配布图可以根据航道、航运和港口布局等情况进行修改，由市航道处和苏北航务处报省航道管理机构审批。

第四章 航标维护

第十四条 航标建设应当立项报批后组织施工，由县航道站和苏北航务处所属的航道站负责实施，由上一级航道管理机构负责监督。

航标的建设项目应当依法实行招标投标和工程监理。

第十五条 航标维护具体由县航道站、苏北航务处所属航道站以及有关船闸管理单位依据其管理职责，并按照交通运输部《内河航道维护技术规范》、《内河航道养护管理规定》和本实施细则等规定实施。

第十六条 航标的最小安全航行距离应当符合航标配布的要求。岸标（自标位处水沫线起算下同）应当小于 15 米，水中灯桩应当小于 20 米，浮标设置的水深应当不小于航道的维护水深。

京杭运河苏北段、湖区航道和经省航道管理机构审定的特殊航段，岸标和水中灯桩的最小安全航行距离可以适当放大，岸标应当小于20米，水中灯桩应当小于30米，浮标应当小于5米。

第十七条 航道变迁导致航标发生变异时，航道管理机构应当及时调整航标标位，以标示航道界限，修改航标配布图并适时发布航道通告。

第十八条 航道管理机构应当配备专职航标管理人员。航标的日常维护和检查，应当做到每月查标四次，其中包括夜航一次。两次检查维护时间间隔一般为七日。辖区的航标全部采用固定式标志，并且采用太阳能电源的，其航标检查次数可减少为三次，其中包括夜航一次；航道全线使用航标遥控遥测系统的，航标检查次数可减少为每季度一次，但半年需夜航一次。遇汛期、暴风、雨雪等情况应当及时组织航标检查。

航标遥控遥测系统应当每日白天和夜里各自动遥测航标一次。航标管理人员应当及时对有关数据进行处理分析。航标遥控遥测数据应当保存三年。

第十九条 航标失常时应当及时恢复，但桥区、碍航礁石、沉船、沉物、施工现场和滩嘴等关键位置的航标失常时，应当立即恢复。

第二十条 航标维护正常率应当达到99%以上。航道管理机构可以结合本单位的管理情况，制定具体的航标维护考核办法。

第二十一条 省航道管理机构每年组织对全省航标管理情况进行检查、考核和总结交流。市航道处和苏北航务处分管领导每年上航全线查标不得少于二次，县航道站、苏北航务处所属航道站以及相关船闸管理单位分管领导应当每季度上航全线查标一次。

第五章 专设标志

第二十二条 专设标志是指：

（一）建设单位或者权属单位为了保障临、跨、过河等工程建设施工期间及建成后的安全和船舶航行安全所设置的航标；

（二）企事业单位为本单位生产需要而开辟的航道、锚地及生产作业区区域内所设置的航标；

（三）为标示沉船、沉物位置和其他原因，按规定由其所有人或者经营人设置的航标；

（四）航道管理机构确定应当由专用单位设置的其他航标。

第二十三条 专设标志的建设由有关建设单位或者权属单位负责，其工程费用纳入工程总概算。

第二十四条 专设标志的设置和维护应当符合国家标准，接受航道管理机构的指导、监督和管理。

专设标志配布、设置、撤除、位置移动或者其他状况改变的,有关建设单位或者权属单位应当提出申请并办理行政许可手续,具体由所在地航道管理机构按照许可权限予以办理。

专设标志应当与公共航标相衔接。

第二十五条　专设标志建设单位或者权属单位可以委托航道管理机构代为设置和管理专设标志,办理委托手续,并承担设置和维护费用。

第六章　航标保护

第二十六条　任何单位、个人不得损害航标或者影响航标的正常使用。航道管理机构设置、维护、变更航标时,任何单位、个人不得阻挠、干涉或者索取费用。

第二十七条　因工程建设等需要移动、拆除或者增设航标,工程建设单位或者管理单位应当将工程建设设计方案及航标调整方案报有关航道管理机构审核同意。移动、拆除、重置、增设航标以及临时设置航标的费用应当由工程建设单位或者管理单位承担。

第二十八条　禁止下列危害航标的行为:

(一)盗窃、破坏、哄抢、侵占航标和航标辅助设施;

(二)非法移动、搬迁、攀登、涂抹、污损航标;

(三)向航标射击、投掷物品;

(四)在航标上攀架、堆放物品,拴系牲畜、船舶、设施;

(五)其他损坏航标的行为。

第二十九条　禁止下列影响航标工作效能的行为:

(一)在航标周围 20 米内钻探、采掘、明火作业;

(二)在航标周围 150 米内进行爆破作业;

(三)在航标周围 500 米内烧荒;

(四)在航标周围抛锚、拖锚、设置渔具及种植水生物;

(五)在航道上设置与航标标体颜色、图案相同或者近似的设施设备;

(六)其他影响航标工作效能的行为。

第三十条　在航标通视和发射方向的 20 米内,禁止下列行为:

(一)种植影响航标工作效能的高杆作物、树木;

(二)修建建(构)筑物和设置其他标志;

(三)设置可能被误认为航标或者影响航标工作效能的灯光;

(四)在航标附近堆放杂物;

(五)其他影响航标通视发射效果的行为。

第三十一条　船舶、排筏及水上设施等在航行时,应当与航标保持适当距离,不得触碰航标。

因触碰航标，造成航标损坏或者发生异常的，有关当事人应当立即设置临时航标或者采取看护措施，同时向附近有关航道管理机构或者地方海事管理机构报告。

未按前款规定报告、设标或者看护，造成第三方人员伤害或者船舶及其他财产损害的，船舶、排筏及水上设施的所有人或者经营人应当承担相应的法律责任。

第三十二条 航标受到侵害时，侵权人应当恢复原状或者赔偿。航道管理机构应当依法追究侵权人法律责任，并按照《江苏省航道赔（补）偿标准》向侵权人收取赔（补）偿费用。

第七章 附 则

第三十三条 省际航道的航标管理，按照本省与有关省、直辖市签订的协议和本实施细则执行。

第三十四条 本实施细则自 2013 年 8 月 1 日起施行。江苏省交通厅 2001 年 7 月发布的《江苏省内河航标细则》同时废止。

附表 G-1　江苏省干线航道网布局规划方案表（2017—2035）

通道名称	航道名称	航段及起讫点	规划技术等级	里程（km）	备注
两纵					
一、京杭运河通道	1. 京杭运河			687	
	苏北运河	湖西航道—苏北运河—中运河（二级坝—六圩）	二级	475	*
	苏南运河	谏壁—鸭子坝（苏浙界）	三级	212	*
	2. 徐洪河—金宝航线	房亭河—徐洪河—洪泽湖航线—金宝航线（房亭河口—南运西闸口门）	三级	244	
	3. 成子河	成子河—洪泽湖北线（京杭运河—顾勒河口）	三级	33	
	4. 芒稻河	江都邵伯—三江营	三级	37	
	5. 丹金溧漕河	丹阳七里桥—溧阳芜申线口	三级	64	*
	6. 德胜河	魏村江口—连江桥	三级	21	
	7. 锡澄运河	山北大桥北—新夏港船闸	三级	39	*
	8. 锡溧漕河	宜城—洛社	三级	49	*
	9. 乍嘉苏线	平望—王江泾（苏浙界）	三级	15	
二、连申线通道	1. 连申线苏北段	盐河—灌河—通榆河—通扬运河—如泰运河—焦港河	三级	372	*
	2. 连申线苏南段	申张线—金鸡河—苏申内港线（张家港船闸—三江口）	三级	149	*
	3. 盐宝线	宝应运河口—盐城龙岗盐邵线口	三级	74	
	4. 盐邵线	邵伯运河口—通榆河口	三级	132	
	5. 刘大线	刘庄船闸—大丰港内港池	三级	56	
	6. 兴东线	兴化轮船站—通榆河口	三级	46	
	7. 泰东线	泰东河—引江河（东台通榆河口—引江河河口）	三级	88	
	8. 锡十一圩线	白荡圩—申张线	三级	36	
	9. 杨林塘	申张线巴城—杨林口	三级	42	*

(续表)

通道名称	航道名称	航段及起讫点	规划技术等级	里程(km)	备注
五横					
一、徐宿连通道	1. 京杭运河	万寨作业区—陆运河船闸	二级	161	*
	2. 宿连航道	陆运河—路北河—军屯河—沭新河—古泊河	三级	124	
	3. 徐圩港区疏港航道（善后河）	善后河—南复堆河—复堆河	三级	43	
二、淮河出海通道	1. 淮河出海通道	洪泽湖南线—灌溉总集（江山头—京杭运河）	三级	106	*
		淮河入海水道—通榆河—灌河	二级	168	*
	2. 盐河	杨庄船闸—武障河闸	三级	91	*
	3. 张福河	京河运河口—复线2#标	三级	35	
	4. 滨海港区疏港航道（中山河）	通榆河—滨海港区内河港池	三级	62	
	5. 射阳港区疏港航道（黄沙港）	通榆河—射阳港区内河港池	三级	50	
三、通扬线通道	1. 通扬线	高东线—建口线—通扬运河—通吕运河	三级	289	*
	2. 通州湾港区疏港航道	通栟线—通同线—九贯河—如泰运河（通扬线—如泰运河安东闸）	三级	68	
	3. 洋口港区疏港航道（九贯河）	通州湾港区疏港航道—海堤河	三级	16	
	4. 吕四港区东灶港疏港航道	通扬线通吕运河—东灶套闸	三级	6	
	5. 新江海河	通吕运河—新江海河闸	三级	27	
四、长江通道	1. 长江江苏段	苏皖界—苏沪界	一级	365	*
	2. 滁河驷马山干渠	切岭山（苏皖界）—建设村（苏皖界）	三级	9	
五、芜申线通道	1. 芜申线	芜太运河—太湖航线—太浦河	三级	251	*
	2. 秦淮河	入江口—杨家湾闸	三级	97	
	3. 苏申内港线	瓜泾口—三江中（苏沪界）	三级	56	*
	4. 苏申外港线	玉带桥—周庄（苏沪界）	三级	29	
	5. 长湖申线	南浔（苏浙界）—平望京杭运河口	三级	23	*
	6. 水阳江	西陡门—甘家拐（苏皖界）	三级	5	
合计（剔除重复里程）				4010	

注：总里程4 010 km已删除重复里程，标注*为《全国内河航道与港口布局规划》中确定的长三角高等级航道。

附表 G-2　航标技术状况统计报表

填报单位　　　　　　　　　　　　　　　　　　　　　　　　　　　　　　　　　月　　日前报省中心

航线	编号	名称	设标地点	岸别	标色	形状	规格 m	光色	闪光	周期 s	仪器	透镜 mm	能源	能源容量 AV	光源	功率 W/V	视距 km	维护水深 m	作用距离 m	锚链长度 m	备注

附表 G-3　航标检查维护情况记录表

航线　　　　　　　　　　　　　　　　　　　　　　　　　　　　　　　　　　　　年　　月　　日

编号	名称	设标地点	岸别	天气情况	检查情况							维护情况							备注
					测标时间			离标时间			水位 m	水深 m	作用距离 m	周期 s	电压 V	维修缘处	失常/天	仪器/只	灯泡/只	电池/节	电板/块	电瓶/组	电线/m	油漆/次	维修人	
					日	时	分	日	时	分															

表附 G-4　航标工作年报统计表

填报单位　　　　　　　　　　　　　　　　　　　　　　　　　　　　　　　　月　日前报省局

设标里程	航行标志							信号标志							专用标志		合计	其他灯标能源					发光标合计
	侧面标			导标	左右通航标	示位标	泛滥标	桥涵标	通航信号标	鸣笛标	界限标	横流标	节制闸灯	管线标	专用浮标		太阳能电池	干电池	交流电	风力发电	锌空电池	其他	
	浮鼓	双船浮	框架灯桩	杆形灯桩																			

年维护量统计			物料消耗统计			航标被盗被碰统计				维护质量	
内容	单位	数量	内容	单位	数量	内容	单位	数量	价值	正位率	
出航天数	天		电池	只		水中灯桩	座			发光率	
航行里程	km		闪光仪	只		浮标	座				
维护标志	座天		灯珠	只		仪器	只				
浮标打漆	座		电线	m		电瓶	组				
灯桩打漆	座		电瓶	组		电池	只				
新建标志	座										
改建标志	座										
拆除标志	座		其他			其他					
移动标志	座										
失常情况	座天										

主管　　填表人

附表 G-5　航标工作月报表

填报单位　　　　　　　　　　　　　　　　　　　　　　　　年　月　　每月 5 日上报市处

内容	单位	数量		航次记录			物料消耗				
		本月	累计	日期	起讫地点	维护航次	电池（只）	闪光仪（只）	灯珠（只）	电线（米）	电瓶（组）
出航天数	天										
航行里程	km										
维护标志	座/次										
加固水标	座										
浮标打漆	座										
灯桩打漆	座										
新设标志	座										
拆除标志	座										
大修标志	座										
移动标志	座										
仪器修理	座										
电瓶更换修理	座										
失常情况	座/天										
					合计						

发光标：　座；不发光标：　座；岸标：　座；季节性标：　座；专用标：　座；正常率　　%

附录 H 航标的主要外形尺寸

根据国家标准《内河航标技术规范》(JTS/T 181—1—2020),各种视觉航标的主要外形尺寸如下:

一、过河标、导标的外形尺寸如附图 H-1 及附表 H-1 所示。

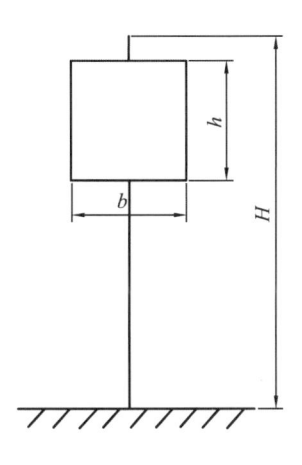

附图 H-1 过河标、导标外形示意图

附表 H-1 过河标、导标外形尺寸

序号	外形尺寸(m)			视距(km)
	H	h	b	
1	5.5	0.9	0.9	1.5
2	7.5	1.2	1.2	2.0
3	10.0	1.5	1.5	2.5

二、过河标、导标加装梯形牌的外形尺寸如附图 H-2 及附表 H-2 所示。

附表 H-2 过河标、导标加装梯形牌的外形尺寸

序号	外形尺寸(m)							视距(km)
	H	b	h	h_1	h_2	b_1	b_2	
1	5.5	0.9	0.9	0.6	2.5	0.9	3.0	3.4
2	7.5	1.2	1.2	0.8	3.3	1.2	4.0	4.5
3	10.0	1.5	1.5	1.0	4.2	1.5	5.0	5.6

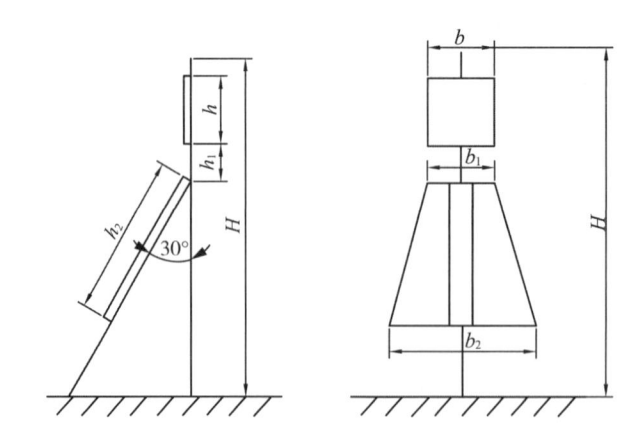

附图 H-2　过河标、导标加装梯形牌外形示意图

梯形导标中间竖条的宽度规定为 0.3 m 或 0.4 m。

三、沿岸标外形尺寸如附图 H-3 及附表 H-3。

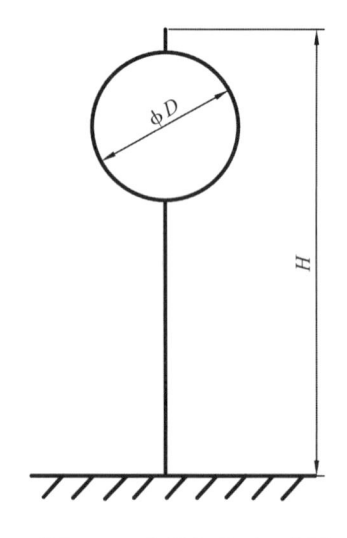

附图 H-3　沿岸标外形示意图

附表 H-3　沿岸标的外形尺寸

序号	外形尺寸(m)		视距(km)
	H	D	
1	5.5	0.9	1.3
2	7.5	1.2	1.7
3	10.0	1.5	2.2

四、锥形浮标的外形尺寸如附图 H-4 及附表 H-4 所示。

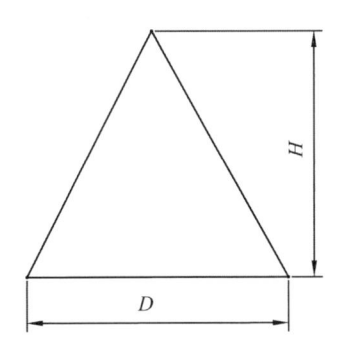

附图 H-4　锥形浮标外形示意图

附表 H-4　锥形浮标的外形尺寸

序号	外形尺寸(m)		视距(km)
	H	D	
1	0.6	0.7	0.7
2	0.9	1.0	1.0
3	1.2	1.4	1.4
4	1.5	1.8	1.8

五、罐形浮标的外形尺寸如附图 H-5 及附表 H-5 所示。

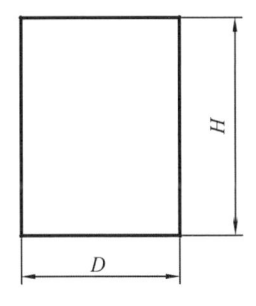

附图 H-5　罐形浮标外形示意图

附表 H-5　罐形浮标外形尺寸

序号	外形尺寸(m)		视距(km)
	H	D	
1	0.6	0.5	0.8
2	0.9	0.7	1.2
3	1.2	1.0	1.7
4	1.5	1.2	2.2

六、装在侧面浮标上的球形、锥形、罐形顶标的外形尺寸如附图 H-6 及附表 H-6。

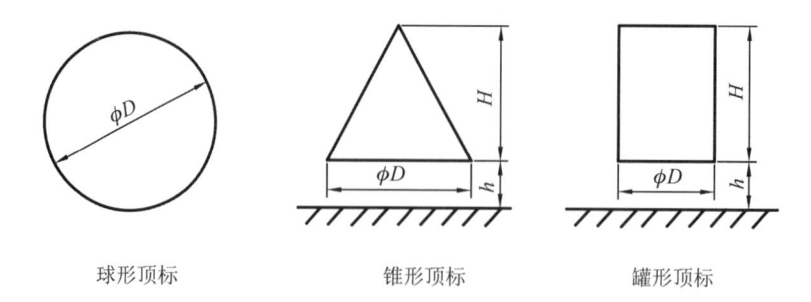

球形顶标　　　　　锥形顶标　　　　　罐形顶标

附图 H-6　装在侧面浮标的球形、锥形、罐形顶标的外形示意图

附表 H-6　装在侧面浮标的球形、锥形、罐形顶标的外形尺寸

序号	球形顶标	锥形顶标			罐形顶标		
	D	D	H	h	D	H	h
1	0.45	0.28	0.25	0.10	0.22	0.25	0.10
2	0.60	0.33	0.30	0.12	0.27	0.30	0.12
3	0.90	0.42	0.37	0.15	0.33	0.37	0.15
4	1.20	0.50	0.45	0.18	0.40	0.45	0.18
5	1.50	0.66	0.60	0.24	0.55	0.60	0.23

七、柱形灯桩的外形尺寸如附图 H-7 及附表 H-7。

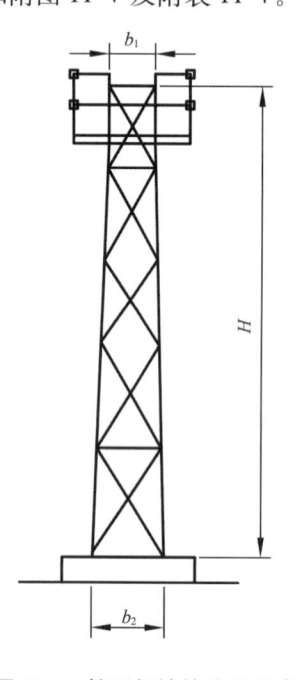

附图 H-7　柱形灯桩的外形示意图

附表 H-7　柱形灯桩的外形尺寸

序号	外形尺寸(m) H	b_1	b_2	视距(km)
1	4.0	0.6	1.0	2.3
2	6.0	0.6	1.2	3.4
3	8.0	0.6	1.4	4.6

八、具有锥形、罐形顶标的杆形侧面标其外形尺寸应符合附图 H-8 及附表 H-8。

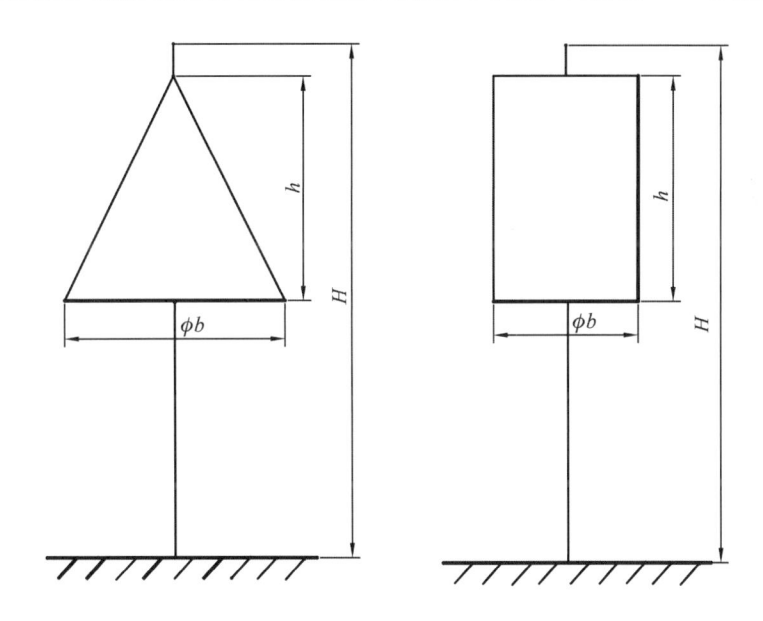

附图 H-8　具有锥形、罐形顶标的杆形侧面标其外形示意图

附表 H-8　具有锥形、罐形顶标的杆形侧面标其外形尺寸

序号	外形尺寸(m) 锥形顶标 H	h	b	罐形顶标 H	h	视距(km)	
1	5.5	1.2	1.2	5.5	1.2	0.8	1.5
2	7.5	1.5	1.5	7.5	1.5	1.0	2.0
3	10.0	1.8	1.8	10.0	1.8	1.2	2.5

九、泛滥标的外形尺寸如附图 H-9 及附表 H-9。

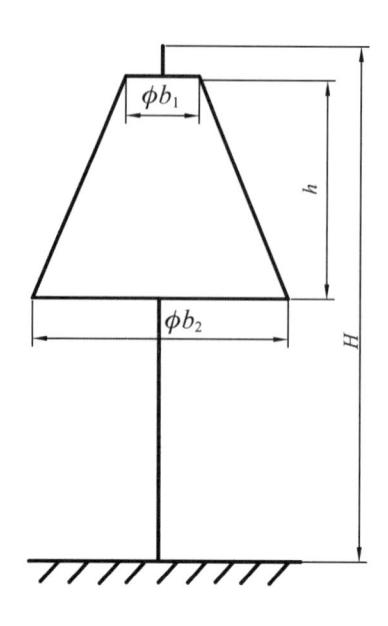

附图 H-9　泛滥标的外形示意图

附表 H-9　泛滥标的外形尺寸

序号	外形尺寸(m)				视距(km)
	H	h	b_1	b_2	
1	5.5	0.9	0.6	1.4	1.5
2	7.5	1.2	0.8	1.8	2.0

十、桥涵标的外形尺寸如附图 H-10 及附表 H-10 所示。

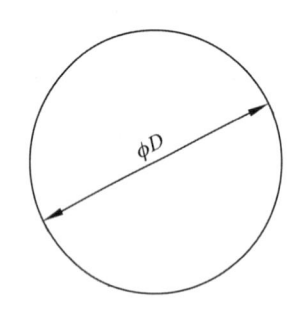

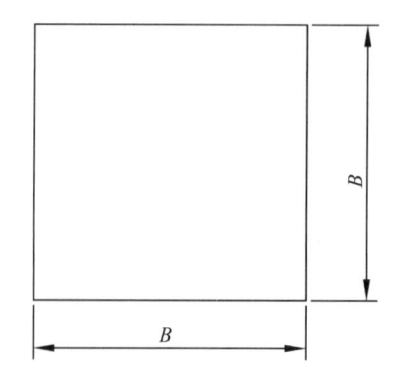

附图 H-10　桥涵标的外形示意图

附表 H-10　桥涵标的外形尺寸

序号	外形尺寸(m) B	外形尺寸(m) D	视距(km)
1	1.0	1.0	1.0
2	1.5	1.5	1.5
3	2.0	2.0	2.0

十一、鸣笛标、节制闸标的外形尺寸如附图 H-11 及附表 H-11。

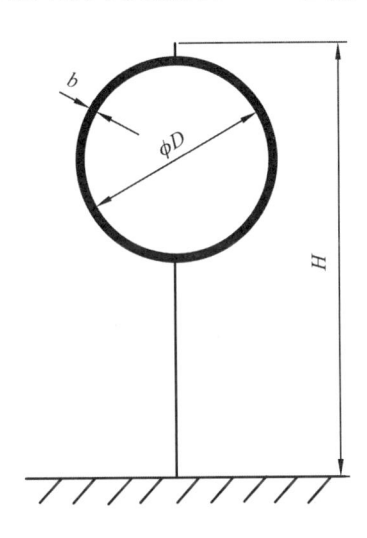

附图 H-11　鸣笛标、节制闸标的外形示意图

附表 H-11　鸣笛标、节制闸标的外形尺寸

序号	H	D	b	视距(km)
1	4.0	0.9	0.07	1.3
2	5.5	1.2	0.10	1.7

十二、界限标的外形尺寸如附图 H-12 及附表 H-12。

附表 H-12　界限标的外形尺寸

序号	H	B	b	视距(km)
1	4.0	0.9	0.07	1.5
2	5.5	1.2	0.10	2.0

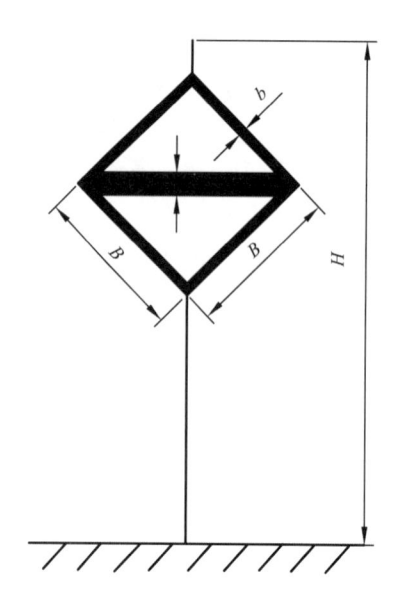

附图 H-12　界限标的外形示意图

十三、水深信号标的外形尺寸如附图 H-13 及附表 H-13。

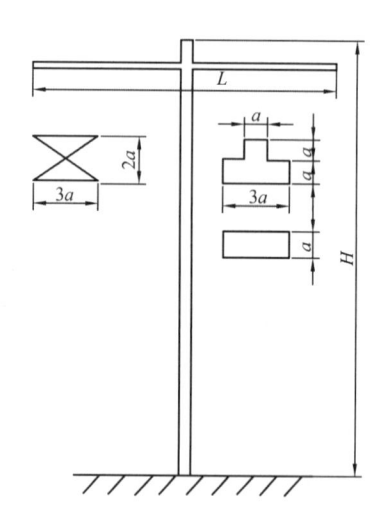

附图 H-13　水深信号标的外形示意图

附表 H-13　水深信号标的外形尺寸

序号	外形尺寸(m)			视距(km)
	H	L	a	
1	4.0	2.0	0.2	0.4
2	5.5	3.0	0.3	0.7
3	7.5	4.0	0.4	1.0

十四、通行信号标的外形尺寸如附图 H-14 及附表 H-14。

附表 H-14　通行信号标的外形尺寸

序号	外形尺寸(m)			视距(km)
	H	L	a	
1	5.5	3.0	0.4	1.0
2	7.5	4.0	0.5	2.0
3	10.0	5.0	0.7	3.0

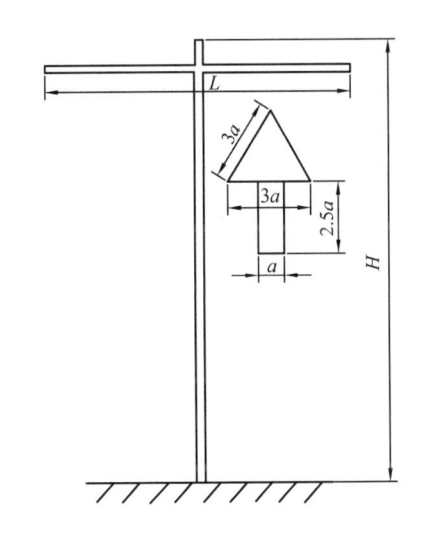

附图 H-14　通行信号标的外形示意图

十五、横流标的外形尺寸如附图 H-15 及附表 H-15。

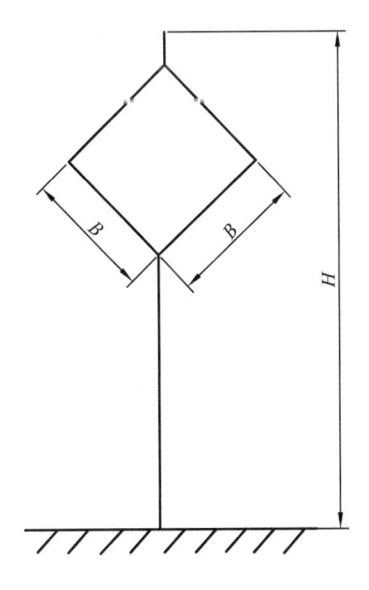

附图 H-15　横流标的外形示意图

附表 H-15　横流标的外形尺寸

序号	外形尺寸(m) H	外形尺寸(m) B	视距(km)
1	4.0	0.7	1.0
2	5.5	0.9	1.5
3	7.0	1.2	2.0

十六、管线标的外形尺寸如附图 H-16 及附表 H-16。

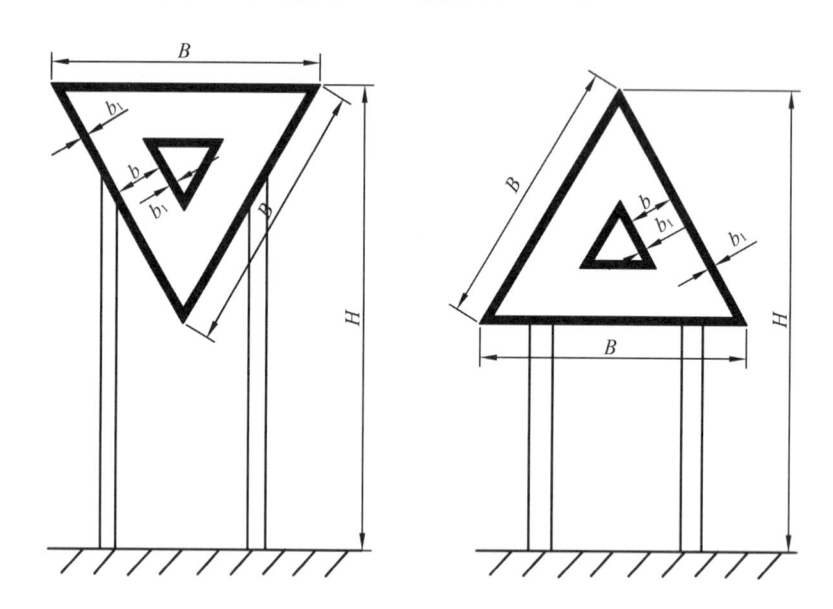

附图 H-16　管线标的外形示意图

附表 H-16　管线标的外形尺寸

序号	外形尺寸(m) H	外形尺寸(m) B	外形尺寸(m) b	外形尺寸(m) b_1	视距(km)
1	4.0	2.0	0.4	0.04	2.0
2	5.0	3.0	0.6	0.06	3.0

十七、指路牌的外形尺寸如附图 H-17 及附表 H-17。

附表 H-17　航道信息标的外形尺寸

序号	外形尺寸(m) H	外形尺寸(m) B	外形尺寸(m) L	外形尺寸(m) b	两向地名字体尺寸(mm) 字高	两向地名字体尺寸(mm) 字宽
1	2.5	1.0	1.5	0.03	340	280
2	3.0	1.2	1.8	0.04	400	330
3	3.5	1.4	2.1	0.05	460	380

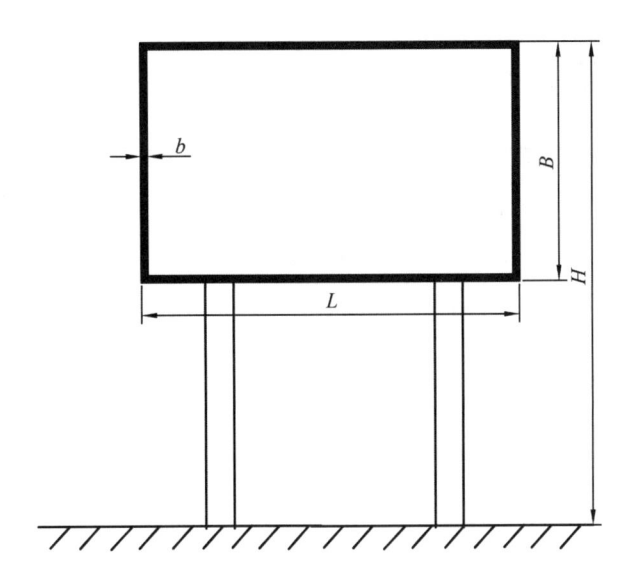

附图 H-17 航道信息标的外形示意图

附录 I　航标维护考核表

序号	考核目标	考核内容		标准分(100)	考核标准	自评分	考核分	备注
一	贯彻落实法规，建立健全制度（5分）	1. 落实法规	认真贯彻落实《中华人民共和国航标条例》《内河航标管理办法》《江苏省内河航标管理实施细则》等法规	2	贯彻航标法规有漏项，每项扣1分			
		2. 各项制度	建立健全航标养护管理各项规章制度	3	管理制度不健全，每项扣1分			
二	航标维护数量和正常率（25分）	1. 计划完成情况	全年实际维护的航标座天数灯天数与计划数量之比相差3%之内	5	每超过百分之一扣1分，因航道整治拆除航标的除外			
		2. 航标维护正常率	航标正常率不小于99%	20	航标维护正常率每低于1个百分点扣5分			
三	航标配布、设置和调整（20分）	1. 航标配布与设置	航标配布设置应符合《内河助航标志》和《内河航道维护技术规范》等规范的规定要求	6	航标配布设置错误发现一处扣5分，有航标配布不合理扣1分			
		2. 航标调整	应根据航道变化情况和船舶安全航行要求及时调整航标位置和数量，特别是季节性航标的调整	6	未按规定及时调整航标每座扣1分			
		3. 航标恢复	对漂移、流失、损坏的航标，必须按《内河航标管理办法》及时恢复	8	未按规定及时恢复航标每座扣1分			
四	航标养护质量（24分）	1. 标位正确	航标的位置正确，结构良好，安装牢固，稳定可靠	4	航标位置不正确每座扣1分，其他不符合要求的扣1分			
		2. 标志正常	航标外形尺寸符合规定，颜色鲜明。灯器清洁、灯光明亮，灯质、视距和闪光周期符合要求	5	灯光熄灭、灯质或火闪光周期错误每座扣1分，其他不符合要求每座扣1分			
		3. 通视及信号	航标通视有效范围内无遮盖物，通行信号揭示及时、正确	5	不符合要求每座或每处扣1分			
		4. 航标设备	航标采用定型产品，灯器和能源应满足性能良好、质量可靠，使用维护方便、环保、节能等要求。蓄电池充电电流稳定无爬碱现象，灯电流在正常值范围内，遥测设备正常可靠	10	不符合要求每座或每处扣1分			

(续表)

序号	考核目标	考核内容		标准分(100)	考核标准	自评分	考核分	备注
五	航标的检查、保养与维修（18分）	1. 基本要求	应根据自身航道特点、航标类型确定航标检查、保养与维修的内容、技术要求和周期。并符合《中华人民共和国航标条例》《内河航标管理办法》以及《江苏省内河航标管理细则》等规范要求	5	不符合要求每项扣1分			
		2. 常规检查	航标应按规范要求进行日常检查、定期检查和临时检查。对遥测航标每天两次的自动检测必须有记录	10	不符合要求每次扣1分			
		3. 保养和维修	航标实施的检查、保养和维修周期等符合规范要求	3	不符合要求每次扣1分			
六	档案及统计资料(8分)	1. 检查记录	航标检查记录准确、详细和规范	3	记录不准确规范,每处扣1分			
		2. 航标档案	航标档案齐全、规范	2	航标档案不齐全,每座扣1分			
		3. 统计资料	统计资料报表、航标变更按时上报	3	未按规定及时上报扣1分			

参考文献

[1] 中华人民共和国海事局.国际航标协会助航指南(第5版)[M].北京:人民交通出版,2008.

[2] 费逵,成兴林.江苏航道职工培训试用教材:内河航标[Z].2007

[3] 长江航道局,东航航海保障中心.航道养护技术规范:JTS/T 320—2021[S].北京:人民交通出版社股份有限公司,2021.

[4] 长江航道局.内河航标技术规范:JTS/T 181—1—2020 [S].北京:人民交通出版社股份有限公司,2020.

[5] 上海航标厂,南京航标厂,交通部标准计量研究所.85mm、155mm 塑料透镜航标灯:JT 7011—1993[S].北京:中华人民共和国交通部,1993.

[6] 中国船舶工业总公司.浮标安全卸扣:CB/T 3043—1999[S].

[7] 交通部长江航务管理局.钢质船形浮标:JT 282—1995 [S].

[8] 全国铅酸蓄电池标准化技术委员会.航标用铅酸蓄电池:JB/T 1866—1999 [S].

[9] 中华人民共和国交通运输部.航标术语:GB/T 17765—2021[S].北京:中国标准出版社,2021.

[10] 交通部海事局.浮标锚链:JT/T 100—2005 [S].

[11] 交通部海事局.浮标通用技术条件:JT/T 760—2009 [S].

[12] 中华人民共和国交通运输部海事局.航标遥测遥控系统技术规范:JT/T 788—2010[S].

[13] 宫玉广,王新.水手工艺[M].大连:大连海事大学出版社,2007.

[14] 陈永洪.船艺[M].大连:大连海事大学出版社,2003.

[15] 江西省交通厅航务管理局.内河航标员读本[M].北京:人民交通出版社,1988.

[16] 程昌华,刘晓平,唐寿鑫.航道工程学[M].北京:人民交通出版社,2001.

[17] 李青云.疏浚工程[M].北京:人民交通出版社,2000.

[18] 程文挺.洪泽湖航标防撞设施设计[J].现代交通技术,2010,7(2):93-96.

[19] 王玉,周星德,蒋扬,等.内河单柱式航标防撞有限元动力分析[J].郑州大学学报(工学版),2010,31(6):78-82.

[20] 交通部人事劳动司. 交通行业工人技术等级标准 航标航测 内河航标工:JT/T 32.3—1993 [S].

[21] 交通运输部. 航道养护管理规定[EB/OL]. (2020—12—31)[2021—09—26]. http://www.gov.cn/zhengce/zhengceku/2020—12/31/content_5575755.htm.

[22] 长江航道勘察设计院(武汉)有限公司. 长江干线通航标准:JTS 180—4—2020[S]. 北京:人民交通出版社股份有限公司,2020.

[23] 长江航道局,交通运输部水运科学研究院. 内河电子航道图技术规范:JTS 195—3—2019 [S]. 北京:人民交通出版社股份有限公司,2019.

(a) 左岸　　　(b) 右岸

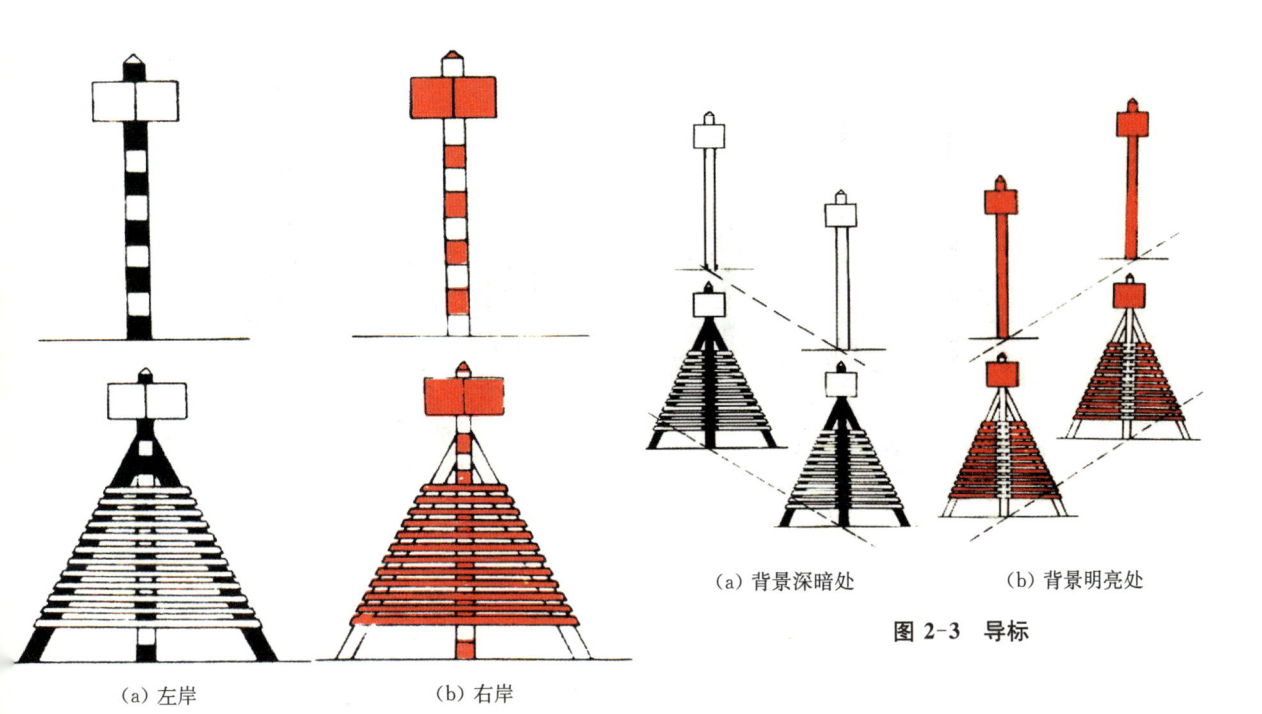

图 2-1　过河标

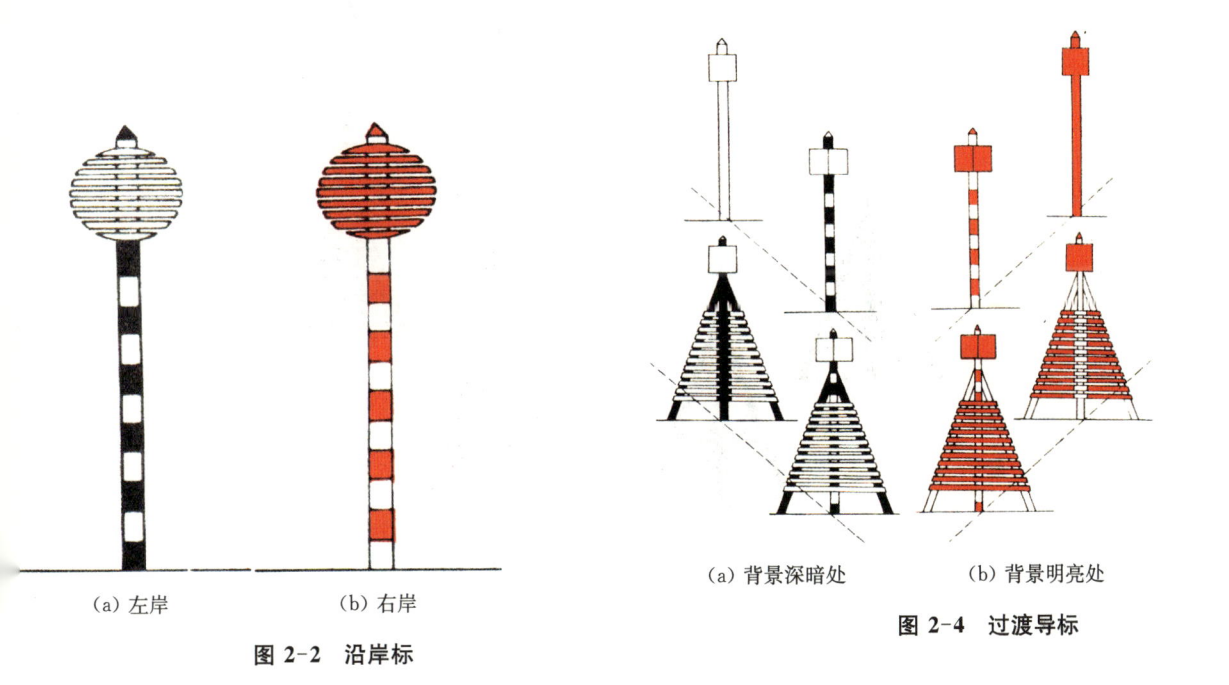

(a) 背景深暗处　　　(b) 背景明亮处

图 2-3　导标

(a) 左岸　　　(b) 右岸

图 2-2　沿岸标

(a) 背景深暗处　　　(b) 背景明亮处

图 2-4　过渡导标

Ⅰ

(a) 背景深暗处　　　　　　　(b) 背景明亮处

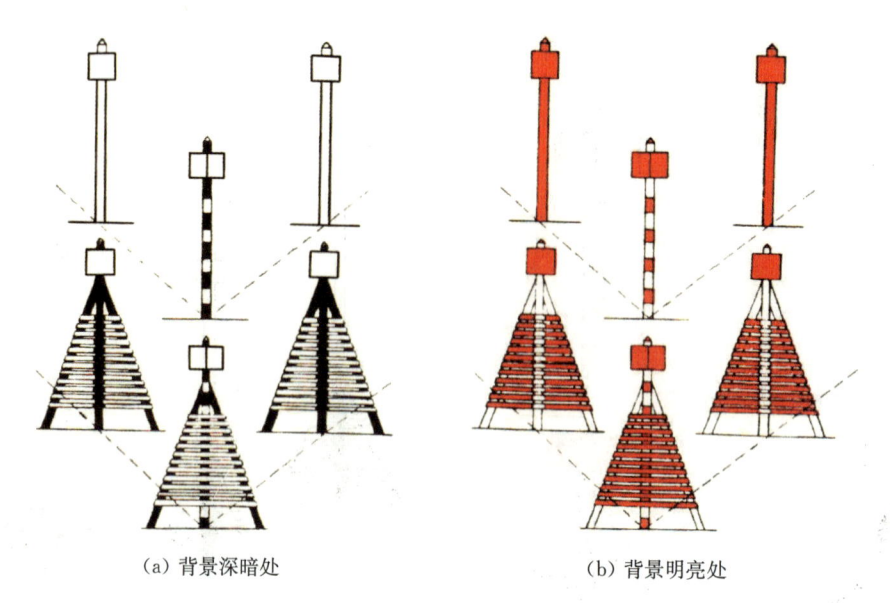

图 2-5　首尾导标

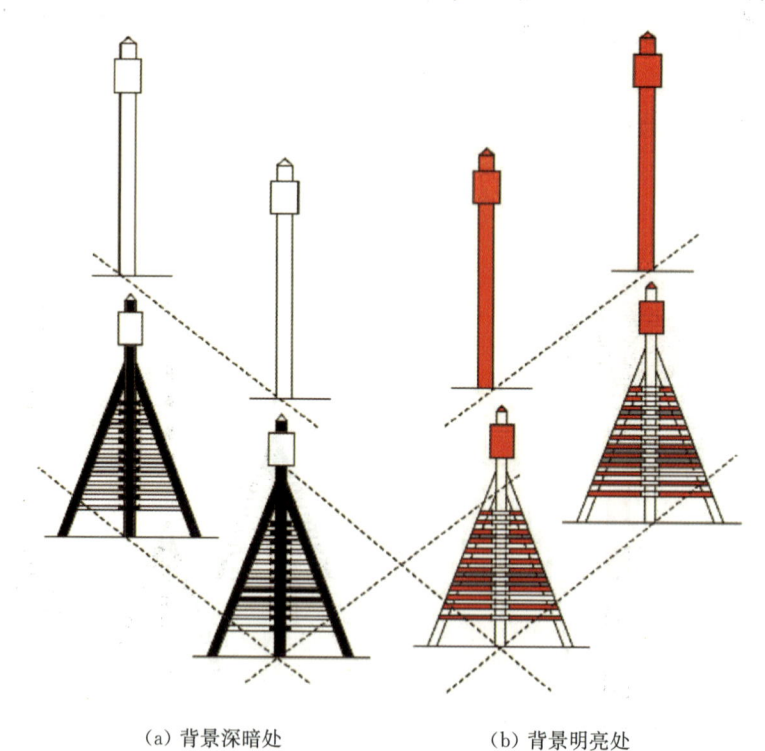

(a) 背景深暗处　　　　　　　(b) 背景明亮处

图 2-6　间接导标

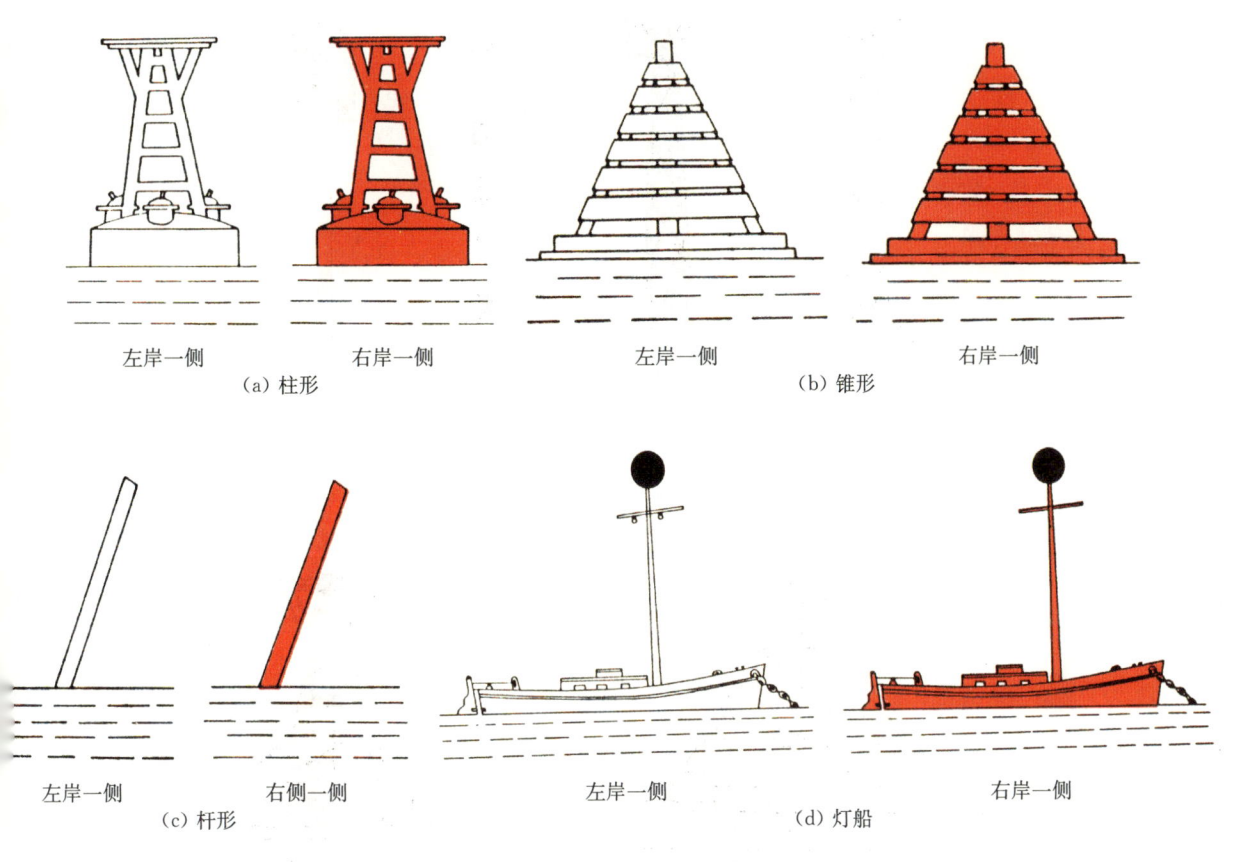

左岸一侧　　　　右岸一侧　　　　　　左岸一侧　　　　　　右岸一侧
　　　(a) 柱形　　　　　　　　　　　　　　　(b) 锥形

左岸一侧　　右侧一侧　　　　　　左岸一侧　　　　　　右岸一侧
　　(c) 杆形　　　　　　　　　　　　　　(d) 灯船

图 2-7　侧面标(浮标)形式

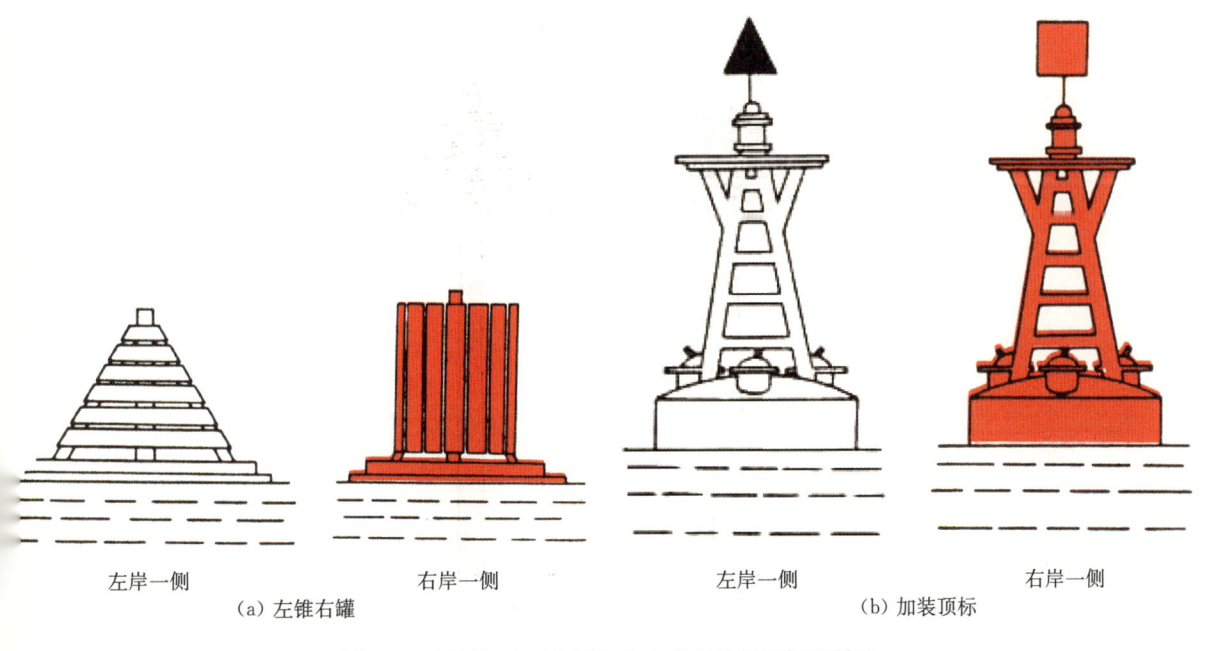

左岸一侧　　　　右岸一侧　　　　　左岸一侧　　　　　　右岸一侧
　　(a) 左锥右罐　　　　　　　　　　　　(b) 加装顶标

图 2-8　需以标志形式区分左右岸时的侧面标(浮标)

Ⅲ

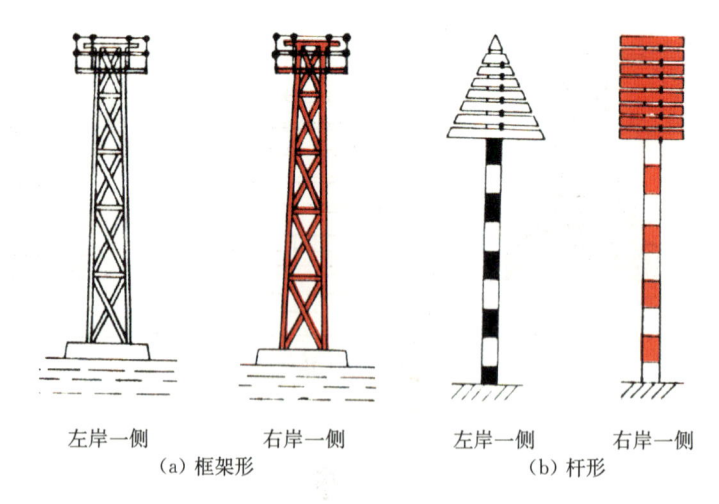

左岸一侧　　　右岸一侧　　　左岸一侧　　　右岸一侧
(a) 框架形　　　　　　　　　(b) 杆形

图 2-9　侧面标(岸标或灯桩)

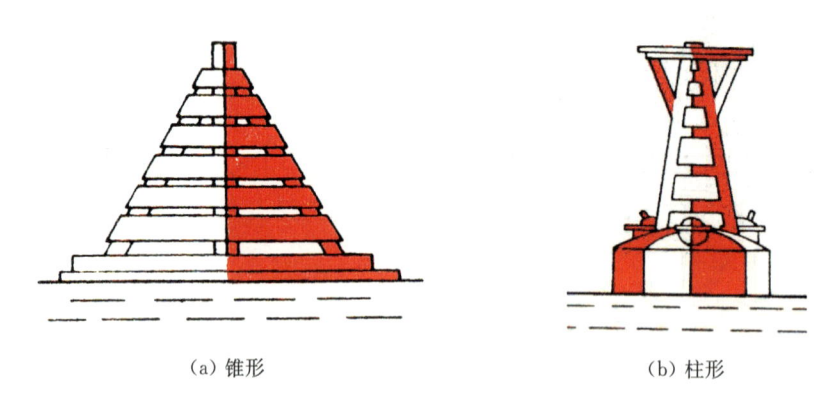

(a) 锥形　　　　　　　　　(b) 柱形

图 2-10　左右通航标

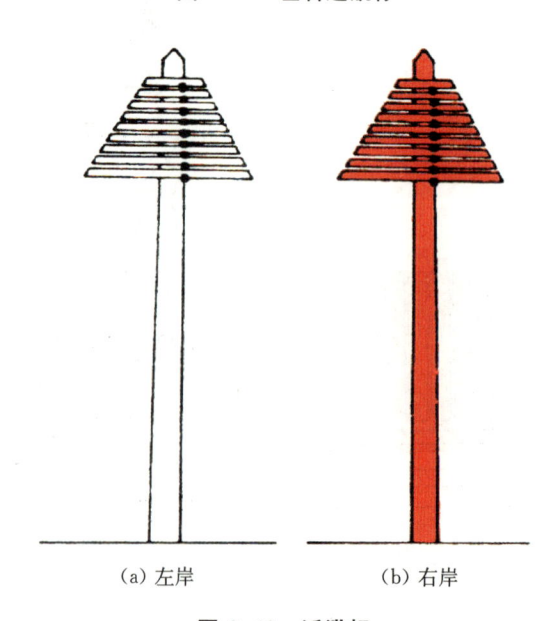

(a) 左岸　　　　　　　　　(b) 右岸

图 2-12　泛滥标

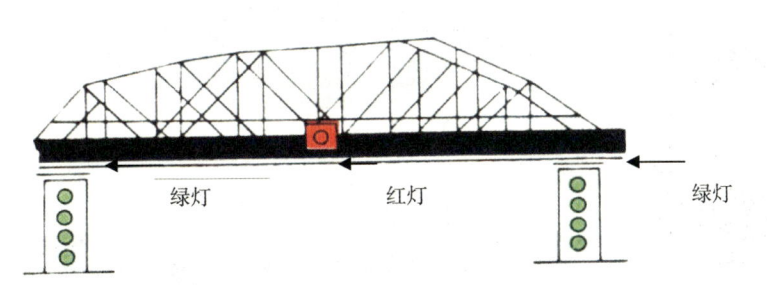

(a) 通航桥孔

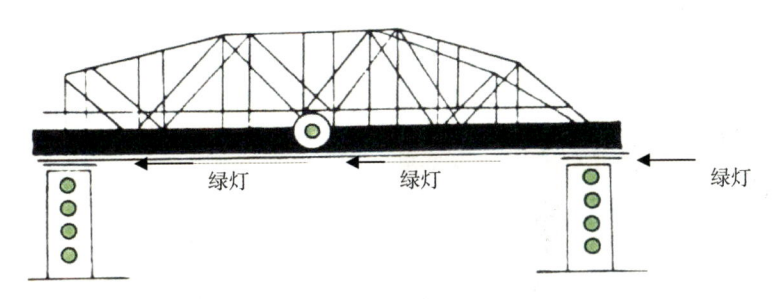

(b) 小轮通航桥孔

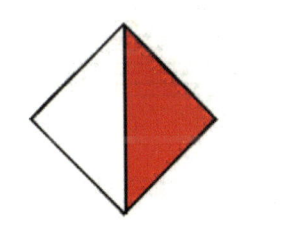

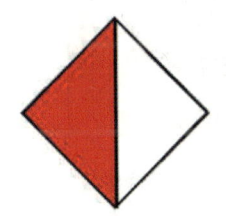

(c) 通航净高标牌

图 2-13 桥涵标

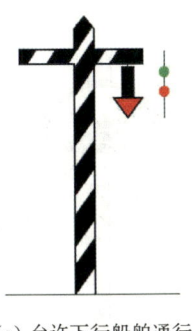

(a) 允许下行船舶通行

(b) 允许上行船舶通行

(c) 禁止船舶通行

图 2-14 通信信号标

数字	号型	号灯	数字	号型	号灯
1	▬	○	6	⊥	●
2	▬▬	○	7	⊥	●
3	▬▬▬	○	8	⊥	○
4	✕	●	9	✕✕	●●○
5	✕▬	●			

图 2-17 水深信号标

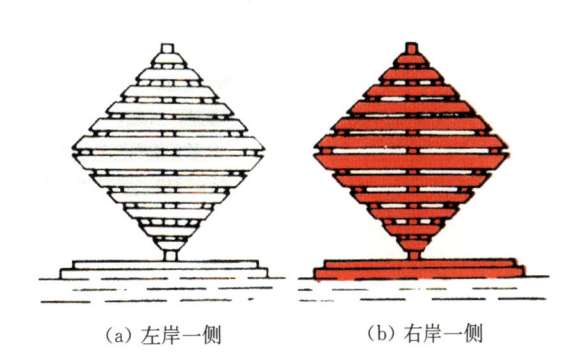

(a) 左岸一侧　　(b) 右岸一侧

图 2-18 横流标

V

图 2-19 节制闸标

图 2-20 航道整治建筑物提示标
(a) 标志上下游两段范围 
(b) 标志下游或下游一侧范围

图 2-21 管线标 
(a) 水底管线 
(b) 架空管线

图 2-22 禁止抛锚标

图 2-23 危险水域标

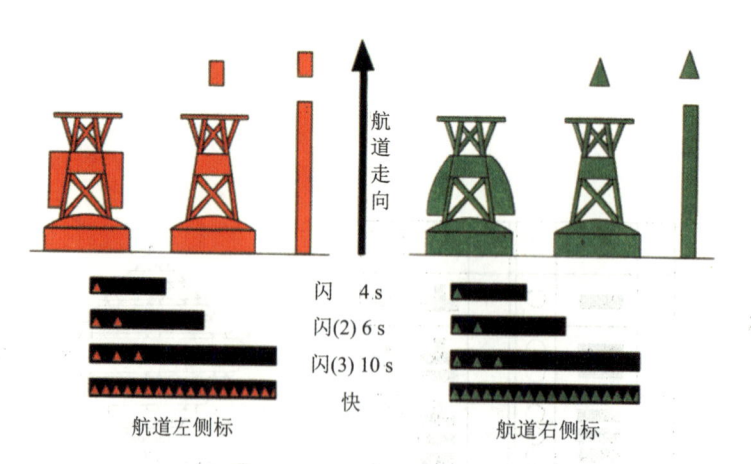

图 5-31 航道左侧标、右侧标

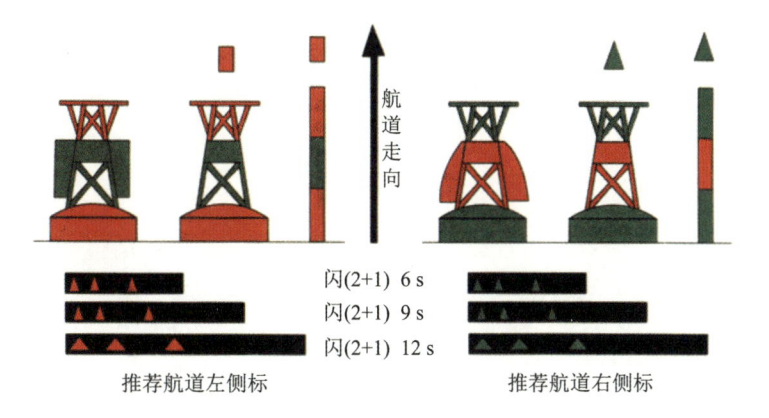

图 5-32 推荐航道左侧标、右侧标

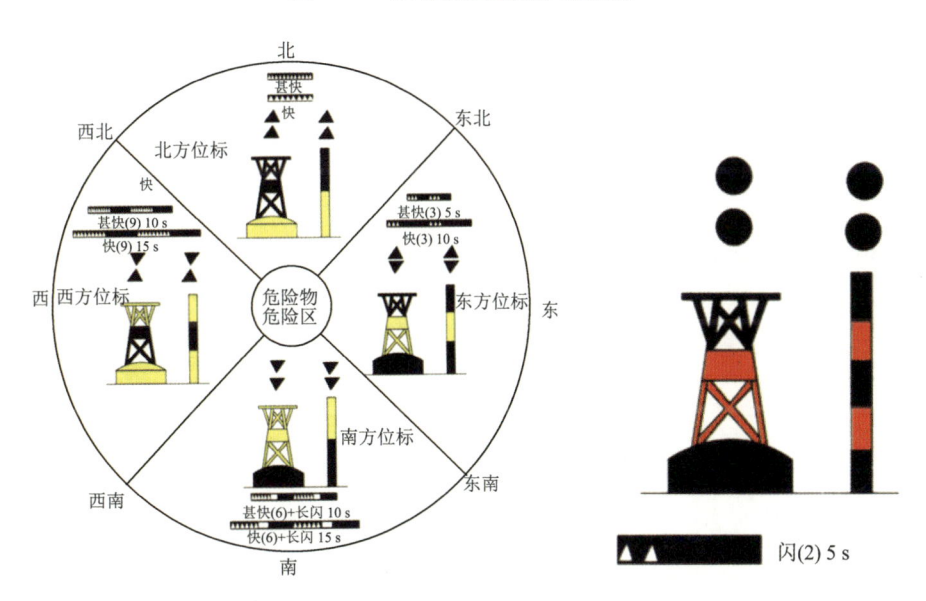

图 5-33 方位标志

图 5-34 孤立危险物标

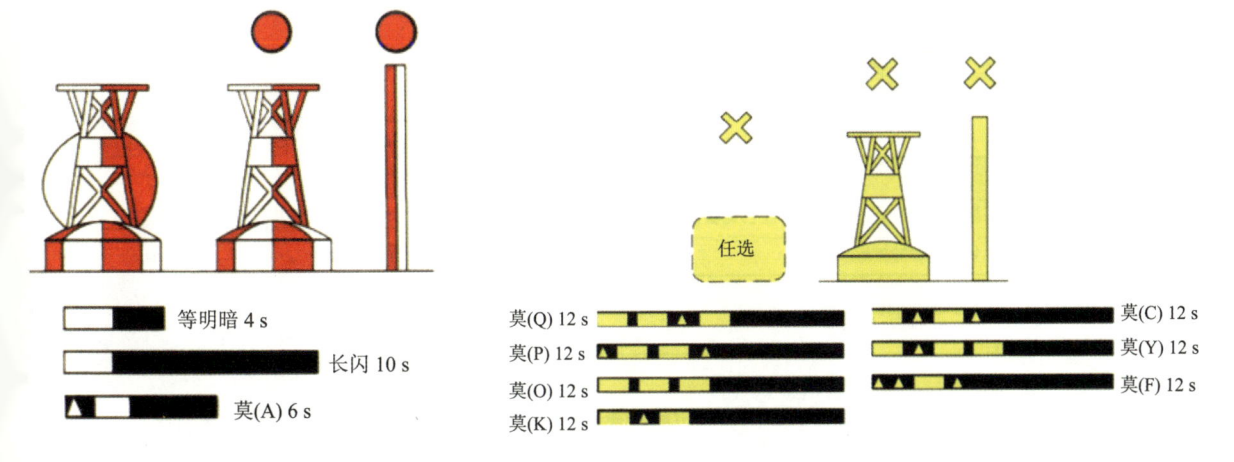

图 5-35 安全水域标

图 5-36 专用标志